应用型本科教育精品系列教材

宏观经济学学习指南

（第二版）

主　编◎李星林　李政军
副主编◎梁彦博　刘春兰　谢　茜

西南财经大学出版社
Southwestern University of Finance & Economics Press
中国·成都

图书在版编目(CIP)数据

宏观经济学学习指南 / 李星林,李政军主编;梁彦博,刘春兰,谢茜副主编.--2 版.--成都:西南财经大学出版社,2025. 8. --ISBN 978-7-5504-6950-1

Ⅰ. F015

中国国家版本馆 CIP 数据核字第 2025B76N14 号

宏观经济学学习指南(第二版)

HONGGUAN JINGJIXUE XUEXI ZHINAN

主　编　李星林　李政军

副主编　梁彦博　刘春兰　谢　茜

策划编辑:石晓东

责任编辑:杨婧颖

助理编辑:程　兰

责任校对:陈子豪

封面设计:张姗姗

责任印制:朱曼丽

出版发行	西南财经大学出版社(四川省成都市光华村街 55 号)
网　　址	http://cbs. swufe. edu. cn
电子邮件	bookcj@ swufe. edu. cn
邮政编码	610074
电　　话	028-87353785
照　　排	四川胜翔数码印务设计有限公司
印　　刷	郫县犀浦印刷厂
成品尺寸	185 mm×260 mm
印　　张	16. 375
字　　数	319 千字
版　　次	2025 年 8 月第 2 版
印　　次	2025 年 8 月第 1 次印刷
印　　数	1— 2000 册
书　　号	ISBN 978-7-5504-6950-1
定　　价	39. 80 元

第二版序言

《宏观经济学学习指南》第二版是重庆财经学院经济学教学团队宏观经济学课程组全体老师贯彻教育部印发的《高等学校课程思政建设指导纲要》精神，落实“要讲好用好马工程重点教材，推进教材内容进人才培养方案、进教案课件、进考试”要求的课程建设成果之一。

为了讲好用好马工程重点教材《西方经济学》下册（宏观经济学），重庆财经学院经济学教学团队八年来持续开展制度性、专题化、开放式的暑期宏观经济学集体备课会。通过教师说课、专家评课、专题讲座、经典阅读、案例研修等形式，深化任课教师对教材的认识，提升教师教育教学能力。在此基础上，团队厘清课程教学目的，重塑课程教学内容，建设在线开放课程，编写并与时俱进地修订《宏观经济学学习指南》。

《宏观经济学学习指南》第二版与第一版的相同之处在于，两者都是根据教材内容对课程内容进行了重塑。从教材内容看，宏观经济学可以划分为三个部分，即宏观经济核算、理论和政策，其中宏观经济理论是重点。就宏观经济理论而言，它包括五个模型，即收入-支出模型、IS-LM 模型、AD-AS 模型、蒙代尔-弗莱明模型和索洛模型。经过重塑的课程内容，不仅以最简单的国民收入决定模型（收入-支出模型）为出发点，而且将其作为教学的重点。在讲透这个模型的基础上，我们解释经济波动的原因，分析财政政策的作用。本书建立企业投资的利率函数，分析货币市场利率的决定机制，并通过该函数将货币市场与产品市场联系起来，揭示货币政策的传导机制和作用，推导出总需求曲线；再结合总供给曲线，建立起 AD-AS 模型，分析失业与通货膨胀，揭示供给侧管理与需求侧管理的政策含义和机制；最后以 AD-AS 模型为基础，分析长期总供给曲线移动的原因和内在机制，进而过渡到索洛模型和内生增长理论。在课程内容中，我们省略了 IS-LM 模型的教学，以减轻学生的学习负荷，但并未弱化货币市场和货币政策相关的宏观经济学教学内容。

《宏观经济学学习指南》第二版与第一版的不同之处在于，它优化了第一版的内容。具体体现在三个方面：一是每章新增了思维导图，通过可视化方式帮助学生快速把握章节核心逻辑与关键节点，形成结构化思维；二是紧贴教学大纲与教学内容，对“习题演练”部分进行更新与优化，增强了习题的针对性和实用性；三是新增“课程思政”部分的阅读材料，注重案例的可读性与引导性，精选具有生活温度与人文气息的教学案例，融入现实语境，以经济学视角解析社会现象，在润物无声中引导学生将宏观经济指标与百姓生活紧密联系，提升学生的价值判断能力、理解能力与责任意识，真正做到“以生为本、以用为要”。

《宏观经济学学习指南》第二版的修订工作，得益于课程组各位老师的共同努力与辛勤付出。全书思维导图由李星林老师绘制完成，各章修订分工如下：谢茜负责第一章，李星林负责第二、三章，梁彦博负责第四、五章，刘春兰负责第六章，李政军负责第七章。当然，我们一如既往地欢迎各位同行和读者批评指正！

李政军　李星林

2025 年 5 月 15 日

第一版序言

党的二十大报告指出，教育是国之大计、党之大计。培养什么人、怎样培养人、为谁培养人是教育的根本问题。根据教育部高教司颁布的《普通高等学校本科专业类教学质量国家标准》，宏观经济学与微观经济学共同构成现代经济学理论体系，是经济学类、财政学类、金融学类和国际经济与贸易类专业的基础课程。该课程作为重庆财经学院经济类专业的学科基础课程，在培养应用型人才的教学中具有基础与核心作用。这门课程专业性、理论性、应用性都强，知识体量庞大、内容较多，初学者仅通过课堂教学很难把握知识背后经济规律的深邃、经济解释的精妙。

宏观经济学课程试图让学生养成一种经济学的思维方式，即让学生在分析社会现象时要坚持经济学的基本原则。如果要让学生完全吸收这些理论性强、系统化的知识，我们需要运用逻辑清晰的方法来搭建理论框架，使知识点更加凝练，由简入繁、由浅入深，结合实际，让学生将知识逐步内化于心。

《宏观经济学学习指南》（以下简称《学习指南》）是在团队首席教授李政军老师的指导下，为实现宏观经济学课程目标而编写的。李政军老师曾长期就职于南京师范大学，现为重庆财经学院和西华大学经济学教学团队首席教授，致力于微观经济学和宏观经济学的教学和研究已30余年，对经济学的教学具有丰富的经验和深刻的认识。因此，在李政军老师的指导下，课程组成员从课程内容、讲授方式、在线课程建设、习题集建设、课程思政建设等多方面，对宏观经济学课程进行了教学改革，为《学习指南》的编写工作提供了坚实的专业基础和实践指导。

《学习指南》是重庆财经学院校级规划教材，在重庆财经学院《宏观经济学习题集》（胡文静主编，西南财经大学出版社，2016年）的基础上进行了全面修改和完善。根据因材施教的原则，《学习指南》以马克思主义理论研究和建设工程（以下简称“马工程”）教材《西方经济学（第二版）下册》为蓝本，参考《宏观经济学十讲》（李政军著，中国人民大学出版社，2020年）重构教材内容体系，对每一章的学习目的、核心要点等进行归纳分析后，编写了不同类型的习题。《学习指南》每章包括五个部分，分别是学习目的、内容概要、重要概念、习题演练、课程思政。其中，学习目的是学生需要掌握的本章核心内容；内容概要是对本章知识的精炼呈现；重要概念是本章考核的高频词汇；习题演练包含了单选题、辨析题、简答题和应用题；课程思政是以中国实情为材料，让学生以理论为基础，结合案例思考我国宏观经济现状。本书的典型特点是：以知识梳理引导学生学习，以习题演练培养学生能力，以课程思政强化学生思考，知识性和现实性紧密结合。

本书由重庆财经学院宏观经济学课程组全员参与完成，具体编写分工如下：第一章由周映伶编写；第二章和第三章由李星林编写；第四章由潘曦和梁彦博编写；第五章由王路云编写；第六章由刘春兰和胡文静编写；第七章由李政军编写。此外，李政军老师对全书各章内容做了细致审阅，并且从形式到内容都提出了宝贵的修改意见，在此向他的辛勤付出表示衷心感谢！

本书在每一章设置了重庆财经学院宏观经济学在线开放课程的二维码，读者扫描二维码后便可查看相应章节的视频教学内容。本书如有不足之处，欢迎读者们批评指正！

李星林

重庆财经学院宏观经济学课程组组长

2022年1月25日于重庆

目录 CONTENTS

参考答案

第一章

宏观经济学的基本指标

宏观经济学在线开放课程

- 宏观经济学的基本指标
  - 宏观经济学概述
    - 宏观经济学的产生与发展
      - 背景：20 世纪 30 年代经济大萧条
      - 思想来源：凯恩斯的《就业、利息与货币通论》（1936 年）
    - 宏观经济学的研究对象——整个国民经济
    - 宏观经济学的研究主题——资源利用问题
    - 宏观经济学的研究框架
      - 三个市场
      - 三大经济部门
    - 宏观经济学与微观经济学的异同
      - 联系
      - 区别
  - 国内生产总值（GDP）
    - GDP 的定义
    - GDP 的核算方法
      - 支出法
        - 居民消费（C）
        - 投资支出（I）
          - 固定资产投资
          - 存货投资
        - 政府购买支出（G）
        - 商品和劳务的净出口（$X-M$）
      - 收入法
        - 工资、利息和租金
        - 非公司企业主收入
        - 公司税前利润
        - 企业转移支付及企业间接税
        - 资本折旧
      - 生产法
    - 名义 GDP 与实际 GDP
      - 名义 GDP 与实际 GDP 的关系
      - 名义 GDP 与实际 GDP 在经济学上的意义
      - 名义 GDP 与实际 GDP 的定义
    - 与 GDP 相关的其他指标
      - GNP
      - NDP
      - NNP
      - NI
      - PI
      - DPI
  - 国民收入的基本公式
    - 两部门经济中的恒等式
      - 两部门经济的总收入：$y=c+s$
      - 两部门经济的总支出：$y=c+i$
      - 储蓄—投资恒等式：$i=s$
    - 三部门经济中的恒等关系
      - 三部门经济的总收入和总支出构成
      - 储蓄—投资恒等式
    - 四部门经济中的恒等关系
      - 四部门经济的总收入和总支出构成
      - 储蓄—投资恒等式
  - 价格水平及其衡量
    - 衡量价格水平的主要指标
      - 消费者价格指数（CPI）
      - 生产价格指数（PPI）
      - GDP 折实指数（GDP deflator）
    - 通货膨胀
      - 定义
      - 通货膨胀率
  - 失业及其衡量
    - 人口
      - 劳动年龄人口
        - 劳动力（劳动力参与率）
          - 就业者——就业率
          - 失业者——失业率
        - 非劳动力
      - 非劳动年龄人口
    - 失业的简单分类
      - 自愿性失业
      - 非自愿性失业
        - 自然失业（自然失业率）
          - 摩擦性失业
          - 结构性失业
        - 周期性失业——周期性失业率（失业缺口）= 失业率 u - 自然失业率 u^*
    - 充分就业和潜在 GDP
      - 充分就业的定义
      - 潜在 GDP
        - 定义
        - GDP 缺口
          - GDP 缺口>0，存在通货膨胀缺口
          - GDP 缺口=0，实现充分就业
          - GDP 缺口<0，存在衰退缺口
      - 商业周期（经济波动）
        - 定义
        - 阶段
        - 特征

思维导图

一、学习目的

本章主要介绍宏观经济学的研究对象、研究主题、基本假设和宏观经济学的基本指标及衡量方式。通过本章的学习，同学们需要掌握的内容有：

（1）宏观经济学的研究对象、研究主题和基本假设。

（2）国内生产总值的含义和计算方法（重点是支出法）。

（3）与国民收入相关的概念（GNP、NNP、NI、PI）。

（4）价格指数、通货膨胀率的含义和计算方法。

（5）失业的分类、失业率的计算方法以及奥肯定律。

（6）国民收入核算体系中的储蓄—投资恒等式。

二、内容概要

（一）宏观经济学

宏观经济学以社会总体的经济行为及其后果为研究对象，研究的是整个社会的经济活动（而微观经济学以个体经济活动参与者，如个人、厂商、行业等为研究对象），采用总量分析法。国民收入是进行宏观分析的关键。在凯恩斯的《就业、利息和货币通论》出版后，现代西方宏观经济学才正式成为一门独立的理论经济学分支学科。

微观经济学的结论不一定适用于宏观经济学。例如，降低工资对单个厂商而言，可以减少成本、增加利润，进而扩大生产、增加工人，但如果每个厂商都降低工人工资，社会总体的消费会因收入的减少而下降，总需求的下降会最终导致生产和就业的减少。

（二）GDP 与 GNP

（1）国内生产总值（gross domestic product，GDP），是指一个国家（或地区）在一定时期内（通常是一年）生产的所有最终产品和劳务的市场价值总和。

（2）国民生产总值（gross national product，GNP），是指一个特定经济体的公民所拥有的生产要素所生产的产出的市场价值。

（3）GDP 是一个地域概念，GNP 是一个国民概念。两者的关系如下：

GNP = GDP+来自国外的要素报酬-支付给国外的要素报酬

（三）GDP 核算的三种方法：支出法、生产法、收入法

一般地，GDP 的核算方法包括支出法、生产法和收入法。它们分别从三个不同的角度衡量经济体的总产出，其核算的理论基础是总产出等于总收入，总产出等于总支出。因此，从理论上说，这三种方法核算出 GDP 的结果应该是相同的。如果这三种计算方法得到的 GDP 不相等，我们将以支出法计算的 GDP 为准，并通过在生产法和支出法中添加“统计误差项”来与支出法计算的 GDP 保持一致。

（1）支出法，是指经济社会（一个国家或地区）在一定时期内消费、投资、政府购买以及净出口等几个方面支出的总和。其计算公式如下：

$$\mathrm{GDP}=C+I+G+(X-M)$$

（2）生产法，是指从企业生产活动成果的角度计算 GDP 的一种方法，表现为通过加总各产业内所有企业生产的增加值来计算 GDP，因此也称为增值法。

（3）收入法，是指用要素收入，即企业生产成本核算国内生产总价值。严格来说，最终产品市场价值除了生产要素收入构成的成本之外，还包括折旧、间接税、补助金等项目。其计算公式如下：

GDP = 工资+利息+租金+利润+折旧+间接税-补助金

（四）名义 GDP、实际 GDP 与 GDP 平减指数

（1）名义 GDP，是指用当年价格计算的全部最终产品和服务的市场价值。

（2）实际 GDP，是指用基年价格计算的全部最终产品和服务的市场价值。实际 GDP 在不同年份的变化率，就是经济增长率。

（3）GDP 平减指数 $=\dfrac{\text{名义 GDP}}{\text{实际 GDP}}\times 100$。

（五）与 GDP 相关的几个概念

（1）国民生产净值 NNP = GDP-折旧。

（2）国民收入 NI = NDP-企业间接税。

（3）个人收入 PI = NI-（公司所得税+社会保险税+公司未分配利润）+政府转移支付。

（4）个人可支配收入 DPI = PI-个人所得税。

（六）国民收入的基本公式

（1）两部门经济中的储蓄—投资恒等式：$I=S$。

（2）三部门经济中的储蓄—投资恒等式：$I=S+(T-G)$。

（3）四部门经济中的储蓄—投资恒等式：$I+G+(X-M)=S+T+K_r$。

（七）CPI 与通货膨胀率

（1）消费物价指数（consumer price index，CPI），是一个普通消费者所购买的物品与劳务总费用的衡量指标，用公式表达如下：

$$P_t=\frac{\sum_{i=1}^{n}P_i^tQ_i^0}{\sum_{i=1}^{n}P_i^{t-1}Q_i^0}\times 100\%$$

（2）通货膨胀率，是指一个国家或地区从一个时期到另一个时期的价格水平变动的百分比，用公式表达如下：

$$\pi_t=\frac{P_t-P_{t-1}}{P_{t-1}}\times 100\%$$

（八）劳动力、失业率与劳动力参与率

（1）劳动力为就业者和失业者之和，即劳动力=就业人数+失业人数。

（2）失业率（unemployment rate），是指失业人数与劳动力人数的百分比，用公式表示如下：

$$失业率=\frac{失业人数}{劳动力人数}\times 100\%$$

（3）劳动力参与率，是指劳动力人数占劳动年龄人口数的百分比，用公式表示如下：

$$劳动力参与率=\frac{劳动力人数}{劳动年龄人口数}\times 100\%$$

（九）失业的分类：摩擦性失业、结构性失业与周期性失业

（1）摩擦性失业，是指在生产过程中难以避免的摩擦而造成的短期的局部性失业。

（2）结构性失业，是指技能或现有工作空缺与现有的技能或事业岗位搭配不当而引起的失业。

（3）周期性失业，是指经济周期处于衰退或萧条时，因需求下降而造成的失业，这种失业是由整个经济的支出和产出下降造成的。

（十）充分就业、自然失业率和潜在 GDP

（1）充分就业。当一个经济体中不存在周期性失业，所有失业都是摩擦性失业和结构性失业时，则该经济体便达到了充分就业。

（2）自然失业率。充分就业情况下的失业率即为自然失业率。

（3）潜在 GDP 也称为潜在产量，是指在现有资本和技术水平下，一个经济体在充分就业状态下所能生产的 GDP。

（十一）奥肯定律

20 世纪 60 年代，美国经济学家阿瑟·奥肯利用美国的统计数据，计算得到一个经验性法则，即美国的 GDP 缺口与失业缺口的比率是-2。这个法则叫作奥肯定律。

三、重要概念

（1）GDP 是指一个国家（或地区）在一定时期内（通常是一年）生产的所有最终产品和劳务的市场价值总和。

（2）GNP 是指一个特定经济体的公民所拥有的生产要素所生产的产出市场价值。

（3）名义 GDP 是指用当年价格计算的全部最终产品和服务的市场价值。

（4）实际 GDP 是指用基年价格计算的全部最终产品和服务的市场价值。

（5）GDP 平减指数是指名义 GDP 与实际 GDP 的比值。

（6）最终产品和服务是指直接出售给最终消费者的产品和服务。

（7）中间产品和服务是指由一家企业生产出来被另一家企业当作投入品的那些产品和服务。

（8）消费是指家庭部门对最终产品和服务的支出。

（9）投资是指企业在厂房、设备和存货上的支出和家庭在住宅上的支出之和。

（10）政府购买是指各级政府购买产品和服务的支出。

（11）政府转移支付属于政府总支出的一部分，是政府单方面地将价值让渡给家庭或企业，包括社会保障、福利支出等项目。

（12）居民消费价格指数是指衡量普通消费者所购买的物品与劳务总费用的指标。

（13）通货膨胀率是指一个国家或地区从一个时期到另一个时期的价格水平变动的百分比。

（14）失业率是指失业人数与劳动力人数的百分比。

（15）潜在 GDP 是指在现有资本和技术水平条件下，一个经济体在充分就业状态下所能生产的 GDP。

（16）奥肯定律表明实际失业率每高于自然失业率 1 个百分点，实际 GDP 将低于潜在 GDP 2 个百分点。

四、习题演练

（一）单选题

1. 国内生产总值是（　　）的市场价值。
   A. 一年内一个经济体中的所有交易
   B. 一年内一个经济体中交换的所有商品和劳务
   C. 一年内一个经济体中交换的所有最终商品和劳务
   D. 一年内一个经济体中生产的所有最终商品和劳务
2. 下列（　　）不列入国内生产总值的核算。
   A. 出口到国外的一批货物
   B. 政府给贫困家庭发放的一笔困难补助金
   C. 房产中介公司因二手房买卖收取的一笔中介费
   D. 保险公司收到一笔家庭财产保险费
3. 下列不属于总支出的是（　　）。
   A. 政府支出　　B. 税收
   C. 净出口　　D. 投资
4. 下列（　　）应该列入国内生产总值的核算。
   A. 小米公司在印度新办了一个分公司
   B. 你买了一个包子
   C. 小明在咸鱼上购买了一本二手《宏观经济学》教材
   D. 小张姑妈送给小张一个西瓜

5. 下列说法中，（　　）不是国内生产总值的特征。

A. 它是用实物量测度的

B. 它测度的是最终产品和劳务的价值

C. 客观存在只适用于给定时期

D. 它没有计入生产过程中消耗的商品

6. 下列（　　）不属于政府购买。

A. 地方政府办三所中学

B. 政府建造办公大楼

C. 政府订购一批军火

D. 政府给低收入者提供一笔住房补贴

7. 下列（　　）不属于最终产品。

A. 家里用来取暖的煤炭　　B. 超市货架的牛奶

C. 4S 店的汽车　　D. 奶茶店里的调味果汁

8. 如果 $C=4\ 000$ 亿元，$I=700$ 亿元，$G=500$ 亿元，$X=250$ 亿元，$M=150$ 亿元，则 GDP 等于（　　）。

A. 5 450 亿元　　B. 5 300 亿元

C. 4 950 亿元　　D. 4 700 亿元

9. 如果你在快餐店里购买了你喜欢的汉堡和炸鸡，以下（　　）是正确的。

A. 如果在店里吃完，则 GDP 和消费支出都没受到影响

B. GDP 将会增加，但消费支出没有变化

C. GDP 不会受影响，但消费支出将会增加

D. GDP 和消费支出都将增加

10. 下列（　　）不是要素收入。

A. 工资　　B. 股息

C. 公司对灾区的捐款　　D. 银行存款取得的利息

11. 以支出法计算 GDP 时，不属于投资的是（　　）。

A. 某企业增加一批存货　　B. 某企业建造一座厂房

C. 某企业购买一台计算机　　D. 某企业购买政府债券

12. 用生产法计算的 GDP 不应该包括（　　）。

A. 小明帮同学购买的牛奶

B. 发电厂用于发电购买的煤炭

C. 布厂用于织布购买的棉花

D. 长安公司用来组装机器采购的螺丝钉

13. 假设某汽车制造公司花 10 000 元购买制造汽车的所有部件，支付 10 000 元给工人制造汽车，出售汽车获得 22 000 元。在这种情况下，该公司创造的 GDP 为（　　）。

A. 10 000 元　　　　B. 12 000 元

C. 20 000 元　　　　D. 22 000 元

14. 对于一个经济体的核算来讲，下面（　　）是正确的。

A. 收入大于产出　　　　B. 产出大于收入

C. 收入总是等于产出　　　　D. 以上都有可能

15. 实际 GDP 反映（　　）的变化。

A. 实物　　　　B. 价格

C. 实物和价格　　　　D. 既非实物，又非价格

16. 当实际 GDP 为 1 500 亿元，GDP 平减指数为 120 时，名义 GDP 为（　　）。

A. 1 100 亿元　　　　B. 1 500 亿元

C. 1 700 亿元　　　　D. 1 800 亿元

17. 假设以 2020 年为基年，2021 年的 GDP 平减指数为 123.26，则 2021 年的通货膨胀率为（　　）。

A. 123.26%　　　　B. 1.23%

C. 6.1%　　　　D. 23.26%

18. 假设以 2018 年为基年，如果 2021 年的实际 GDP 高于 2018 年的实际 GDP，这说明（　　）。

A. 物价上涨了　　　　B. 物价下降了

C. 商品数量增加了　　　　D. 商品数量减少了

19. 一国的国民生产总值小于国内生产总值，说明该国公民从外国取得的收入（　　）外国公民从该国取得的收入。

A. 大于　　　　B. 小于

C. 等于　　　　D. 可能大于也可能小于

20. 在计算消费者价格指数时，（　　）。

A. 在基期和当期之间商品价格允许变化，但数量保持不变

B. 在基期和当期之间商品数量允许变化，但价格保持不变

C. 在基期和当期之间商品价格和数量都允许变化

D. 在基期和当期之间商品价格和数量都不允许变化

21. （　　）是用来计算 CPI 的指标商品。

A. 经济体中的商品和服务的随机样本

B. 美国劳工统计局公布的消费者购买的典型商品和服务

C. 用相对于 GDP 中消费的支出比例来衡量的商品和服务

D. 每一个主要的消费品种中最贵和最便宜的商品和服务

22. 假设某国的总人口数为 3 000 万人，就业者为 1 500 万人，失业者为 500 万人，则该国的失业率为（　　）。

A. 17%　　B. 34%

C. 25%　　D. 10%

23. 那些在转换工作过程中暂时失业的人构成（　　）。

A. 季节性失业　　B. 摩擦性失业

C. 结构性失业　　D. 周期性失业

24. 由于经济衰退而形成的失业属于（　　）。

A. 摩擦性失业　　B. 结构性失业

C. 周期性失业　　D. 自然失业

25. 自然失业率（　　）。

A. 恒为零

B. 依赖于价格水平

C. 经济处于潜在产出水平时的失业率

D. 是没有摩擦性失业时的失业率

26. 充分就业，意味着（　　）。

A. 人人都有工作，没有失业者

B. 消灭了周期性失业的就业状态

C. 消灭了自然失业的就业状态

D. 消灭了自愿失业的就业状态

27. 奥肯定律说明（　　）。

A. 失业率增加 1%，实际 GDP 减少 2%

B. 失业率增加 1%，实际 GDP 增加 2%

C. 失业率减少 1%，实际 GDP 减少 2%

D. 失业率减少 2%，实际 GDP 增加 1%

28. 宏观经济学的任务是（　　）。

A. 解释经济波动的原因和形成机制

B. 运用宏观经济政策实现充分就业和物价稳定

C. 解释潜在 GDP 的增长原因和路径

D. 以上都是

29. 2023 年 X 同学用 29. 8 元购买了一本 2022 年出版的图书，2024 年看完后将该书以 10 元买给其他人。以上交易引起的 GDP 变动正确的是（　　）。

A. 2023 年 GDP 增加 29.8

B. 2022 年 GDP 增加 29.8

C. 2024 年 GDP 增加 10

D. 2023 年 GDP 增加 29.8 且 2026 年 GDP 增加 10

30. 以下不属于家庭部门消费支出的是（　　）。

A. 购买空调的费用　　B. 购买食品的费用

C. 建造住宅的支出　　D. 医疗支出

31. 某国 2023 年年末企业资本存量为 100 亿，2024 年年末企业资本存量为 150 亿，2018 年一年资本折旧为 10 亿，请问该国企业 2018 年的总投资支出是（　　）亿。

A. 50　　B. 60

C. 100　　D. 150

32. 若净出口 NX 小于 0，则表示（　　）。

A. 贸易顺差　　B. 贸易逆差

C. 贸易盈余　　D. 贸易平衡

33. 对于 GDP 的收入法，以下说法正确的是（　　）。

A. 可以被分解为生产产品过程中各种生产要素的成本

B. 包含了工资、利息、租金以及利润这四种要素收入

C. 严格来说还需在全部成本基础上扣除折旧、间接税和政府补助

D. 是从支出角度出发来计算 GDP 的

34. 2024 年名义 GDP 大于 2023 年的名义 GDP，说明（　　）。

A. 2024 年物价水平一定比 2023 年高

B. 2024 年生产的产品和劳务总量一定比 2023 年多

C. 2024 年物价水平和实物产量一定比 2023 年高

D. 2024 年物价水平和实物产量至少有一项比 2023 年高

35. 下列不属于 CPI 与 GDP 平减指数之间的差异的是（　　）。

A. 政府购买的产品价格上升反应在 GDP 平减指数而不反应在 CPI

B. 进口商品的价格上涨反应在 CPI 而不反应在 GDP 平减指数

C. CPI 对不同产品和劳务的价格的权重固定，GDP 平减指数权重会变动

D. CPI 可以作为衡量价格水平变化的指标，GDP 平减指数不行

36. 以下属于失业者的是（　　）。

A. 15 岁辍学的高中生

B. 丧失工作信心的家庭主妇

C. 失去行为能力的精神病人

D. 正在大量投递简历的大四应届生

37. 实际 GDP 偏离潜在 GDP 的比重为负数，则此时经济体中存在（　　）。

A. 通货膨胀缺口　　B. 充分就业

C. 通货紧缩缺口　　D. 扩张趋势

（二）辨析题

1. 如果一个国家国内生产总值越大，说明这个国家的人民越富有。（　　）

2. 出于国民收入核算的需要，在按收入法核算国内生产总值时必须把折旧加进去。（　　）

3. 转移支付是政府支出的一部分，在按支出法核算国民收入时，并没有把它计算进去，那么在按收入法核算国民收入时，就不应该在个人收入中加入政府的转移支付。（　　）

4. 国内生产总值核算采用的是国土原则，国民生产总值核算采用的是国民原则。（　　）

5. 按收入法计算的 GDP 非常全面，既可以全面地反映一个经济社会的经济绩效，又可以反映一个经济社会的经济福利状况。（　　）

6. 既然名义 GDP 受实际产出和物价水平的共同影响，那么一个国家的名义 GDP 增加了，就意味着实际产出和物价水平都提高了。（　　）

7. 实际 GDP 的变动是由物价变动引起的。（　　）

8. 在 CPI 中，商品和劳务的权重取决于在本国经济中商品和劳务的产出水平。（　　）

9. CPI 和 GDP 平减指数虽然有时候会背离，但是一般来说它们的方向是一致的。（　　）

10. 摩擦性失业和周期性失业都是自然失业。（　　）

11. 结构性失业是一种求职性失业。（　　）

12. 一个经济体的实际失业率等于自然失业率时，该经济体就实现了充分就业。（　　）

13. 自然失业率等于 0。（　　）

14. 奥肯定律说明了失业与通货膨胀之间的反向变动关系。（　　）

15. 充分就业是宏观经济学政策目标之一。（　　）

16. 既然国民收入核算的结果是投资恒等于储蓄，那么在经济运行过程中投资也一定等于储蓄。（　　）

17. 采用收入法核算 GDP 时需考虑折旧。（　　）

18. 以支出法核算 GDP 时，投资支出中包含了购买债券及上市公司股

票的价值。（　）

19. 以收入法、支出法和生产法核算得到的 GDP 结果可能不同（不考虑统计误差）。（　）

20. 投资储蓄恒等式 $S=I$ 在经济体处于不充分就业或通货膨胀的状态下可能不成立。（　）

（三）简答题

1. 宏观经济学研究的主要对象是什么？

2. 宏观经济学和微观经济学有什么联系和区别？为什么有些经济活动从微观看是合理的、有效的，而从宏观看却是不合理的、无效的？

3. 单纯用 GDP 作为经济活动衡量标准有何不足？

4. 试评述国民收入核算理论，为什么要用绿色 GDP 替代 GDP？

5. 为什么政府给公务员发工资要计入 GDP，而给灾区或困难人群发的救济金不计入 GDP？

6. 说明在证券市场购买债券和股票不能看作是经济学意义上的投资活动的原因。

7. 什么是 GDP 平减指数？它与 CPI 有什么区别？

8. 从国内生产总值的角度，说明“GDP 快速增长，而居民可支配收入却增长缓慢”的可能性。

9. 如果在 A、B 两国产出不变的前提下，将它们合并成一个国家，分析合并前后对 GNP 总和有什么影响，并举例说明。

10. 在计算国内生产总值时，为什么要把中间产品剔除在外？如果计算了这些商品，结果会如何？试解释一种能解决中间产品问题的计算方法。

11. 各国政府为什么会为高失业率感到担忧？

12. 怎样理解产出等于收入以及产出等于支出？

13. 在采用支出法核算 GDP 时，总投资可以采用哪两种方法计算？试阐述为什么需要考虑折旧的影响。

（四）应用题

1. 已知：

工资：100 亿元	间接税减津贴：10 亿元
利息：10 亿元	消费支出：90 亿元
租金：30 亿元	投资支出：60 亿元
利润：20 亿元	政府用于商品的支出：30 亿元
出口额：60 亿元	进口额：70 亿元

政府的转移支付：5 亿元　　　　　　所得税：30 亿元

（1）按收入法计算 GDP。

（2）按支出法计算 GDP。

（3）计算进出口盈亏。

2. 根据下列统计资料（见表 1-1），计算国内生产总值（GDP）、国内生产净值（NDP）、国民收入（NI）、个人收入（PI）及个人可支配收入（DPI）。

表 1-1　一国宏观经济统计数据　　　　单位：亿元

净投资	125
净出口	15
储蓄	25
资本折旧	50
政府转移支付	120
企业间接税	75
政府购买	200
社会保险金	130
个人消费支出	500
公司未分配利润	100
公司所得税	50
个人所得税	80

3. 请问以下交易会影响 GDP 支出法构成的哪一部分？在括号中填入它们影响的具体类别：消费（C）、投资（I）、政府购买（G）、净出口（NX）。

①家庭新购入一台冰箱。（　）

②谢老师购买了一栋房子。（　）

③巴南区政府出资为工作人员建宿舍楼。（　）

④小明早餐买的豆浆油条。（　）

⑤西渝高铁修建。（　）

⑥比亚迪汽车在重庆修建新厂。（　）

⑦美国人购买中国华为手机。（　）

⑧中国减少进口美国的大豆。（　）

4. 假定某国某年仅仅发生了以下经济活动：①金矿公司支付 7.5 万美元给矿工开采金矿，并将开采出的金矿以 10 万美元售价卖给金饰品制造商；②金饰品制造商支付 5 万美元给工人制造了一批项链卖给消费者，售价 40 万美元。

（1）用支出法计算 GDP。

（2）用生产法计算 GDP。

（3）用收入法计算 GDP。

5. 假设某经济社会只生产 5 种产品，它们在 2018 年和 2020 年的产量和价格分别如表 1-2 所示。试计算：

（1）2018 年和 2020 年的名义国内生产总值。

（2）如果以 2018 年作为基年，则 2020 年的实际国内生产总值为多少？

（3）计算 2018—2020 年的国内生产总值折算指数，2020 年价格比 2018 年价格上升了多少？

表 1-2　某经济社会各种产品 2018 年和 2020 年的产量和价格

产品	2018 年产量	2018 年价格/元	2020 年产量	2020 年价格/元
A	25	1. 50	30	1. 60
B	50	7. 50	60	8. 00
C	40	6. 00	50	7. 00
D	30	5. 00	35	5. 50
E	60	2. 00	70	2. 50

6. 某地区居民总是把相当于地区生产总值 60%的部分存起来，并且不用缴税也不购买外地商品。某年该地区将总价值为 2 000 万元的汽车销往邻省，这会对该地区的地区生产总值产生什么影响，请回答：

（1）该地区的地区生产总值增加了多少？

（2）假如当地政府增加 2 000 万元购买本地汽车，是否会产生与（1）相同的结果？为什么？

（3）假如当地政府将 2 000 万元以补贴形式发给居民，该地区的地区生产总值是否会增加？与（1）相比如何？为什么？

7. 从 1947 年到 1997 年，美国的消费物价指数上升了 637%。请用这个事实并根据通货膨胀的影响来调整表 1-3 中 1947 年的每一项价格。在根据通货膨胀调整以后，1997 年哪一项费用小于 1947 年？哪一项的费用更高？

表 1-3　1947 年和 1997 年各项目价格　　　　单位：美元

项目	1947 年价格	1997 年价格
爱荷华大学的学费	130	2 470
一加仑汽油	0. 23	1. 22
从纽约到洛杉矶的三分钟电话	2. 05	0. 45
住一天特护病房	35	2 300
麦当劳汉堡包	0. 15	0. 59

8. 假设素食国的居民把他们的全部收入用于购买花菜、西蓝花和胡萝卜。在2010年，他们用200美元买了100个花菜，75美元买了50个西蓝花，50美元买了500个胡萝卜。在2011年，他们用225美元买了75个花菜，120美元买了80个西蓝花，100美元买了500个胡萝卜。

（1）计算每年每种蔬菜的价格。

（2）把2010年作为基年，计算每年的CPI。

（3）2011年的通货膨胀率是多少?

9. 假设一个经济体中有10 000人（年龄16岁及以上）。在这些人中，4 000人不属于劳动力，300人失业。请计算劳动力的参与率和失业率。

10. 假定GDP是6 000元，个人可支配收入是5 100元，政府的预算赤字是200元，消费是3 800元，对外贸易赤字是100元。

（1）储蓄（S）是多少?

（2）投资（I）的规模是多少?

（3）政府支出（G）是多少?

五、课程思政

【阅读材料A】

习近平总书记两会“下团组”：“着眼点着力点不能放在GDP增速上”①

时间：2020年5月22日下午

日程：习近平总书记参加内蒙古代表团审议

“今年疫情原因，经济影响大吗?”

一年一度，又同内蒙古代表团见面了。几位代表发言时，习近平总书记多次问到这个问题。

薛志国代表笑称自己是个“老京漂”，作为内蒙古敖汉旗驻北京流动党支部书记，他那儿成为老家在京就业者的一个落脚地，“疫情初期，农民工们坐在家里坐吃山空。如今九成都返京复工了，当地就业也拓宽了出路，养殖合作社搞得红火”。

费东斌代表来自乌兰察布，听到总书记问这个问题，他细数了两大方面：一个是当地外出打工人员陆续复工；一个是绿色农畜产业“铺路架

① 人民日报.“着眼点着力点不能放在GDP增速上”[EB/OL].(2020-05-23)[2021-12-25]. https://nm.people.com.cn/n2/2020/0523/c196820-34036915.html.

桥”，马铃薯、燕麦都打出了名气。

“你们那儿的马铃薯是做工业原料好还是食用好?”

“食用好，而且是很好的种薯！这段时间，价格不仅没有落，反而涨了。”

“甘肃那边种植马铃薯也比较出名吧?”

一听总书记提起市场比较，费东斌代表颇有些“不甘示弱”，他笑着抬高了嗓门：“我们叫‘马铃薯之都’，他们叫‘马铃薯之乡’，都好!”话音一落，总书记和代表们都笑了。

“今年是‘十三五’规划收官之年，突如其来的疫情完成目标任务带来了挑战。我们实事求是，没有提出全年经济增速具体目标。”习近平总书记对代表们谈到了背后抉择的深谋远虑：“如果没有这次疫情，一般情况下经济增长目标会定在6%左右。但是，疫情发生以后有的事情不由我们作主，世界经济衰退已成定局，我们受到的影响有多大、有多深，还有很多不确定性。”

“如果我们硬性定一个，那着眼点就会变成强刺激、抓增长率了，这样不符合我们经济社会发展的宗旨，我们一直在讲不以 GDP 增长率论英雄。‘六稳’‘六保’，我们追求的是经济的科学发展、是贯彻新发展理念，追求的是广大人民群众的幸福美好生活。其实在追求这些的时候，也会间接推进国内生产总值降幅尽可能减少，但着眼点着力点不能放在 GDP 增速上。”

请针对画线部分，结合以上材料，思考并回答以下问题：

1. 请用本章知识回答为什么“不以 GDP 增长率论英雄”?

2. 请结合我国国情分析，“不以 GDP 增长率论英雄”就意味着经济增长不重要了吗?

【阅读材料 B】

“国民待遇”新论[①]——GNP、GDP 与全球经济一体化

梁小民

20 世纪 90 年代之前，大多数国家都用 GNP（国民生产总值）来衡量国家每年生产的最终产品与劳务的市场价值。20 世纪 90 年代之后，越来越多的国家用 GDP（国内生产总值）来取代 GNP。1993 年，联合国统计司正式决定用 GDP 取代 GNP。这两者有什么差别和意义呢?

从定义上说，GNP 和 GDP 都是指一国一年内所生产的最终产品和劳务

① 资料源于：李政军教授整理的《宏观经济学（第二版）下册案例教学与课程思政建设阅读材料》，文章刊载在《读者》2001 年第 10 期，原载《英才》2001 年第 2 期。

的市场价值。但它们所说的“一国”的含义不同。GNP 所说的“一国”是指一国国民，即只要是该国公民，无论在什么地方创造的最终产品与劳务的市场价值都应计入。GDP 所说的“一国”是指一国境内，即只要是在该国领土上，无论哪国人所创造的最终产品与劳务的市场价值都应计入。GDP 中减去外国公民在该国创造的最终产品与劳务的价值再加上本国公民在外国创造的最终产品与劳务的市场价值就等于 GNP。由于许多国家 GNP 与 GDP 差别很小（往往在 1%左右），所以也有人把这两者等同起来。

但应该强调的是，无论 GNP 与 GDP 在数量上的差别是否重要，用 GDP 取代 GNP 是一个极重要的变动，它代表着全球经济一体化的趋势。

在全球经济一体化的今天，各国经济都是你中有我，我中有你，甚至很难找出哪一件产品完全是由本国人生产的民族产品了。例如，美国福特公司生产的福特牌伊斯柯特型（ESCORT）汽车，其零件来自 15 个国家，你说它是不是美国民族工业产品？说是吧，美国零件的国产化率很低；说不是吧，品牌无疑是美国的。其实你看看现实中的产品，有多少还可以称得上是原来意义上的民族工业产品呢？

因此，在经济全球化的今天，许多经济学家强调用境内工业的概念来取代民族工业。真正意义上的民族工业实际已很难确认了，但境内工业是好确认的。外国人在一国办的企业并非国人所有的民族工业，但也是一国经济重要组成部分的境内工业。这种企业要遵守所在国法律，向该政府交税，雇佣该国工人，繁荣该国经济，为什么要加以排斥？用 GDP 取代 GNP 与用境内工业取代民族工业是相应的。

现在消费者实际上很难找到一件真正意义上的国货了。国产电视机的许多零件来自国外，国产电脑芯片等来自国外，甚至吃的面包也可能是用来自国外的小麦制成的。哪里去找让我们爱国的“国货”？排斥外资，总把外国人办的企业作为异类，不能给予“国民待遇”，都是已过时的观念。一国只有与世界融为一体，吸取各国所长为我所用，才有国家的繁荣、富强和民族的独立。不在全球化进程中求强，只有落后挨打。

GNP 变为 GDP 不是简单的名词之变而是全球趋势之变，观念之变。只有注意到这种实质性变化，才能跟上浩浩荡荡的世界经济潮流。

请同学们仔细阅读《“国民待遇”新论——GNP、GDP 与全球经济一体化》这篇文章，结合本章所学知识，思考以下问题：

1. 可否因为“许多国家 GNP 与 GDP 差别很小（1%左右）”就可以将二者等价？

2. 结合资料内容和本章所学知识，谈谈为什么“用 GDP 取代 GNP 代表着全球经济一体化的趋势”。

3. 请结合我国国情，谈谈你对“国货”的理性认识。

【阅读材料 C】

妈妈值多少钱①

［美］安・克里滕登

祝东力 译

在我儿子小的时候，我们特别喜欢读《奉献树》。该书讲的是一棵树的故事，这棵树让一个小男孩吃它结出的果实，让他爬上去玩儿、在树荫下乘凉睡觉。大树和男孩都因此其乐融融。男孩长大后，大树又让他拿果子卖钱，用枝搭房，以树干造船。当男孩变老，老态龙钟之时，那棵已变成树墩的树，倾其所有让这位老叟坐在上面休息。每当读到最后一行“老树因此其乐融融”的时候，我总是泪流满面。

在美国，母亲的重要性就像苹果派一样。没有什么比她更神圣不可侵犯，也没有谁像她那样被赞颂到无以复加的地步。母性的无私使母亲拥有独一无二的道德权威，它过去被用来宣传禁酒、母婴健康、幼儿园教育、宽厚的少年司法体制，近来又被用于反对酒后驾车和改善枪支管理松懈的状况。

在一次聚会上，后来做了财政部部长的著名经济学家劳伦斯・萨默斯也说了同样的话。萨默斯一脸严肃地对我说：“生儿育女是世界上最重要的工作。”正如萨默斯所言，在现代经济中，三分之二的财富由人的技能、原创性和事业心——“人力资本”所创造。就是说，那些尽心尽责养育子女的父母，用经济学家雪莉・伯格拉夫的话来说，实际上就是“我们经济中主要的财富创造者”。

但是，这种巨大贡献仍不值一文。对母亲价值的口头恭维飘在半空，就像天使的祥云一样虚无缥缈。在这个世界，母亲们仍要面对不被尊重、不被承认的事实。多数人，就像摇篮里的婴儿一样，认为母亲的照料是理所当然的分内之事。

给婴儿一个家，培养他的能力，这一工作的价值几乎被完全抹杀了。因此，人们常向全职母亲提出这样轻蔑的问题：“你一整天都干什么了?”我永远忘不了那天晚餐喝酒时，一位没有孩子的女性朋友发表意见说：“在我认识的所有夫妇当中，你是唯一没有工作的妻子。”而那天我做了很多事：早上给儿子穿衣、喂饭，送他去幼儿园，然后找水管工修理漏水的淋浴器，付账单，写一篇专栏文章，从幼儿园接回儿子，再送他到图书馆参加一个阅

① 资料来源于：李政军教授整理的《宏观经济学（第二版）下册案例教学与课程思政建设阅读材料》，文章刊载在《读者》2012 年第 20 期，原载中信出版社《妈妈值多少钱》一书。

读小组，干了几件杂事，又为我未来的写作计划花了一小时。

20世纪70年代初，我给《MS》杂志创刊号写文章，讨论家庭妇女的经济价值。我统计所有家务活，确定每项的价钱，最后得出结论说，这份工作应得的报酬被大大压低，而且本应计入GNP（国民生产总值）。我那时自认为充满爱心，现在明白了，其实当时内心是带有一种同情心的鄙夷，或者说是带着鄙夷的同情。在内心深处我相信，在市中心办公室俯瞰着麦迪逊大街的自己，比那些在家推着扫帚没有报酬的家庭妇女要出类拔萃得多。

母亲的工作不仅被忽视，而且还可能成为职场上的绊脚石。生儿育女算得上世界上最重要的工作，但你不能把这个写在个人简历上。

在美国传统的经济理念中，花在孩子身上的时间是被浪费掉的。没正式工作的人虽说培养了孩子的人力资本，但她们自己却退化成了“废物”，就好像那些丢在户外慢慢锈掉的设备一样。培育品格，让孩子读书识字并渴求知识，这是个长期的工作，要求有出色的才能，而这在经济学家的算式中却被忽略不计。经济学对照料儿童的技艺不置一词，就好像根本没有这回事儿。

经济学家认为，生儿育女对人的能力有负面影响，他们总结说：“由于妇女在某些时期不工作，她们积累的工作经验比较少。而且在不工作的这段时期，其人力资本由于缺乏维护而贬了值，这就叫做萎缩。”实际上，女人带孩子时，唯一萎缩的是她们的收入和闲暇。

母亲的工作受到贬低，实际上这种情形无所不在。有时照看子女不仅得不到奖励，还会受到惩罚。

当然，照看孩子并不都是为了有所回报。正像《奉献树》的寓意，把孩子养育成人本身就是一份厚礼，这背后是母爱，是人类生活中最无私的情感。爱的工作怎能索取报酬呢？那在情感上是不能接受的，它偏离了爱的本质。但是，即使照料的工作不是为自己，也不意味着要因此受惩罚。即使献身给孩子是利他行为，也不是说这活儿不费力气，不耗时间，只能让女性干而与男人无关。照料是无私的，却备受盘剥。正如巴尔扎克的名言所说：“母爱使每位女性降身为奴。”

时常有人计算家庭应付给母亲多少报酬。其中有这样一项计算：一位母亲不算退休、医疗和其他福利，每年工资就有508 700美元。这个天文数字是这样算的：先假定母亲承担17种工作，从看孩子、烧饭洗衣到打理家庭财务、解决家庭纠纷，再把每种工作按中等年薪水平相加。更合乎实际的做法也许是按中层管理者的水准估算母亲的价值，再加上一些额外的零星服务项目，如做心理医师、理财师、私人司机等。这样算下来，年薪10万美元不成问题——或者说比现在多挣10万美元。

里克·爱德曼说："只有妈妈们这么傻，会白干活儿。"按他的爱德曼金融服务公司计算，应付给妈妈们50万美元的年薪。"没人有这么多钱雇一个好妈妈……从这个意义上说，我们的母亲真是无价之宝。"

无偿的女性关爱不仅是家庭的命脉，也是经济的重心。大量的最新研究表明，无偿照看孩子所付出的劳动量比经济学家设想的要多得多。的确，它在规模上可媲美于普通经济中的大型产业。根据一些估计，即使在工业化程度最高的国家，在无偿的家务劳动上消耗的时间——其中大多与照看孩子有关，至少等于市场有偿劳动力的一半。而这类无偿劳动的80%，是由女性完成的。

这份不计时间与劳动量的巨大馈赠，简括地说明了成年女性为什么比男性穷困得多，尽管几乎在世界上每个国家，她们劳动的时间都比男性要长。一本流行的经济学教科书用4页篇幅讨论贫穷问题，却没有提到这个事实，即穷人大多是妇女和儿童。教科书的作者从没想到这种贫穷或许同以下事实有关：人类中有一半人的大部分劳动没有报酬。

在经济学里，"免费搭车者"指的是不付出代价而得利的人，换句话说，就是无偿获益者。按这个定义，家庭和全球经济都是典型的免费搭车者，都仰赖于付出劳动，却没有或很少有报偿的母亲。

很有可能，母亲和其他照看自家孩子、病人或老人的人们依然故我，不计辛劳和后果。无论如何，母爱是世界上最可再生的资源。但即使如此，我们仍有充分理由终止对女性劳动的无偿占用——这叫做公正。

和士兵作个类比也许能说明问题。像母亲一样，士兵要为国尽忠，让退伍军人享受荣誉和物质奖励正是为了避免白白利用他们的忠心。公众也认为，应当重奖勇士们。例如，《美国退伍军人权利法案》并不像军队福利是招募新兵的诱饵，它是知恩图报的国家对其战士的报偿。"二战"后，没有人再奢望有生命能像诺曼底登陆和瓜达尔卡纳尔岛战役中牺牲的士兵那样被白白利用。

出于同样原因，养育后代也是对国家效忠，这项工作主要由女性来承担，如果低估其价值，这是不公正的。母亲延续生命的劳动反而迫使她们成为社会慈善家，这是不公正的。唯独让母亲作出别人不曾作过的牺牲，具备别人不曾具备的德行——诸如屈尊牺牲个人的计划，以利他主义为生活旨趣，这是不公正的。德行和牺牲，在仅仅要求特定人群而不是求诸每个人的时候，就变成了下等阶级的戳记。

还母亲以公正不仅意味着"主妇工资"——这是20世纪70年代出现的想法，甚至不仅仅意味着让母亲的福利向退伍军人看齐。我们需要的是全方位（工作场所、家庭、法律和社会政策）的认可，承认必须有人担负养育子女、维系家庭的工作。而且，对于如此重要的角色，在就业上不应该被歧视，在地位上不应该被贬低。

有了这种认可就不会再有明显的矛盾：一方面劝说年轻女子走出去、受教育、独立自主；另一方面，一旦她们有了孩子就会前功尽弃。这种认可也将根除缠绕着大多数母亲的时代错误：尽管她们像任何人一样勤劳，甚至比任何人都更勤劳，但她们在经济上仍是寄食者，就像儿童或残疾人一样。

对目前状况的流行说法是女性愿意要孩子，愿意接受接踵而来的后果。就像一位非洲旅行向导讲一群猴子时所说的："带着幼猴的母猴非常艰难地跟着队伍。"但与猴子不同，人类有能力保证那些养育婴儿的人（也就是我们的未来），永远不被丢在后面。

请同学们仔细阅读《妈妈值多少钱》这篇文章，结合本章所学知识，思考并回答以下问题：

1. "这种巨大贡献"是否真的"一文不值"？这反映了本章所学的哪个经济指标的缺陷性？

2. 结合资料内容中"时常有人计算家庭应付给母亲多少报酬""无偿的女性关爱不仅是家庭的命脉，也是经济的重心""德行和牺牲，在仅仅要求特定人群而不是求诸每个人的时候，就变成了下等阶级的戳记"等内容，谈谈你对此篇材料的认识。

第二章

经济波动

宏观经济学在线开放课程

- 经济波动
  - 凯恩斯交叉线模型概述
    - 模型特征
      - 仅研究产品市场
      - 四个部门：家庭、企业、政府、国外
      - 研究失业率
      - 解释四个短期经济波动问题
    - 基本假设
      - 没有供给限制（$y=AD$）
      - 价格水平保持不变（$y=AE$）
      - 投资（i）是外生变量
  - 两部门经济的凯恩斯交叉线模型
    - 两部门经济的假设
      - 不考虑政府行为
      - 不考虑国外部门
      - 不考虑折旧，居民可支配收入等于国民收入（即：$y_d=y$）
    - 均衡条件
      - 总支出分析均衡条件式：$y=AE$
      - 投资-储蓄分析均衡条件式：$i=s$
      - 两部门经济总支出：$AE=c+i$
    - 凯恩斯消费函数与储蓄函数
      - 消费函数
        - 消费的影响因素
        - 边际消费倾向递减规律
        - 线性消费函数：$c=a+\beta\cdot y$
        - 消费倾向
          - 平均消费倾向（APC）
          - 边际消费倾向（MPC）
      - 储蓄函数
        - 线性储蓄函数：$s=-a+(1-\beta)\cdot y$
      - 储蓄倾向
        - 平均储蓄倾向（APS）
        - 边际储蓄倾向（MPS）
    - 消费函数与储蓄函数的关系
    - 两部门经济中均衡国民收入的决定：$y=(a+i)/(1-\beta)$
      - 总支出分析
        - 均衡条件式：$y=AE$
        - 两部门经济的总支出：$AE=c+i$
        - 消费函数：$c=a+\beta\cdot y$
      - 投资-储蓄分析
        - 均衡条件式：$i=s$
        - 储蓄函数：$s=-a+(1-\beta)\cdot y$
      - 存货调整机制
        - $IU>0$，企业将减少生产
        - $IU=0$，实现均衡
        - $IU<0$，企业将扩大生产
    - 两部门经济中均衡国民收入的变动与乘数原理
      - 引起两部门经济中均衡国民收入变动的因素
        - 自发性支出变动
        - 边际消费倾向β变动
      - 节俭反论
      - 乘数原理
        - 乘数及乘数过程
        - 投资乘数 $ki=\Delta y/\Delta i$
        - 乘数与经济波动
  - 三部门经济的凯恩斯交叉线模型
    - 财政的构成
      - 政府支出
        - 政府购买性支出（g）
        - 政府转移性支付（tr）
      - 政府收入
        - 税收（T）
          - 定额税（T_0）
          - 比例税（$t\cdot y$）
        - 居民可支配收入：$y_d=y-T+tr$
      - 政府预算与融资
        - 政府预算
        - 预算余额：$BS=T0+t\cdot y-g-tr$
          - $BS>0$，预算盈余
          - $BS=0$，预算平衡
          - $BS<0$，预算赤字——政府融资方式
    - 三部门经济中均衡居民收入的决定与变动
      - 只存在定额税
        - 总支出分析
          - 均衡条件式：$y=AE$
          - 三部门经济的总支出：$AE=c+i+g$
          - 消费函数：$c=a+\beta-y_d$
          - 可支配收入：$y_d=y-T+tr$
          - 税收：$T=T_0$
          - 投资-储蓄分析
        - 存在定额税和比例税
          - 总支出分析
            - 均衡条件式：$y=AE$
            - 三部门经济的总支出：$AE=c+i+g$
            - 可支配收入：$y_d=y-T+tr$
            - 税收：$T=T_0+t\cdot y$
          - 投资-储蓄分析
      - 三部门经济中的乘数
        - 政府购买乘数
        - 税收乘数
        - 政府转移支付乘数
        - 平衡预算乘数
  - 四部门经济的凯恩斯交叉线模型
    - 四部门经济中均衡国民收入的决定
      - 总支出分析：$y=AE$
      - 四部门经济的总支出：$AE=c+i+g+nx$
      - 净出口：$nx=x\cdot m$
      - 进口函数：$m=m0+v\cdot y$
    - 外贸乘数
      - 出口乘数
      - 进口乘数

思维导图

一、学习目的

本章主要通过凯恩斯交叉线模型阐释两部门、三部门经济均衡及波动情况。通过本章的学习，同学们需要掌握的内容有：

（1）凯恩斯交叉线模型的特征和基本假设。

（2）均衡产出的概念。

（3）凯恩斯的消费理论。

（4）两部门和三部门经济中均衡国民收入的决定与变动。

（5）两部门和三部门经济中的乘数原理。

（6）财政的构成及定量税、比例税。

二、内容概要

（一）凯恩斯交叉线模型

凯恩斯交叉线模型亦称为“45°线模型”，是对凯恩斯收入决定理论的最简单描述。

1. 特征

（1）凯恩斯交叉线模型只研究一个市场——产品市场。

（2）凯恩斯交叉线模型研究四个部门——家庭、企业、政府和国外部门。

（3）凯恩斯交叉线模型只研究一个指标——失业率。根据奥肯定律，GDP 缺口与失业缺口之间存在准确的数量关系。因此，凯恩斯学派的失业理论就是国民收入决定理论。

2. 基本假设

凯恩斯经济学阐释的是经济萧条时，有效需求不足、供给过剩时的经济运行规律，有以下三个基本假设：

（1）没有供给限制。

假设经济萧条时，不论需求量为多少，经济均能以不变的价格提供相应的供给量，即假设社会总需求变动，只会引起产出和收入的变动，不会引起价格水平的变动。该假设被称为**凯恩斯定律**，而建立在这一假设基础上的模型叫作萧条的凯恩斯模型，用公式表示如下：

$$y = AD \tag{2-1}$$

其中，y 表示实际国民收入或者说实际 GDP，AD 表示一个社会的总需求。

（2）价格水平保持不变。

价格水平不变，意味着宏观经济调整机制是数量调整机制，而不是价格调整机制。

宏观经济学将价格水平不变的总需求叫作总支出，用 AE 表示。在此条件下，（2-1）式可表示如下：

$$y = AE \tag{2-2}$$

满足（2-2）式的国民收入，即与价格水平不变的总需求相等的国民收入，或者等于总支出的国民收入，叫作**均衡国民收入或均衡产出**。

满足（2-2）式的理论分析叫作**收入-支出分析**。

（3）投资是外生变量。

投资是外生变量意味着假设企业投资是自发的或外生的，且不随利率与产量而变动，实际上是将货币市场以及货币政策对总需求的影响放在一边，只讨论产品市场影响总支出的因素。

凯恩斯交叉线模型包括三个子模型——两部门经济、三部门经济、四部门经济的凯恩斯交叉线模型。结合凯恩斯交叉线模型的特征和假设可知，y 是指全社会所有企业生产的最终产品和劳务的数量，即 GDP；AE 是指产品市场上的总支出，是家庭的消费需求（c）、企业的投资需求（i）、政府购买（g）和净出口（$x-m$）之和，用公式表示如下：

$$AE = c+i+g+(x-m) \tag{2-3}$$

合并（2-2）式和（2-3）式，可以得到：

$$y = AE = c+i+g+(x-m) \tag{2-4}$$

（二）两部门经济的均衡条件

两部门经济，就是一个只有家庭与企业两个部门的经济。其中，消费行为与储蓄行为都发生在家庭部门，生产行为与投资行为都发生在企业部门。在前述三个假设的基础上，两部门经济的凯恩斯交叉线模型还增加了三个假设：第一，暂时不考虑政府的经济行为——税收和购买；第二，假设不存在折旧，这时居民的可支配收入 DPI 等于国民收入 GDP；第三，不考虑国外部门的经济行为。

1. 两部门经济的会计恒等式

从支出（总需求）角度看：$Y=C+I$。

从收入（总供给）角度看：$Y=C+S$。

综上得：$C+I=C+S$，即 $I=S$，（实际）投资=（实际）储蓄。

上述公式中大写字母均表示真实发生的业务。

2. 两部门经济的均衡条件

在两部门经济中，计划总支出由家庭的计划消费支出 c 和企业的计划投资支出 i 构成，即 $\mathrm{AE}=c+i$。因此，两部门经济的均衡国民收入，就是指与家庭的消费支出和企业的投资支出之和相等的国民收入，用公式表示如下：

$$y=\mathrm{AE}=c+i \tag{2-5}$$

显然，（2-5）式是（2-4）式的简化。

通过对（2-5）式变形可得：

$$y-c=i \tag{2-6}$$

在两部门经济中，均衡国民收入 y 减去计划消费支出 c，就是家庭的计划储蓄 s。因此，两部门经济均衡条件的另一个表达式如下：

$$s=i \tag{2-7}$$

（三）消费函数

1. 消费函数

凯恩斯认为，影响全社会家庭消费支出的因素有很多，如现期的实际可支配收入的绝对水平、价格水平、利率、消费者对未来经济走向的预期、家庭财富、信贷的可得性。在影响家庭消费支出的6个主要因素之中，现期的实际可支配收入的绝对水平，是决定消费支出的主要因素。因此，凯恩斯的消费函数理论也叫作绝对收入假说。根据绝对收入假说，我们可以将凯恩斯消费理论用公式表示如下：

$$c=c(y_d) \tag{2-8}$$

其中，c 表示消费支出，y_d表示可支配收入。

为了简化分析，通常将（2-8）式用线性消费函数表示如下：

$$c=\alpha+\beta\times y_d \tag{2-9}$$

其中，α 表示与收入无关的消费支出，叫作自发性消费；β 表示边际消费倾向，$\beta\times y_d$表示由收入水平引致的消费，叫作引致性消费。

2. 平均消费倾向与边际消费倾向

平均消费倾向（average propensity to consume，APC），是指家庭可支配收入中用于消费支出的比重，用公式表示如下：

$$APC=\frac{c}{y} \tag{2-10}$$

根据（2-9）式可得：$APC=\frac{c}{y}=\frac{\alpha}{y}+\beta$。

边际消费倾向（marginal propensity to consume，MPC），是指家庭增加一个单位的可支配收入所引起的消费支出的增量，也就是增加的消费额与增加的可支配收入额之比，用公式表示如下：

$$MPC=\frac{\Delta c}{\Delta y}=\beta \tag{2-11}$$

根据（2-9）式可得：$MPC=\frac{\Delta c}{\Delta y}=\beta$。

3. 消费函数的特征

（1）随着收入的增加，消费支出也在增加，但它增加的幅度将越来越小。换言之，家庭消费支出的增加量在收入增加量中所占的比例，将随着收入的增加而以递减的速度增加。这个特征叫作**边际消费倾向递减规律**。

（2）在每一个收入水平上，平均消费倾向大于边际消费倾向，即 APC>MPC。

（四）储蓄函数

1. 储蓄函数

储蓄是家庭可支配收入中未被用于消费支出的部分。储蓄与收入的关系称作储蓄函数，用公式表示如下：

$$s=s(y_d) \tag{2-12}$$

其中，s 表示储蓄，y_d 表示可支配收入。

为了简化分析，通常将（2-12）式用线性储蓄函数表示如下：

$$s=-\alpha+(1-\beta)\times y_d \tag{2-13}$$

其中，$-\alpha$ 是自发性储蓄，$(1-\beta)\times y_d$ 是引致性储蓄。

2. 平均储蓄倾向与边际储蓄倾向

平均储蓄倾向（average propensity to save，APS），是指平均每一单位收入中用于储蓄的比例，用公式表示如下：

$$APS=\frac{s}{y} \tag{2-14}$$

根据（2-13）式可得：$APS=\frac{s}{y}=-\frac{\alpha}{y}+(1-\beta)$。

边际储蓄倾向（marginal propensity to save，MPS），是指储蓄增量在收入增量中所占的比例，用公式表示如下：

$$MPS=\frac{\Delta s}{\Delta y} \tag{2-15}$$

根据（2-13）式可得：$MPS=\frac{\Delta s}{\Delta y}=1-\beta$。

（五）消费函数与储蓄函数的关系

（1）消费函数和储蓄函数互为补数，二者之和等于收入，即 $y=c+s$。

（2）如果存在边际消费倾向递减规律，即 APC>MPC，则存在边际储蓄倾向递增规律，即 APS<MPS。

（3）APC+APS=1；MPC+MPS=1。

（六）两部门经济中均衡国民收入的决定

结合凯恩斯消费函数和投资是外生变量假设，我们可以采取两种分析方法讨论两部门经济中均衡国民收入的决定：总支出分析和储蓄—投资分析。

1. 凯恩斯交叉线模型：总支出分析

总支出分析是指通过收入（产出）与总支出的关系来确定均衡产出，即直接将凯恩斯消费函数带入（2-5）式求解均衡国民收入的方法。将线性消费函数（2-9）式代入（2-5）式后经过整理，可得两部门经济均衡国民收入如下：

$$y_E=\frac{1}{1-\beta}(\alpha+i) \tag{2-16}$$

其中，y_E是两部门经济的均衡国民收入，$\alpha+i$ 是两部门经济的自发性支出。（2-16）式说明，在两部门经济中，均衡国民收入的影响因素包括家庭的自发性消费支出、企业的投资支出。

我们在图形上以横轴表示国民收入，以纵轴表示总支出，则 45°线上的每一点都表示国民收入与总支出相等的点。AE 曲线与 $y=AE$ 曲线的交点 E 对应的国民收入就是均衡国民收入，如图 2-1 所示。

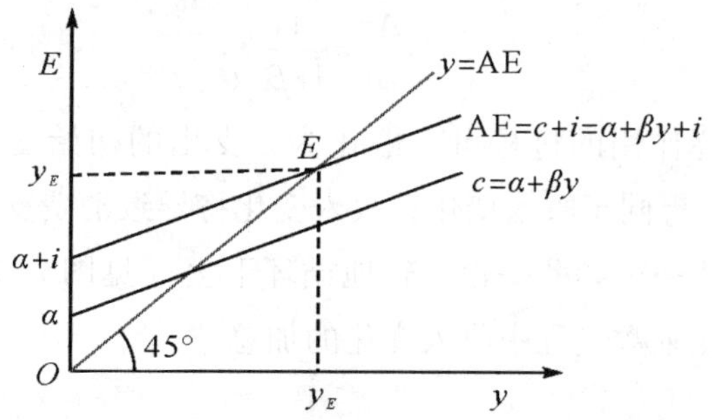

图 2-1 两部门经济均衡国民收入的决定：总支出分析

2. 凯恩斯交叉线模型：储蓄—投资分析

在两部门经济中，储蓄—投资分析，就是将储蓄函数直接代入（2-7）式求解均衡国民收入的方法。将线性储蓄函数（2-13）式代入（2-7）式后经过整理，同样可得两部门经济均衡国民收入：

$$y_E = \frac{1}{1-\beta}(\alpha+i) \tag{2-16}$$

3. 存货调整机制

投资是指企业增加资本品的行为，它分为固定投资和存货投资。企业当年生产而未销售出去的最终产品，叫作企业的存货投资。在两部门经济中，企业的存货投资等于家庭未购买的产品，即家庭的储蓄。

企业的存货投资分为计划存货投资和非计划存货投资。其中，计划存货投资是指企业为了使经营更有效率，或实现利润最大化而选择持有或愿意储存的货物，它包含在企业的计划投资 i 之中，也叫作意愿存货投资。企业的非计划存货投资，是指企业想卖出去却没有卖出去的货物，也叫作非意愿存货投资，用 IU 表示，公式表示如下：

$$\text{IU} = y - \text{AE} \tag{2-17}$$

其中，y 为实际国民收入，AE 为总支出。

两部门经济实现均衡国民收入的机制是存货调整机制。存货调整机制，就是指当 IU>0 时，企业将减少生产；反之，当 IU<0 时，企业将增加生产；只有当 IU=0 时，企业既没有减少生产的动力，又没有增加生产的动力，此时国民收入实现了均衡。

（七）投资乘数

投资乘数是指投资变动量所引起的均衡国民收入变动量的倍数，用公式表示如下：

$$k_i = \frac{\Delta y}{\Delta i} = \frac{1}{1-\beta} \tag{2-18}$$

投资乘数发挥作用的过程可一般化为：支出的初始变化，将导致产出（如 GDP）变化，等同于收入变化；收入变化将导致消费支出变化，后者又使得产出再次变化……如此一轮一轮地循环下去（见图 2-2）。最终，收入变化总量是每一轮乘数过程中收入变化的加总。

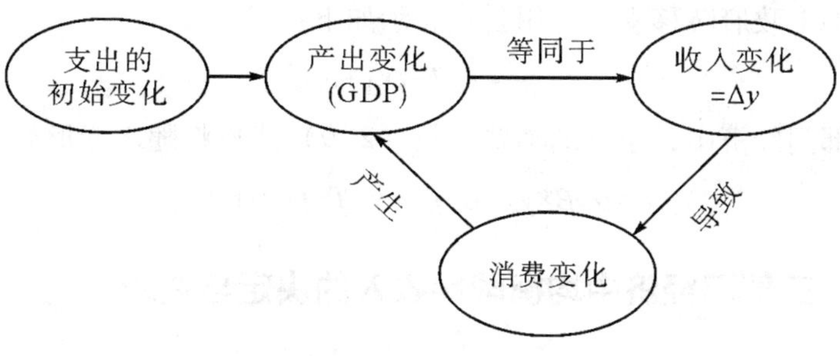

图 2-2 乘数过程

（八）引起两部门经济均衡国民收入变动的因素

当实际 GDP 偏离潜在 GDP 时，就存在经济波动。把实际 GDP 等价于均衡国民收入时，经济波动就表现为均衡国民收入的变动。在两部门经济中，均衡国民收入的表达式如下：

$$y_E=\frac{1}{1-\beta}(\alpha+i) \tag{2-19}$$

（2-19）式说明，在两部门经济中，导致均衡国民收入波动的原因有家庭的自发性消费支出 α 和企业投资 i。宏观经济学认为，家庭的自发性消费支出比较稳定，因此，经济波动的主要原因是企业的投资变动，而投资乘数则将扩大投资波动的幅度。

（九）财政的构成

三部门经济，就是在家庭—企业两部门经济的基础上引入政府部门的经济。引入政府部门，就引入了以政府为主体的收支活动——财政。政府财政包括政府支出和政府收入。

1. 政府支出

政府支出是指整个国家中各级政府支出的总和，主要包括政府购买支出（g）和政府转移支付（tr）两类。三部门经济的总支出将由三部分构成，即居民的消费支出、企业的投资支出和政府购买，用公式表示如下：

$$\mathrm{AE}=c+i+g \tag{2-20}$$

2. 政府收入

政府收入的主要来源是税收。以税率为标准，把税收区分为定额税 T（不随着国民收入的变化而变化的税收）和比例税 $t\times y$（随着国民收入的变动而变动的税收，其中 t 是税率，y 为国民收入）。税收将减少居民的可支配收入，从而间接地减少家庭的消费支出。

在引入政府收入和转移支付以后，家庭的可支配收入就是国民收入减去税收，再加上政府转移支付，用公式表示如下：

$$y_d = y - T - t \times y + \text{tr} \tag{2-21}$$

在三部门经济中，家庭的消费函数（2-9）式也将随之变形如下：

$$c = \alpha + \beta \times y_d = \alpha + \beta\ (y - T - t \times y + \text{tr}) \tag{2-22}$$

（十）三部门经济中均衡国民收入的决定与变动

1. 三部门经济均衡国民收入的决定：总支出分析

三部门经济中均衡国民收入的决定，仍可采用总支出分析和储蓄—投资分析两种方法。总支出分析，在三部门经济中，就是使用 $y = \text{AE}$ 求解均衡国民收入的方法。根据总支出分析，可以得到三部门经济的均衡国民收入表达式：

$$y_E = \frac{1}{1-\beta(1-t)}\ (\alpha + i + g - \beta T + \beta \text{tr}) \tag{2-23}$$

2. 引起三部门经济均衡国民收入变动的因素

根据（2-23）式可知，在三部门经济中，均衡国民收入的变动，源于居民自发性消费 α、企业投资 i、政府购买 g、政府定额税 T 和政府转移支付 tr 等因素的变动。其中，居民自发性消费 α、企业投资 i、政府购买 g、政府转移支付 tr 的变动，都将导致均衡国民收入同方向变动；政府税收 T 的变动，将导致均衡国民收入反向变动。

（十一）三部门经济中的乘数原理

（1）政府购买乘数是指政府购买支出变动所引起的国民收入变动的倍数，用公式表示如下：

$$k_g = \frac{\Delta y}{\Delta g} = \frac{1}{1-\beta\ (1-t)} \tag{2-24}$$

（2）税收乘数是指政府税收变动所引起的国民收入变动的倍数，用公式表示如下：

$$k_T = \frac{\Delta y}{\Delta T} = -\frac{\beta}{1-\beta\ (1-t)} \tag{2-25}$$

（3）政府转移支付乘数是指政府转移支付变动所引起的国民收入变动的倍数，用公式表示如下：

$$k_{tr} = \frac{\Delta y}{\Delta \text{tr}} = \frac{\beta}{1-\beta\ (1-t)} \tag{2-26}$$

（4）平衡预算乘数是指政府购买性支出和定额税同时以相同的数量增加或减少时，国民收入变动与政府收支变动的比率，用公式表示如下：

$$k_b=k_g+k_T=\frac{1}{1-\beta\ (1-t)}-\frac{\beta}{1-\beta(1-t)}=\frac{1-\beta}{1-\beta\ (1-t)} \tag{2-27}$$

当比例税率 $t=0$ 时，平衡预算乘数等于1。

（十二）四部门经济中均衡国民收入的决定与外贸乘数

1. 四部门经济中均衡国民收入的决定

四部门经济，就是在家庭—企业—政府三部门经济的基础上引入国外部门后的经济。在产品市场引入国外部门以后，一个国家面临的总支出将由四个部分组成，它们分别是：家庭的消费支出 c、企业的投资支出 i、政府购买 g 和净出口 nx，用公式表示如下：

$$\mathrm{AE}=c+i+g+\mathrm{nx} \tag{2-28}$$

净出口，是出口减进口的差额。其中，出口是指本国企业向其他国家销售产品和劳务的总额，用 x 表示；进口是指本国家庭、企业和政府从国外购买产品和劳务的总额，用 m 表示。净出口用公式表示如下：

$$\mathrm{nx}=x-m \tag{2-29}$$

当 nx 大于零时，表示出现贸易顺差；当 nx 等于零时，表示出现贸易平衡；当 nx 小于零时，表示出现贸易逆差。

假设一个国家的出口量为外生变量；再假设一个国家的进口量主要由国民收入决定，并且国民收入越高，进口量越多，反之则越少。那么，净出口用公式表示如下：

$$\mathrm{nx}=x-m=x-(m_o+\gamma y)=x-m_o-\gamma y \tag{2-30}$$

其中，m_o为自发性进口，γy 为引致性进口，γ 为边际进口倾向，y 是实际国民收入。

根据均衡条件 $y=\mathrm{AE}$，经过整理，得到四部门经济的均衡国民收入表达式如下：

$$y_E=\frac{1}{1-\beta(1-t)+\gamma}\ (\alpha+i+g-\beta T_0+\beta \mathrm{tr}+x-m_o) \tag{2-31}$$

（2-31）式说明括号中的任何一个变量的变动，都将引起四部门经济均衡国民收入的变动。

2. 外贸乘数

外贸乘数是指出口量 x 和进口量 m_0变动所引起的均衡国民收入变动的倍数，包括出口乘数和进口乘数。

出口乘数是指出口量变动所引起的均衡国民收入变动的倍数，用公式表示如下：

$$k_x=\frac{\Delta y}{\Delta x}=\frac{1}{1-\beta(1-t)+\gamma} \tag{2-32}$$

进口乘数是指进口量变动所引起的均衡国民收入变动的倍数，用公式表示如下：

$$k_m=\frac{\Delta y}{\Delta m_0}=-\frac{1}{1-\beta(1-t)+\gamma} \tag{2-33}$$

三、重要概念

（1）凯恩斯定律是指社会总需求变动，只会引起产出和收入的变动，不会引起价格水平的变动。

（2）均衡产出是指与价格水平不变的总需求相等的国民收入，或者等于总支出的国民收入。

（3）消费函数表示消费与可支配收入之间的函数关系。

（4）平均消费倾向是指家庭可支配收入中用于消费支出的比重，简写为 APC。

（5）边际消费倾向是指家庭增加一个单位的可支配收入所引起的消费支出的增量，也就是增加的消费额与增加的可支配收入额之比，简写为 MPC。

（6）存货调整机制就是指当 IU>0 时，企业将减少生产；反之，当 IU<0 时，企业将增加生产；只有当 IU=0 时，企业既没有减少生产的动力，又没有增加生产的动力，此时国民收入实现了均衡。

（7）投资乘数是指投资变动量所引起的均衡国民收入变动量的倍数，通常用 k_i 表示。

（8）政府购买支出是指政府对产品和劳务的购买，如购买军火、购买机关办公用品、支付政府雇员报酬、建设公共项目工程所需要的支出等。

（9）政府转移支付是指政府在社会福利保险、贫困救济和补助等方面的支出。

（10）政府购买支出乘数是指政府购买支出变动所引起的国民收入变动的倍数。

（11）政府转移支付乘数是指政府转移支付变动所引起的国民收入变动的倍数。

（12）税收乘数是指政府税收变动所引起的国民收入变动的倍数。

（13）平衡预算乘数是指政府购买性支出和定额税同时以相同的数量增加或减少时，国民收入变动与政府收支变动的比率。当比例税率 $t=0$ 时，平衡预算乘数等于 1。

四、习题演练

（一）单选题

1. 凯恩斯定律认为，一个国家的国民收入由一个国家的（　　）决定。

A. 不变价格水平下的总需求　　B. 不变价格水平下的总供给

C. 总需求和总供给　　D. 以上均正确

2. （　　）著作的出版奠定了现代宏观经济分析的基本框架。

A. 凯恩斯的《货币论》

B. 马歇尔的《货币、信用与商业》

C. 凯恩斯的《就业、利息和货币通论》

D. 亚当·斯密的《国富论》

3. 凯恩斯定律认为，一个国家的国民收入由一个国家的总支出决定，可表示为（　　）。

A. $y=AE=c+i$　　B. $y=AE=c+i+g$

C. $y=AE=c+i+g+(x-m)$　　D. 以上均正确

4. 假设其他条件不变，企业投资增加将引起（　　）。

A. 国民收入增加，但消费水平不变

B. 国民收入增加，同时消费水平提高

C. 国民收入增加，但消费水平下降

D. 国民收入增加，储蓄水平下降

5. 当某家庭收入为零时，其消费支出为 2 000 元；而当其收入为 6 000 元时，其消费支出为 6 000 元，在收入-消费坐标图上，消费函数呈一条直线，则其边际消费倾向等于（　　）。

A. $\frac{2}{3}$　　B. $\frac{3}{4}$

C. $\frac{4}{5}$　　D. 1

6. 根据凯恩斯消费理论，影响家庭消费支出的因素有（　　）。

A. 现期的实际可支配收入的绝对水平

B. 消费者对未来经济走向的预期

C. 利率

D. 以上均正确

7. 凯恩斯消费函数主要将家庭消费与（　　）相联系。

A. 当前收入　　B. 利率

C. 其未来收入　　D. 其永久性收入

8. 在消费函数和储蓄函数关系中，以下正确的是（　　）。

A. APC+MPC=1，APS+MPS=1

B. APC+APS=1，MPC+MPS=1

C. APC+MPS=1，APS+MPC=1

D. 以上均正确

9. 我们假设一个两部门经济中，家庭的自发性消费支出 $\alpha=800$，边际消费倾向 $\beta=0.6$，投资是外生变量 $i=400$。请问该两部门经济的均衡国民收入为（　　）。

A. 1 200　　B. 1 500

C. 2 000　　D. 3 000

10. 假设在两部门经济中，与可支配收入无关的消费为 200 亿元，投资为 500 亿元，边际储蓄倾向为 0.2。请问该两部门经济的均衡国民收入为（　　）。

A. 875 亿元　　B. 1 000 亿元

C. 2 500 亿元　　D. 3 500 亿元

11. 两部门经济实现均衡国民收入的机制是存货调整机制。存货调整机制是指（　　）。

A. 当 IU>0 时，企业将减少生产

B. 当 IU<0 时，企业将增加生产

C. 当 IU=0 时，企业既没有减少生产的动力，又没有增加生产的动力

D. 包含 A、B、C 选项内容

12. 在两部门经济中，若现期 GDP 水平为 5 000 亿元，消费者希望从中支出 3 900 亿元消费，计划投资支出总额为 1 200 亿元，则这些数据表明（　　）。

A. GDP 不在均衡水平上，将下降

B. GDP 不在均衡水平上，将上升

C. GDP 在均衡水平

D. 不确定

13. 投资乘数等于（　　）。

A. 投资变化量除以收入变化量

B. 收入变化量除以投资变化量

C. 边际消费倾向的倒数

D.（1-MPS）的倒数

14. 假设在一个两部门经济中，与可支配收入无关的消费为 100，投资为 200，边际消费倾向为 0.8，则投资乘数等于（　　）。

A. 3　　B. 4

C. 5　　D. 6

15. 边际消费倾向小于 1 意味着当前可支配收入的增加将使意愿的消费支出（　　）。

A. 增加，但幅度小于可支配收入的增加幅度

B. 有所下降，这是因为收入的增加会使储蓄增加

C. 增加，幅度等于可支配收入的增加幅度

D. 保持不变，这是由于边际储蓄倾向同样小于 1

16. 假设在一个两部门经济中，消费函数为 $c=500+0.8y$，则投资乘数等于（　　）。

A. 3　　B. 4

C. 5　　D. 6

17. 在两部门经济中，如果新增加投资 150 亿元，MPC 为 0.9，那么均衡国民收入将增加（　　）亿元。

A. 150　　B. 800

C. 1 500　　D. 2 000

18. 若消费函数为 $c=\alpha+\beta\times y$（$\alpha>0$，$\beta>0$），那么 APC（　　）MPC。

A. 大于　　B. 小于

C. 等于　　D. 可能大于也可能小于

19. 下列属于政府购买性支出的是（　　）。

A. 社会福利保险　　B. 政府发放的贫困救济

C. 支付公务员工资　　D. 政府补贴

20. 在均衡产出水平上（　　）。

A. 计划支出等于计划储蓄　　B. GDP 没有变动的趋势

C. 非自愿的存货积累为零　　D. 以上说法都正确

21. 政府转移支付乘数 k_{tr} 与政府购买乘数 k_g 相比，（　　）。

A. $k_{tr}>k_g$　　B. $k_{tr}<k_g$

C. $k_{tr}=k_g$　　D. 关系不确定

22. 下面（　　）情况可能使国民收入增加最多。

A. 2020 年政府对高速公路的护养开支增加 300 亿元

B. 2020 年减少个人所得税 300 亿元

C. 2020 年政府转移支付增加 300 亿元

D. A、B、C 选项使国民收入增加一样多

23. 如果消费函数为 $c=500+0.8(y-T)$，其中 $T=500$，则政府购买支出乘数为（　　）。

A. 0.8　　B. 1.25

C. 4　　D. 5

24. 如果消费函数为 $c=500+0.8(y-T)$，其中 $T=500$，则政府转移支付乘数为（　　）。

A. 0.8　　B. 1.25

C. 4　　D. 5

25. 如果消费函数为 $c=500+0.8(y-T)$，其中 $T=500$，则税收乘数为（　　）。

A. −0.8　　B. −1.25

C. −4　　D. −5

26. 如果消费函数为 $c=200+0.4(y-T)$，其中 $T_0=500$，比例税率 $t=0.5$，则税收乘数为（　　）。

A. −0.5　　B. −1.5

C. −2　　D. −2.5

27. 在一个三部门经济中，假设消费函数是 $c=400+0.8y$，如果税收减少 200（税率 $t=0$），国民收入会（　　）。

A. 减少 800　　B. 减少 600

C. 增加 800　　D. 增加 600

28. 在一个三部门经济中，假设税收为 0（税率 $t=0$），消费函数是 $c=400+0.75y$，如果转移支付减少 200，国民收入会（　　）。

A. 减少 800　　B. 减少 600

C. 增加 800　　D. 增加 600

29. 增加政府购买支出 100 元和降低税收 100 元相比，对 GDP 的影响程度（　　）。

A. 更大　　B. 更小

C. 一样　　D. 取决于边际消费倾向

30. 增加政府转移支付 100 元和降低税收 100 元相比，对 GDP 的影响程度（　　）。

A. 更大　　B. 更小

C. 一样　　D. 取决于边际消费倾向

31. 两部门经济与三部门经济相比，当税收只按定量税征收（无比例

税）时，投资乘数将（ ）。

A. 变大　　B. 变小

C. 不变　　D. 变大、变小或不变皆有可能

32. 在一个四部门经济中，其均衡国民收入由（ ）决定。

A. 家庭消费支出 c、企业投资支出 i

B. 家庭消费支出 c、企业投资支出 i、政府购买性支出 g

C. 家庭消费支出 c、企业投资支出 i、政府购买性支出 g、净出口 nx

D. 家庭消费支出 c、企业投资支出 i、政府购买性支出 g、出口总额 x

33. 在其他条件不变的情况下，不会使均衡国民收入增加的是（ ）。

A. 2021 年 Z 国制造品出口增加

B. 2021 年 Z 国政府国防开支增加

C. 2021 年 Z 国消费者娱乐支出增加

D. 2021 年 Z 国公众购买的债券增加

34. 若消费函数为一条向右上方倾斜的直线，则边际消费倾向（ ），平均消费倾向（ ）。

A. 递减；递减　　B. 递减；不变

C. 不变；递减　　D. 不变；不变

35. 四部门经济与三部门经济相比（$\gamma \neq 0$），投资乘数会（ ）。

A. 不变　　B. 变大

C. 变小　　D. 不确定

36. 若边际消费倾向 MPC = 0.8，边际进口倾向 $\gamma = 0.2$，则四部门经济的出口乘数为（ ）。

A. 2.5　　B. 3

C. 5　　D. 10

37. 若净出口函数为 $nx = 100 - 0.1y$，则当国民收入为 800 时，净出口等于（ ）。

A. 20　　B. 0

C. −20　　D. 80

38. 在开放经济中，进口倾向 γ 的存在将对投资乘数产生何种影响？（ ）

A. 乘数扩大　　B. 无影响

C. 乘数缩小　　D. 投资无效

39. 下列关于进口乘数的说法正确的是（ ）。

A. 边际进口倾向越大，乘数越大

B. 边际进口倾向对乘数没有影响

C. 增加进口倾向会削弱财政政策的有效性

D. 进口倾向越大，均衡收入越高

40. 在某开放经济体中，消费函数为 $c=300+0.7yd$，投资 $i=400$，政府购买 $g=300$，定额税 $T=200$，净出口函数 $nx=100-0.1y$。请问该经济的均衡国民收入为（　　）。

A. 2 400　　B. 2 500

C. 2 600　　D. 2 700

（二）辨析题

1. 凯恩斯定律是指社会总需求的变动，只会引起产出和收入的变动，不会引起价格水平的变动。（　　）

2. 边际消费倾向递减规律是指家庭消费支出的增加量在收入增加量中所占的比例，将随着收入的增加而以递减的速度增加。（　　）

3. 每一个收入水平上，平均消费倾向小于边际消费倾向，即 APC<MPC。（　　）

4. APC 和 MPC 随着收入增加而递减，且 APC<MPC；而 APS 和 MPS 都随收入增加而递增，且 APS>MPS。（　　）

5. 两部门经济的均衡国民收入，是指与家庭的消费支出和企业的投资支出之和相等的国民收入，可表示为 $y=AE=c+i$。（　　）

6. 在均衡国民收入水平上，企业的非意愿存货投资一定等于零。（　　）

7. 在均衡国民收入水平上，企业的计划存货投资和非计划存货投资都必然为零。（　　）

8. 投资是指企业增加资本品的行为，分为固定投资和存货投资。其中，存货投资又分为计划存货投资和非计划存货投资。（　　）

9. 边际消费倾向大于 0，而边际储蓄倾向小于 0。（　　）

10. 在三部门经济中，政府购买乘数 k_g 始终大于税收乘数 k_T，同时也始终大于政府转移性支付乘数 k_{tr}。（　　）

11. 政府在社会福利保险、贫困救济和补助等方面的支出属于政府转移支付。（　　）

12. 宏观经济达到均衡的条件是指计划储蓄恒等于计划投资。（　　）

13. 如果消费函数斜率为正，则储蓄函数斜率一定为负。（　　）

14. 在三部门经济中，平衡预算乘数恒等于 1。（　　）

15. 在其他条件不变的情况下，增加政府购买性支出 g 和政府转移支付 tr 时，则均衡国民收入将增加。（　　）

16. 净出口是出口减进口的差额，用 nx 表示。当 $nx>0$ 时，表示出现贸

易顺差；当 nx=0 时，表示出现贸易平衡；当 nx<0 时，表示出现贸易逆差。（　）

17. 收入变动是影响消费的全部原因。（　）

18. 高收入家庭的边际消费倾向要高于低收入家庭的边际消费倾向。（　）

19. 政府购买的变化直接影响总需求，但税收和政府转移支付则是通过它们对私人消费和投资的影响间接影响总需求。（　）

20. 自发消费随着收入的变动而变动，它取决于收入和边际消费倾向。（　）

21. 边际储蓄倾向越高，投资乘数越小。（　）

22. 在实际经济中，消费函数可以表示为收入的非线性函数。（　）

23. 在开放经济中，增加出口会对导致国民收入呈倍数的增加。（　）

（三）简答题

1. 凯恩斯交叉线模型的基本假设是什么？

2. 储蓄—投资恒等式为什么并不意味着计划储蓄总等于计划投资？

3. 两部门宏观经济模型中，国民收入在产品市场上的均衡条件是什么？

4. 解释投资乘数的定义、公式及其作用过程。

5. 能否说边际消费倾向和平均消费倾向总是大于 0 而小于 1？

6. 为什么一些西方经济学家认为，将一部分国民收入从富有者转给贫穷者，将提高总收入水平，你认为他们的理由是什么？

7. 什么是凯恩斯定律？凯恩斯定律提出的社会经济背景是什么？

8. 税收、政府购买和转移支付这三者对总需求的影响方式有何区别？

9. 为什么有了对外贸易之后，封闭经济中的一些乘数会变小？

（四）应用题

1. 社会原来的收入水平为 100 亿元，消费为 80 亿元，当收入增加至 120 亿元时，消费增加至 90 亿元，请计算：

（1）收入水平为 100 亿元时的平均消费倾向。

（2）收入水平为 100 亿元时的平均储蓄倾向。

（3）收入水平由 100 亿元增加至 120 亿元时的边际消费倾向。

（4）收入水平由 100 亿元增加至 120 亿元时的边际储蓄倾向。

2. 根据上题所计算出的边际消费倾向，当投资增加 5 亿元时，国民收入会增加多少？如果投资减少 4 亿元，国民收入会减少多少？

3. 在两部门经济中，假设投资增加 80 亿元，边际储蓄倾向为 0.2，求出投资乘数、收入的变化及方向，并求出消费的变化。

4. 假设某经济社会的消费函数为 $c=100+0.8y$，投资为 50（单位：10 亿元）。试计算：

（1）均衡国民收入、消费和储蓄。

（2）如果当时的实际产出（国民收入）为 800，请问企业非自愿存货投资是多少？

（3）当投资增至 100，请问均衡国民收入为多少？变化了多少？

（4）若消费函数变为 $c=100+0.9y$，投资仍为 50，请问此时的均衡国民收入是多少？变化了多少？

（5）消费函数变动后，请问乘数发生了怎样的变化？

5. 在三部门经济中，已知消费函数为 $c=500+0.8y_d$，y_d 为可支配收入，投资 $i=120$ 亿元，政府购买 $g=200$ 亿元，转移支付 $tr=80$，税收 $T=100$。试求：

（1）均衡国民收入水平；

（2）政府购买支出乘数、政府转移支付乘数、税收乘数、平衡预算乘数；

（3）政府购买增加到 150 亿元时，新的均衡国民收入。

6. 假设某经济社会的消费函数为 $c=50+0.8y_d$，投资 $i=150$，政府购买性支出 $g=200$，政府转移支付 $tr=100$，税收 $T=0.35y$（其中税率 $t=0.35$，单位：10 亿元）。请问：

（1）均衡国民收入为多少？

（2）预算盈余 BS 是多少？

（3）假设 t 降至 0.15，那么新的均衡收入为多少？

（4）当边际消费倾向变为 0.9，其他条件不变时，预算盈余 BS 是变大还是变小？

注：预算盈余等于政府收入减去政府支出，因此用公式表示为 $BS=T-g-tr$。

7. 设消费 $c=\alpha+\beta y_d=100+0.6y_d$，投资 $i=100$，政府购买 $g=80$，转移支付 $tr=40$，净税收 $T=50$。（单位：亿元）。求：

（1）均衡国民收入；

（2）投资乘数、政府购买支出乘数、转移性支付乘数、税收乘数、平衡预算乘数。

（3）若比例税税率 $t=0.2$，求均衡国民收入。

8. 已知一个宏观经济的消费函数 $c=100+0.8y_d$（其中 y_d 为可支配收入，单位为亿元），自发性投资 $i=50$。

（1）求该宏观经济均衡时的国民收入为多少？投资乘数是多少？

（2）假设政府支出 $g=200$，定量税收 $T_0=60$，比例税税率 $t=0.25$，请问宏观经济均衡时的国民收入为多少？政府购买乘数是多少？税收乘数是多少？平衡预算乘数是多少？

（3）假设净出口函数 $nx=50-0.1y$，请问宏观经济均衡时的国民收入为多少？外贸乘数是多少？

五、课程思政

【阅读材料 A】

经济学上的乘数效应①

王晓月

一群无法无天的小流氓砸碎了一家商店的橱窗，然后逃之夭夭。店主自认倒霉，只好花 1 000 元买了一块玻璃换上。这个时候一个经济学家走过来，说要恭喜店主。正在窝火的店主见有人说风凉话，气得要揍这个经济学家一顿。经济学家不慌不忙一番解释，居然让店主目瞪口呆。

经济学的乘法

经济学家这样说，玻璃店老板因为商店橱窗的损失得到 1 000 元收入，假设他支出其中的 80%，即 800 元用于买衣服，衣服店老板得到 800 元收入。再假设衣服店老板用这笔收入的 80%，即 640 元用于买食物。食品店老板得到 640 元收入，他又把这 640 元中的 80%用于支出……如此一直下去，你会发现，最初是商店老板支出 1 000 元，但经过不同行业老板的收入与支出行为之后，所有人的总收入增加了 5 000 元。所以商店的橱窗被打破是一件可喜可贺的事情。

其原因何在呢？经济学家用乘数原理回答了这一问题。

在社会经济中，增加一笔投资很可能引起国民收入成倍增加，这就是宏观经济学中的乘数效应。乘数是指最初投资增加所引起的国民收入增加的倍数。在上述例子中，最初的投资就是玻璃店老板购买玻璃的 1 000 元，这种投资的增加引起的衣服店、食品店等部门收入增加之和为 5 000 元，所以乘数就是 5（5 000 元除以 1 000 元）。

经济中为什么会有乘数效应呢？因为国民经济中各部门之间是相互关联

---

① 资料源于：李政军教授整理的《宏观经济学（第二版）下册案例教学与课程思政建设阅读材料》，文章刊载在《读者》2006 年第 21 期，《大科技·百科探索》创刊号。

的，一个部门的支出就是另一个部门的收入。如此循环下去，一个部门支出的增加就会引起国民经济各部门收入与支出增加，最终收入的增加将是最初支出增加的好几倍。

把这个例子换为财政支出增加，你就可以看出乘数效应多么重要了。比方说，国家准备投资100万元建设道路，其中30万元是工资、50万元是建材原料、20万元是其他费用。那么，劳动者小乙在付出价值1 000元的劳务后领取工资，然后去消费。假如他把300元用于购买食物、200元用于给孩子交学费、200元用于买衣服、300元用于买化肥，这样，有了小乙的消费刺激，食品生产企业至少得生产足够小乙消费的食品。但食品生产企业在生产这300元的食物之前先得拿出一部分钱向上游原料企业比如说面粉企业采购，于是，面粉厂在生产面粉的同时又得向农民收购粮食，而生产粮食的农民为了增加产量就得去采购化肥……最终，小乙的这1 000元带动了几千元的生产，而国家投资的这100万元则带动了几百万元的GDP。

“9·11”事件因祸得福?

不过乘数效应也不能生搬硬套，否则就会失之毫厘，谬以千里。

2001年，美国遭遇“9.11”恐怖袭击，两栋大厦被摧毁。当美国人沮丧万分的时候，有些不知趣的经济学家却跳出来发表了一番令人哭笑不得的言论，说这次恐怖袭击对美国的宏观经济大有好处。

他们的理由是美国国会批准了400亿美元的紧急预算，这些钱创造了第一轮的需求和增收，估计一年内就会见效，这个开支增加又会继续创造下一轮的需求。经济学家经过一番推算后认为，在美国经济不景气的时候，这400亿美元的增加开支，可以使国民生产总值最终增加1 000亿美元……在一个经济已经不景气的时刻，财政开支的增加不失为一剂强心针。

这似乎有些奇怪了，如果损失两栋大楼可以促进国民经济发展的话，美国为什么不自己动手炸掉几栋大厦，何必劳恐怖分子的大驾呢?

也有人根据乘数原理得出了相反的结论。乘数原理既然可以放大好处，也同样可以放大坏处。那几幢大楼很值钱，里面死伤的各路精英更是无价之宝，所以美国经济将会节节败退，进入恶性循环。然而事实证明，美国经济在“9·11”之后，既没有突飞猛进，也没有一败涂地。两种结论都错了吗?或者是乘数效应错了?

其实，问题在于在社会经济生活中，“乘数效应”不只一宗，而是有无数宗。不是说“乘数效应”不存在，而是说不能只盯着某一宗“乘数效应”。要知道，无数宗“乘数效应”会互相抵消，会互相排斥，其结果是无法预测的。

请同学们仔细阅读《经济学上的乘数效应》这篇文章，结合本章所学知识，思考并回答以下问题：

1. 乘数效应是否意味着“破坏越多，经济越好”？请结合玻璃橱窗和“9·11”事件的案例进行分析。

2. 文中提到“经济中的支出是彼此联系的”。你如何理解支出乘数在现实中的边界？它是否总是能无限放大？

3. 在财政支出乘数效应的基础上，你认为哪些类型的政府支出更容易实现“高质量放大”？请结合当前中国式现代化的背景举例说明。

【阅读材料 B】

经济工作要适应经济发展新常态①

（2014 年 12 月 9 日）

科学认识当前形势，准确研判未来走势，是做好经济工作的基本前提。最近，国内外都有一些议论，说中国经济增速持续下降，是不是出了什么问题？也有一些人认为，中国经济增速已经降至 7.5%以下，为什么不采取强刺激措施？等等。我想，分析和看待这个问题，必须历史地、辩证地认识我国经济发展的阶段性特征。

去年，中央作出一个判断，即我国经济发展正处于增长速度换挡期、结构调整阵痛期、前期刺激政策消化期“三期叠加”阶段。今年年中，在中央政治局会议上，我对“三期叠加”进一步作了分析，强调经济工作要适应经济发展新常态。不久前，在北京亚太经合组织工商领导人峰会上，我概要分析了我国经济发展新常态下速度变化、结构优化、动力转换三大特点。这里，我想用对比的方法，谈谈我国经济发展新常态带来的几个趋势性变化。

第一，从消费需求看，过去，我国消费具有明显的模仿型排浪式特征，你有我有全都有，消费是一浪接一浪地增长。现在，“羊群效应”没有了，模仿型排浪式消费阶段基本结束，消费拉开档次，个性化、多样化消费渐成主流，保证产品质量安全、通过创新供给激活需求的重要性显著上升。随着我国收入水平提高和消费结构变化，供给体系进行一些调整是必然的，但我国有 13 亿多人，总体消费水平还不高、余地还很大。我们必须采取正确的消费政策，释放消费潜力，使消费继续在推动经济发展中发挥基础作用。

第二，从投资需求看，过去，投资需求空间巨大，只要有钱敢干，投资都有回报，投资在经济发展中扮演着重要角色。现在，经历了 30 多年高强度大规模开发建设后，传统产业、房地产投资相对饱和，但基础设施互联互

① 习近平. 经济工作要适应经济发展新常态［M］//习近平谈治国理政：第二卷. 北京：外文出版社，2017：229-235.

通和一些新技术、新产品、新业态、新商业模式的投资机会大量涌现，对创新投融资方式提出了新要求。我国总储蓄率仍然较高。我们必须善于把握投资方向，消除投资障碍，使投资继续对经济发展发挥关键作用。

第三，从出口和国际收支看，国际金融危机发生前，国际市场空间扩张很快，只要有成本优势，出口就能扩大，出口成为拉动我国经济快速发展的重要动能。现在，全球总需求不振，我国低成本比较优势也发生了转化。同时，我国出口竞争优势依然存在，多少年打拼出来的国际市场也是重要资源。高水平引进来、大规模走出去正在同步发生，人民币国际化程度明显提高，国际收支双顺差局面正在向收支基本平衡方向发展。我们必须加紧培育新的比较优势，积极影响国际贸易投资规则重构，使出口继续对经济发展发挥支撑作用。

第四，从生产能力和产业组织方式看，过去，供给不足是长期困扰我们的一个主要矛盾，现在传统产业供给能力大幅超出需求，钢铁、水泥、玻璃等产业的产能已近峰值，房地产出现结构性、区域性过剩，各类开发区、工业园区、新城新区的规划建设总面积超出实际需要。在产能过剩的条件下，产业结构必须优化升级，企业兼并重组、生产相对集中不可避免。互联网技术加快发展，创新方式层出不穷，新兴产业、服务业、小微企业作用更加凸显，生产小型化、智能化、专业化将成为产业组织新特征。

第五，从生产要素相对优势看，过去，我们有源源不断的新生劳动力和农业富余劳动力，劳动力成本低是最大优势，引进技术和管理就能迅速变成生产力。现在，人口老龄化日趋发展，劳动年龄人口总量下降，农业富余劳动力减少，在许多领域我国科技创新与国际先进水平相比还有较大差距，能够拉动经济上水平的关键技术人家不给了，这就使要素的规模驱动力减弱。随着要素质量不断提高，经济增长将更多依靠人力资本质量和技术进步，必须让创新成为驱动发展新引擎。

第六，从市场竞争特点看，过去，主要是数量扩张和价格竞争。现在，竞争正逐步转向质量型、差异化为主的竞争，消费者更加注重品质和个性化，竞争必须把握市场潜在需求，通过供给创新满足需求。企业依赖税收和土地等优惠政策形成竞争优势、外资超国民待遇的方式已经难以为继，统一全国市场、提高资源配置效率是经济发展的内生性要求。我们必须深化改革开放，加快形成统一透明、有序规范的市场环境，为市场充分竞争创造良好条件。

第七，从资源环境约束看，过去，能源资源和生态环境空间相对较大，可以放开手脚大开发、快发展。现在，环境承载能力已经达到或接近上限，难以承载高消耗、粗放型的发展了。人民群众对清新空气、清澈水质、清洁环境等生态产品的需求越来越迫切，生态环境越来越珍贵。我们必须顺应人民群众对良好生态环境的期待，推动形成绿色低碳循环发展新方式，并从中创造新的增长点。

第八，从经济风险积累和化解看，过去，经济高速发展掩盖了一些矛盾和风险。现在，伴随着经济增速下调，各类隐性风险逐步显性化，地方政府性债务、影子银行、房地产等领域风险正在显露，就业也存在结构性风险。这些风险，有的来自经济结构调整中政府行为越位，有的来自市场主体在经济繁荣时的盲目投资，有的来自缺乏长远考虑而过度承诺，有的则与国际金融危机冲击有直接关系。综合判断，我们面临的风险总体可控，但化解以高杠杆和泡沫化为主要特征的各类风险将持续一段时间。我们必须标本兼治、对症下药，建立健全化解各类风险的体制机制，通过延长处理时间减少一次性风险冲击力度，如果有发生系统性风险的威胁，就要果断采取外科手术式的方法进行处理。

第九，从资源配置模式和宏观调控方式看，过去，总需求增长潜在空间大，实行凯恩斯主义的办法就能有效刺激经济发展；经济发展中的短板很清楚，产业政策只要按照“雁行理论”效仿先行国家就能形成产业比较优势。现在，从需求方面看，全面刺激政策的边际效果明显递减；从供给方面看，既要全面化解产能过剩，也要通过发挥市场机制作用探索未来产业发展方向。我们必须全面把握总供求关系新变化，科学进行宏观调控，适度干预但不盲目，必要时在把握好度的前提下坚定出手，平衡好增强活力和创造环境的关系，真正形成市场和政府合理分工、推动发展新模式。

以上这些趋势性变化说明，在“三期叠加”这个阶段，经济发展速度必然会下降，但也不会无限下滑；经济结构调整是痛苦的，却是不得不过的关口；前期政策消化是必需的，但可以通过有效引导减缓消化过程中各类风险的影响。这也说明，我国经济正在向形态更高级、分工更复杂、结构更合理的阶段演化。这些趋势性变化，既是新常态的外在特征，又是新常态的内在动因，有的可能进一步强化，有的则可能发生变化。

总起来说，我国经济发展进入新常态后，增长速度正从10%左右的高速增长转向7%左右的中高速增长，经济发展方式正从规模速度型粗放增长转向质量效率型集约增长，经济结构正从增量扩能为主转向调整存量、做优增量并举的深度调整，经济发展动力正从传统增长点转向新的增长点。我国经济发展进入新常态，是我国经济发展阶段性特征的必然反映，是不以人的意志为转移的。认识新常态，适应新常态，引领新常态，是当前和今后一个时期我国经济发展的大逻辑。

“穷则变，变则通，通则久。”面对我国经济发展新常态，我们观念上要适应，认识上要到位，方法上要对路，工作上要得力，否则很难与时俱进抓好经济工作。

对我国经济发展新常态，要深化理解、统一认识。把经济发展仅仅理解为数量增减、简单重复，是形而上学的发展观。大家要把思想和行动统一到中央认识和判断上来，增强加快转变经济发展方式的自觉性和主动性。如果看不到甚至不愿承认新变化、新情况、新问题，仍然想着过去的粗放型高速发展，习惯于铺摊子、上项目，就跟不上形势了。用老的办法，即使暂时把速度抬上去了也不会持久，相反会使发展中的矛盾和问题进一步积累、激化，最后是总爆发。

对我国经济发展新常态，要坚持发展、主动作为。我多次强调，以经济建设为中心是兴国之要，发展是党执政兴国的第一要务，是解决我国一切问题的基础和关键。同时，我也反复强调，我们要的是有质量、有效益、可持续的发展，要的是以比较充分就业和提高劳动生产率、投资回报率、资源配置效率为支撑的发展。我说不能简单以生产总值论英雄，既包括对正确开展经济工作的要求，也包括正确判断经济形势的要求。不是经济发展速度高一点，形势就“好得很”，也不是经济发展速度下来一点，形势就“糟得很”。经济发展速度有升有降是正常的，经济不波动不符合经济发展规律。只要波动在合理范围内，就要持平常心，不要大惊小怪，更何况我们具有宏观调控的主动性。我们要增强忧患意识，但也不能过了头，不要杞人忧天。

必须明确，说我国经济发展进入新常态，没有改变我国发展仍处于可以大有作为的重要战略机遇期的判断，改变的是重要战略机遇期的内涵和条件；没有改变我国经济发展总体向好的基本面，改变的是经济发展方式和经济结构。对发展条件的变化，我们必须准确认识、深入认识、全面认识，顺势而为、乘势而上，更加自觉地坚持以提高经济发展质量和效益为中心，大力推进经济结构战略性调整。要更加注重满足人民群众需要，更加注重市场和消费心理分析，更加注重引导社会预期，更加注重加强产权和知识产权保护，更加注重发挥企业家才能，更加注重加强教育和提升人力资本素质，更加注重建设生态文明，更加注重科技进步和全面创新。做到这些，关键在于全面深化改革、实施创新驱动发展战略、破解发展难题的力度，因此必须勇于推进改革创新，加快转变经济发展方式，切实转换经济发展动力，在新的历史起点上努力开创经济社会发展新局面。

请同学们仔细阅读上述资料，结合本章所学知识，思考以下问题：

1. 文中在谈我国经济发展新常态时，提到了哪几个方面的需求？
2. 这些需求对我国经济发展有何重要性？
3. 你认为我国可以从哪些方面保障或提高这些需求水平？

第三章

财政政策

宏观经济学在线开放课程

- 财政政策
  - 经济政策概述
    - 定义
    - 分类
      - 宏观经济政策
        - 定义
        - 目标
        - 分类
          - 充分就业
          - 物价稳定
          - 经济增长
          - 国际收支平衡
        - 分类
          - 需求管理政策
            - 财政政策——定义
            - 货币政策——定义
          - 供给管理政策
      - 微观经济政策
    - 目标
  - 财政政策的分类
    - 按影响总支出方式划分
      - 直接财政政策
      - 间接财政政策
    - 按改变总支出方向划分
      - 扩张性财政政策
      - 紧缩性财政政策
    - 按与产出或收入关系划分
      - 斟酌使用的财政政策
        - 定义
        - 类型
          - 扩张性财政政策——增加政府购买性支出、增加政府转移性支付、减少税收
          - 紧缩性财政政策——减少政府购买性支出、减少政府转移性支付、增加税收
        - 作用机制
          - 衰退缺口——凯恩斯交叉线模型——扩张性财政政策应对
          - 通胀缺口——凯恩斯交叉线模型——紧缩性财政政策应对
      - 自动稳定器
        - 定义
        - 类型
          - 政府税收制度
          - 政府转移支付制度
          - 农产品价格维持制度
  - 财政政策的局限性
    - 时滞问题
    - 不确定性问题
    - 外在随机因素干扰
    - 挤出效应

思维导图

一、学习目的

本章将在三部门经济内，讨论财政政策的含义、分类和作用机制。通过本章的学习，同学们需要掌握的内容有：

（1）经济政策的定义、分类和目标。

（2）财政政策的定义和分类。

（3）斟酌使用的财政政策的含义、类型和作用机制。

（4）自动稳定器的含义、类型和作用机制。

二、内容概要

（一）经济政策

1. 定义

经济政策是指国家或政府为了增进社会福利而制定的解决经济问题的指导原则和措施。它是政府为了达到一定的经济目的而对经济活动进行有意识的干预。

2. 分类

根据不同的经济政策目标，经济政策分为宏观经济政策与微观经济政策。

3. 目标

微观经济政策的目标是实现经济效率，宏观经济政策的目标是实现经济稳定和经济增长。

（二）宏观经济政策

1. 定义

宏观经济政策是指为了实现宏观经济政策目标而制定的手段和措施。

2. 目标

宏观经济政策的目标有四个：充分就业、物价稳定、经济持续均衡增长和国际收支平衡。其中，主要目标是充分就业和物价稳定，二者合称为经济稳定。

3. 分类

宏观经济政策分为需求管理政策与供给管理政策。

需求管理政策的主要手段和措施是财政政策和货币政策，供给管理政策的主要手段和措施是人力政策和收入政策等。

（三）货币政策

货币政策是指货币当局（也就是中央银行）通过银行体系变动货币供给量来调节总需求的政策。

（四）财政政策

1. 定义

财政政策是指政府变动税收和支出，以便影响总需求进而影响就业和国民收入的政策。

2. 分类

根据财政政策对经济的调节作用，财政政策可分为斟酌使用的财政政策和自动稳定器。

（五）斟酌使用的财政政策

1. 定义

斟酌使用的财政政策（discretionary fiscal policy），也称权衡性财政政策，或相机抉择（或积极）的财政政策，是指政府为实现宏观经济政策目标，审时度势地采取的财政政策。

2. 类型

斟酌使用的财政政策分为扩张性财政政策和紧缩性财政政策。

3. 作用机制

当经济中出现通货紧缩缺口时，政府可以采取扩张性财政政策，提高总支出水平，消除通货紧缩缺口，实现充分就业。扩张性财政政策的内容包括：增加政府支出、减税（或者在增加政府支出的同时减税），如图 3-1 所示。

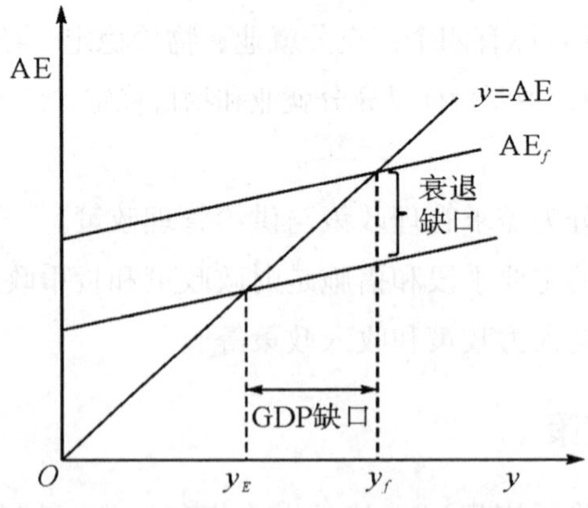

图 3-1　通货紧缩缺口

当经济中出现通货膨胀缺口时，政府可以采取紧缩性财政政策，降低总支出水平，消除通货膨胀缺口，实现充分就业。紧缩性财政政策的内容包括：减少政府支出、增税（或者在减少政府支出的同时增税），如图 3-2 所示。

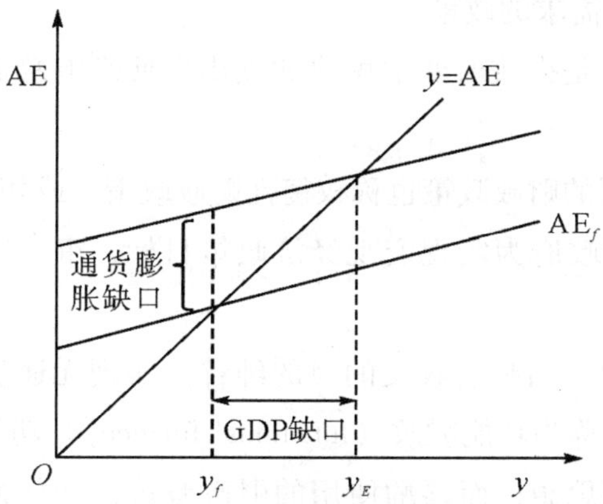

图 3-2 通货膨胀缺口

（六）自动稳定器

1. 定义

自动稳定器（automatic stabilizers），也称内在稳定器（built-in stabilizers），是指经济系统本身存在的一种会减少各种干扰对国民收入的冲击的机制，能够在经济繁荣时期自动抑制通货膨胀（增加预算盈余或减少预算赤字），在经济衰退时期自动减轻萧条（增加预算赤字或减少预算盈余），无须政府采取任何行动。

2. 类型

财政政策自动稳定经济的功能主要通过以下三种制度得到发挥：

（1）政府税收的自动变动（如比例税）。

（2）政府支出，尤其是转移支付的自动变动。

（3）农产品价格维持制度。

三、重要概念

（1）经济政策是指国家或政府为了增进社会福利而制定的解决经济问题的指导原则和措施。它是政府为了达到一定的经济目的而对经济活动进行有意识的干预。

（2）宏观经济政策是指为了实现宏观经济政策目标而制定的手段和措施。

（3）货币政策是指货币当局（也就是中央银行）通过银行体系变动货

币供给量来调节总需求的政策。

(4) 财政政策是指政府变动税收和支出以便影响总需求进而影响就业和国民收入的政策。

(5) 斟酌使用的财政政策也称权衡性财政政策，或相机抉择（或积极）的财政政策，是指政府为实现宏观经济政策目标，审时度势地采取的财政政策。

(6) 功能财政。当政府收支的目的纯粹是实现无通货膨胀的充分就业时，这种财政也被称为功能财政（functional finance）。功能财政是斟酌使用的财政政策的指导思想，而斟酌使用的财政政策是功能财政思想的实现和贯彻。

(7) 当总产出水平低于潜在产出水平时，表明存在衰退缺口。衰退缺口会导致经济收缩或周期性失业率的上升。

(8) 扩张性财政政策是指通过增加政府支出、减税，或者在增加政府支出的同时减税，以提高总支出水平，消除通货紧缩缺口，实现充分就业的政策。

(9) 当总产出水平高于潜在产出水平时，表明存在通货膨胀缺口。

(10) 紧缩性财政政策是指通过减少政府支出、增税，或者在减少政府支出的同时增税，以降低总支出水平，消除通货膨胀缺口，实现充分就业的政策。

(11) 自动稳定器也称内在稳定器（built-in stabilizers），是指经济系统本身存在的一种会减少各种干扰对国民收入的冲击的机制，能够在经济繁荣时期自动抑制通货膨胀，在经济衰退时期自动减轻萧条，无须政府采取任何行动。

四、习题演练

（一）单选题

1. 根据不同的经济政策目标，经济政策可以分为（　　）。

A. 扩张性财政政策和紧缩性财政政策

B. 扩张性货币政策和紧缩性货币政策

C. 财政政策和货币政策

D. 宏观经济政策和微观经济政策

2. 微观经济政策的目标是（　　）。

A. 实现经济稳定　　B. 实现经济增长

C. 实现经济效率　　D. 实现充分就业

3. 宏观经济政策的目标是（　　）。

A. 实现经济稳定　　B. 实现经济增长

C. 实现经济效率　　D. 实现经济稳定和经济增长

4. 需求管理政策包括（　　）。

A. 财政政策和货币政策　　B. 财政政策和收入政策

C. 人力政策和收入政策　　D. 货币政策和人力政策

5. 供给管理政策包括（　　）。

A. 财政政策和货币政策　　B. 财政政策和收入政策

C. 人力政策和收入政策　　D. 货币政策和人力政策

6. 新冠疫情导致我国经济在短期内出现下滑趋势。对此，国家为了稳定经济，增加了政府购买性支出和转移性支付，并对中小企业进一步减税、免税，该政策属于（　）。

A. 紧缩性财政政策　　B. 扩张性财政政策

C. 紧缩性货币政策　　D. 扩张性货币政策

7. 当经济出现通货膨胀缺口时，政府可以采取紧缩性财政政策稳定经济，具体措施表现为（　）。

A. 增加政府购买 g 和政府转移支付 tr，降低税率 t 或减少税收 T

B. 增加政府购买 g 和政府转移支付 tr，提高税率 t 或增加税收 T

C. 减少政府购买 g 和政府转移支付 tr，降低税率 t 或减少税收 T

D. 减少政府购买 g 和政府转移支付 tr，提高税率 t 或增加税收 T

8. 财政政策是指（　）。

A. 政府变动税收和支出以便影响总需求进而影响就业和国民收入的政策

B. 操纵政府支出和税收以便实现收入分配更公平

C. 改变利息率以改变总需求

D. 政府支出和税收的等额增加会起到紧缩经济的作用

9. 货币政策是指中央银行为实现经济稳定目标，通过银行体系变动（　　）来调节总需求的政策。

A. 货币需求量　　B. 货币供给量

C. 货币流通速度　　D. 税收或税率

10. 政府根据一定时期的经济社会状况，主动灵活地选择不同类型的反经济周期的财政政策工具，干预经济运行的行为属于（　　）。

A. 自动稳定的财政政策（自动稳定器）

B. 扩张性财政政策

C. 紧缩性财政政策

D. 斟酌使用的财政政策或相机抉择的财政政策

11. 当实际总支出 y_E 小于充分就业国民收入所对应的总支出 y_f 时，就出现了（　）。

A. 通货膨胀缺口　　B. 衰退缺口

C. 经济发展过快　　D. 周期性失业率下降

12. 当经济中出现通货紧缩缺口（经济衰退或萧条）时，政府可以采取（　　）。

A. 扩张性财政政策，增加政府购买 g、增加政府转移支付 tr，减少税收 T

B. 扩张性财政政策，减少政府购买 g、减少政府转移支付 tr，增加税收 T

C. 紧缩性财政政策，增加政府购买 g、增加政府转移支付 tr，减少税收 T

D. 紧缩性财政政策，减少政府购买 g、减少政府转移支付 tr，增加税收 T

13. 当实际总支出 y_E 大于充分就业国民收入所对应的总支出 y_f 时，就出现了（　）。

A. 通货膨胀缺口　　B. 衰退缺口

C. 经济收缩　　D. 周期性失业率上升

14. 在其他条件不变的情况下，受新冠疫情影响，预计 2020 年全球经济将收缩 4.3%。此时政府可以采取一定程度的（　），稳定经济。

A. 紧缩性财政政策　　B. 扩张性财政政策

C. 紧缩性货币政策　　D. 扩张性货币政策

15. 当经济中出现通货膨胀缺口时，政府可以采取（　）。

A. 扩张性财政政策，增加政府购买 g、增加政府转移支付 tr，减少税收 T

B. 扩张性财政政策，减少政府购买 g、减少政府转移支付 tr，增加税收 T

C. 紧缩性财政政策，增加政府购买 g、增加政府转移支付 tr，减少税收 T

D. 紧缩性财政政策，减少政府购买 g、减少政府转移支付 tr，增加税收 T

16. 在经济繁荣时，自动稳定器能够导致（　　）。

A. 政府预算赤字增加，或预算盈余减少

B. 政府预算赤字增加，或预算盈余增加

C. 政府预算赤字减少，或预算盈余减少

D. 政府预算赤字减少，或预算盈余增加

17. 斟酌使用的财政政策工具主要有（　　）。

A. 变动政府购买性支出 g　　B. 变动政府转移性支付 tr

C. 变动税收 T 或税率 t　　D. 以上均正确

18. 假设宏观经济均衡时的国民收入是 1 500 亿元，充分就业时的国民收入是 2 000 亿元，则表明存在（　　），政府应采取（　　）。

A. 衰退缺口，紧缩性财政政策

B. 衰退缺口，扩张性财政政策

C. 通货膨胀缺口，紧缩性财政政策

D. 通货膨胀缺口，扩张性财政政策

19. 假设宏观经济均衡时的国民收入是 2 000 亿元，充分就业时的国民收入是 1 800 亿元，则表明存在（　　），政府应采取（　　）。

A. 衰退缺口，紧缩性财政政策

B. 衰退缺口，扩张性财政政策

C. 通货膨胀缺口，紧缩性财政政策

D. 通货膨胀缺口，扩张性财政政策

20. 下列不属于财政政策工具的是（　　）。

A. 政府购买性支出　　B. 政府转移性支付

C. 税收　　D. 发行股票

21. 如果经济低于充分就业水平，价格水平不变，（　　）能使经济更接近于充分就业。

A. 政府支出的削减或税收的增加

B. 政府支出或税收的等量削减

C. 政府支出的增加或税收的削减

D. 政府支出或税收的等量增加

22. 某年在现行价格水平上的社会总需求量依次为消费 1 000 亿元，投资 400 亿元，净出口 100 亿元，政府购买支出 200 亿元。充分就业的 GDP 为 1 200 亿元，在此条件下为使价格水平保持稳定政府应该（　　）。

A. 提高税率，并减少政府支出

B. 通过降低政府债券的利息率来减少私人储蓄

C. 增加政府支出

D. 通过降低公司所得税税率来鼓励私人投资

23. “自动稳定器”的作用效果是有限的，因为（　　）。

A. 在经济衰退时内在稳定器会导致财政盈余出现

B. 在通货膨胀时转移支付和补贴会增加，在经济衰退时会减少

C. 其抵消经济波动的功能没有直接改变政府支出那么强

D. 无论处于经济周期的任何阶段都会使价格水平上升

24. 在政府的财政政策中，属于内在自动稳定器的是（　　）。

A. 政府公共工程支出　　B. 税收

C. 政府购买　　D. 货币供给

25. 自动稳定器的功能（　　）。

A. 旨在减少周期性的波动　　B. 旨在稳定收入，刺激价格波动

C. 旨在保持经济的充分稳定　　D. 旨在推迟经济的衰退

26. 假设 A 国是一个发展中经济体，2024 年遭遇外部出口需求下降与国内消费疲软的双重打击，GDP 增速降至 2%，低于潜在产出水平。政府决定提高基础设施支出并发放一次性消费券，以刺激总需求。请问该国政府采取的财政政策属于（　　）。

A. 自动稳定器　　B. 紧缩性财政政策

C. 扩张性财政政策　　D. 中性财政政策

27. B 国设有高度累进的个人所得税制度。2025 年经济增速下滑，居民收入普遍减少，导致 B 国政府所得税收入同步下降，赤字扩大。此类财政收入下降属于哪种经济机制的体现？（　　）

A. 扩张性财政政策　　B. 紧缩性财政政策

C. 自动稳定器　　D. 政策滞后效应

28. C 国当前通货膨胀率为 6%，货币政策已连续三个月上调政策利率，但投资和消费依然旺盛，物价持续上升。财政部准备通过调整财政支出来协同抑制总需求。下列哪项措施最符合 C 国当前要采取的财政政策？（　　）

A. 提高对中低收入群体的转移支付

B. 加大科技创新项目投资

C. 提前偿还国债并发放消费券

D. 推迟部分基建项目并提高企业税率

（二）辨析题

1. 宏观经济政策的目标有四个：充分就业、物价稳定、经济持续均衡增长和国际收支平衡。（　　）

2. 经济政策是政府为了达到一定的经济目的而对经济活动进行有意识的干预。（　）

3. 财政政策属于需求管理政策，货币政策属于供给管理政策。（　）

4. 财政政策和货币政策属于宏观经济供给管理政策的主要手段和措施。（　）

5. 政府购买性支出 g 增加 100 亿元，税收 T 增加 100 亿元，则表明政府支出项目共增加了 200 亿元。（　）

6. 斟酌使用的财政政策分为扩张性财政政策和紧缩性财政政策。（　）

7. 斟酌使用的财政政策又被称为补偿性财政政策或逆经济风向调控。（　）

8. 斟酌使用的财政政策的指导思想是平衡财政。（　）

9. 自动稳定器本身有着自动抑制经济波动的作用。（　）

10. 自动稳定器主要通过政府税收、政府转移支付的自动变化、农产品价格维持三种制度发挥自动稳定经济的功能。（　）

11. 在经济衰退时，自动稳定器会导致财政预算盈余增加。（　）

12. 失业保险制度对国民收入水平变动能起到自动稳定的作用。（　）

13. 如果消费者能根据收入变化及时地调整他们的消费水平，这表明经济就起到了内在稳定的作用。（　）

（三）简答题

1. 简述宏观经济政策的具体目标。

2. 简述财政政策的主要工具及具体操作。

3. 平衡预算的财政思想和功能财政思想有何区别？

4. 政府购买支出和政府转移支付变动同等数额时，哪一项对总需求变动影响更大？朝什么方向变动？

5. 什么是自动稳定器？自动稳定器有哪些？就其中一种制度说明自动稳定器是如何发挥作用的？

（四）应用题

1. 假设某经济社会的消费函数为 $c=100+0.8y_d$，投资 $i=50$，政府购买性支出 $g=200$，政府转移支付 $tr=62.5$，税收 $T=250$（单位：10 亿元）。请问：

（1）均衡国民收入是多少？

（2）求投资乘数、政府购买乘数、转移支付乘数、税收乘数和平衡预算乘数。

(3) 假设社会达到充分就业所需要的国民收入为 1 200，试问：如果想要增加的政府购买和税收是同一数额以达到充分就业，那么政府购买和税收分别需要变化多少才能实现充分就业？

2. 假设某国政府当前预算赤字为 75 亿元，边际消费倾向 $\beta=0.8$，比例税税率 $t=0.25$，如果政府为了减小通货膨胀缺口要减少政府购买支出 200 亿元，请问政府购买支出的这种变化最终能否消灭赤字？

3. 对于全球经济来说，2020 年无疑是非常艰难的一年。在这一年里，全球经历了新冠疫情。新冠疫情使全球经济衰退，众多国家经济和行业受到重创。

(1) 请用凯恩斯交叉线模型描述以上经济情形。

(2) 请结合凯恩斯交叉线模型分析，我们可以采用何种经济政策来应对新冠疫情造成的损失？具体的政策工具有哪些？经济可能发生怎样的变化？

4. 假设 A 国是一个开放型发展中经济体，近年来依靠基础设施投资和出口拉动实现了较高的增长。然而，2017 年下半年以来，由于国内需求强劲叠加国际大宗商品价格上涨，该国 CPI 同比增长率持续超过 5%，核心通胀率也维持在 4%以上。国家统计局数据显示，实际 GDP 增速达 7%，明显高于潜在 GDP 增速 4%，且当前实际 GDP 也已高于潜在 GDP 水平。劳动力市场趋紧，失业率降至 3%，居民预期通胀显著上升，企业普遍反映成本转嫁能力增强，通胀有向中长期传导的风险。

请回答：

(1) 请用凯恩斯交叉线模型描述以上经济情形。

(2) 请结合凯恩斯交叉线模型分析，可以采用何种经济政策来应对当前 A 国经济状态？具体的政策工具有哪些？经济可能发生怎样的变化？

五、课程思政

【阅读材料 A】

一个馒头引发的税收常识缺失①

王石川

如果不是济南市政协委员潘耀民的一份提案，包括很多记者在内的公众都还不知道馒头税，而且其税率高达 17%。潘耀民认为，17%的馒头税税率

① 资料源于：文章刊载在《读者》2011 年第 9 期。

设置过高，既不科学，又增加百姓消费的负担，还不利于食品安全。据了解，潘耀民是济南民天面粉有限责任公司的副总经理。他说，像民天这种有各种认证及食品安全认证的公司，都要征收17%的增值税。“馒头不是海参，不吃海参可以，但不吃馒头很难。”潘耀民认为，为了减轻百姓的生活压力，政府多部门联手平抑物价，那么降低馒头税无疑是最直接、最有效的办法。

不少网友十分错愕，“天下奇闻，吃馒头也要交税?”

其实，现有税制并没有设置馒头税，所谓馒头税不是仅针对馒头的税，而是面向所有消费品的一种税，就是众所周知的增值税，即以商品在流转过程中产生的增值额，作为计税依据而征收的一种流转税，由消费者负担。有增值才征税，没增值不征税。增值税的基本税率一般为17%，低税率为13%。所谓17%并非消费品售价的17%，而是其税前利润的17%。明乎此，网友也许就会少一些错愕和愤怒。

为什么网友一听馒头税就出奇地愤怒？为什么一看到“买馒头的每1元钱里就有近2角的税”，就有被剥夺感？正因为税收常识的缺失，而这又因为相关部门多年来只单方面强调纳税光荣，纳税是每个公民的义务，却有意无意地忽略了向公众普及纳税常识及基本的纳税常情。

因此，我们明明纳税了，但不少时候却不知道已经纳了税、纳了多少税。据报道，在商场购买一件500元的衣服，其中就涵盖了17%的增值税和13%的营业税；40元一张的电影票含营业税12元，三口之家看场电影光缴税就达到了36元；每斤2元的食盐中，就有0.29元的增值税和0.03元的城建税……然而，现实中绝大多数人并不清楚，原来我们买衣服、看电影、吃盐都纳了不少税。公众不知情，相关部门难辞其咎，因为西方不少国家的通常做法就是，在超市和商店的收银条上都详细列明消费税等流转税的具体数目，而遍观国内，根本找不到类似的做法。

公众的税收常识缺失也与一些人的误导有关。前不久，浙江省某政协委员在浙江省政协会议上提出了这样的建议：限制不纳税的居民购车，“你都不为国家纳税做贡献，还要买车，开到马路上添堵，给国家增加额外的负担”。这一言辞极其“雷”人！芸芸众生，我们每个人其实都是纳税人，只要生活在这个国家，只要有衣食住行，都在为国家纳税，何来“不为国家纳税做贡献”一说？不得不说，此委员背后站着一大批误导公众的人。

中国人的税负有多重？有心人算了一笔账；如果你的税前月薪是10 000元，除去四金和个税，实际拿到手的是7 052元。为了给你支付10 000元钱的税前薪水，公司要支出14 150元。如果你买了总价100万元的新房，有50~70万元会通过各种渠道流入政府腰包。你平时的任何消费，都要交近

15%的税，不过这是你不知道的。再联系到所谓“馒头税”，可见，我国的税负确实挺重，税负重就意味着民生多艰。要维护纳税人的尊严，除了减税，还应及时地把纳税人究竟享有哪些权利、税收的具体流向给公众说清楚。

请同学们仔细阅读《一个馒头引发的税收常识缺失》这篇文章，结合本章所学知识，思考并回答以下问题：

1. 为什么“馒头税”会引发公众的不满？你认为这种现象反映了什么样的税收常识缺失？结合本章内容，你认为如何通过财政政策的透明化解决这一问题？

2. 文中提到“公开不等于透明”，你如何理解这一观点？结合税收透明度和财政支出的管理，你认为政府在这方面应如何进一步改进，才能实现更好的财政治理？

3. 你认为如何在税收政策中平衡公平与效率，减轻民众负担的同时促进经济发展？结合本章“财政政策”内容，谈谈如何运用财政工具缓解社会不公平现象？

【阅读材料 B】

2021 年中央经济工作会议的部分内容

（2021 年 12 月 8 日）

会议认为，今年是党和国家历史上具有里程碑意义的一年。我们隆重庆祝中国共产党成立一百周年，实现第一个百年奋斗目标，开启向第二个百年奋斗目标进军新征程，沉着应对百年变局和世纪疫情，构建新发展格局迈出新步伐，高质量发展取得新成效，实现了“十四五”良好开局。我国经济发展和疫情防控保持全球领先地位，国家战略科技力量加快壮大，产业链韧性得到提升，改革开放向纵深推进，民生保障有力有效，生态文明建设持续推进。这些成绩的取得，是以习近平同志为核心的党中央坚强领导的结果，是全党全国各族人民勠力同心、艰苦奋斗的结果。

会议指出，在充分肯定成绩的同时，必须看到我国经济发展面临需求收缩、供给冲击、预期转弱三重压力。世纪疫情冲击下，百年变局加速演进，外部环境更趋复杂严峻和不确定。我们既要正视困难，又要坚定信心。我国经济韧性强，长期向好的基本面不会改变。无论国际风云如何变幻，我们都要坚定不移做好自己的事情，不断做强经济基础，增强科技创新能力，坚持多边主义，主动对标高标准国际经贸规则，以高水平开放促进深层次改革、推动高质量发展。

会议认为，在应对风险挑战的实践中，我们进一步积累了对做好经济工作的规律性认识。必须坚持党中央集中统一领导，沉着应对重大挑战，步调一致向前进。必须坚持高质量发展，坚持以经济建设为中心是党的基本路线的要求，全党都要聚精会神贯彻执行，推动经济实现质的稳步提升和量的合理增长。必须坚持稳中求进，调整政策和推动改革要把握好时度效，坚持先立后破、稳扎稳打。必须加强统筹协调，坚持系统观念。

会议强调，明年将召开党的二十大，这是党和国家政治生活中的一件大事，要保持平稳健康的经济环境、国泰民安的社会环境、风清气正的政治环境。做好明年经济工作，要以习近平新时代中国特色社会主义思想为指导，全面贯彻落实党的十九大和十九届历次全会精神，弘扬伟大建党精神，坚持稳中求进工作总基调，完整、准确、全面贯彻新发展理念，加快构建新发展格局，全面深化改革开放，坚持创新驱动发展，推动高质量发展，坚持以供给侧结构性改革为主线，统筹疫情防控和经济社会发展，统筹发展和安全，继续做好“六稳”、“六保”工作，持续改善民生，着力稳定宏观经济大盘，保持经济运行在合理区间，保持社会大局稳定，迎接党的二十大胜利召开。

会议要求，明年经济工作要稳字当头、稳中求进，各地区各部门要担负起稳定宏观经济的责任，各方面要积极推出有利于经济稳定的政策，政策发力适当靠前。

一是宏观政策要稳健有效。要继续实施积极的财政政策和稳健的货币政策。积极的财政政策要提升效能，更加注重精准、可持续。要保证财政支出强度，加快支出进度。实施新的减税降费政策，强化对中小微企业、个体工商户、制造业、风险化解等的支持力度，适度超前开展基础设施投资。党政机关要坚持过紧日子。严肃财经纪律。坚决遏制新增地方政府隐性债务。稳健的货币政策要灵活适度，保持流动性合理充裕。引导金融机构加大对实体经济特别是小微企业、科技创新、绿色发展的支持。财政政策和货币政策要协调联动，跨周期和逆周期宏观调控政策要有机结合。实施好扩大内需战略，增强发展内生动力。

二是微观政策要持续激发市场主体活力。要提振市场主体信心，深入推进公平竞争政策实施，加强反垄断和反不正当竞争，以公正监管保障公平竞争。强化知识产权保护，营造各类所有制企业竞相发展的良好环境。强化契约精神，有效治理恶意拖欠账款和逃废债行为。

三是结构政策要着力畅通国民经济循环。要深化供给侧结构性改革，重在畅通国内大循环，重在突破供给约束堵点，重在打通生产、分配、流通、消费各环节。要提升制造业核心竞争力，启动一批产业基础再造工程项目，激发涌现一大批“专精特新”企业。加快形成内外联通、安全高效的物流网络。加快数字化改造，促进传统产业升级。要坚持房子是用来住的、不是用来炒的定位，加强预期引导，探索新的发展模式，坚持租购并举，加快发展长租房市场，推进保障性住房建设，支持商品房市场更好满足购房者的合理住房需求，因城施策促进房地产业良性循环和健康发展。

四是科技政策要扎实落地。要实施科技体制改革三年行动方案，制定实施基础研究十年规划。强化国家战略科技力量，发挥好国家实验室作用，重组全国重点实验室，推进科研院所改革。强化企业创新主体地位，深化产学研结合。完善优化科技创新生态，形成扎实的科研作风。继续开展国际科技合作。

五是改革开放政策要激活发展动力。要抓好要素市场化配置综合改革试点，全面实行股票发行注册制，完成国企改革三年行动任务，稳步推进电网、铁路等自然垄断行业改革。调动地方改革积极性，鼓励各地因地制宜、主动改革。扩大高水平对外开放，推动制度型开放，落实好外资企业国民待遇，吸引更多跨国公司投资，推动重大外资项目加快落地。推动共建“一带一路”高质量发展。

六是区域政策要增强发展的平衡性协调性。要深入实施区域重大战略和区域协调发展战略，促进东、中、西和东北地区协调发展。全面推进乡村振兴，提升新型城镇化建设质量。

七是社会政策要兜住兜牢民生底线。要统筹推进经济发展和民生保障，健全常住地提供基本公共服务制度。解决好高校毕业生等青年就业问题，健全灵活就业劳动用工和社会保障政策。推进基本养老保险全国统筹。推动新的生育政策落地见效，积极应对人口老龄化。

会议认为，进入新发展阶段，我国发展内外环境发生深刻变化，面临许多新的重大理论和实践问题，需要正确认识和把握。

要正确认识和把握实现共同富裕的战略目标和实践途径。在我国社会主义制度下，既要不断解放和发展社会生产力，不断创造和积累社会财富，又要防止两极分化。实现共同富裕目标，首先要通过全国人民共同奋斗把“蛋糕”做大做好，然后通过合理的制度安排把“蛋糕”切好分好。这是一个长期的历史过程，要稳步朝着这个目标迈进。要在推动高质量发展中强化就业优先导向，提高经济增长的就业带动力。要发挥分配的功能和作用，坚持按劳分配为主体，完善按要素分配政策，加大税收、社保、转移支付等的调节力度。支持有意愿有能力的企业和社会群体积极参与公益慈善事业。要坚持尽力而为、量力而行，完善公共服务政策制度体系，在教育、医疗、养老、住房等人民群众最关心的领域精准提供基本公共服务。

要正确认识和把握资本的特性和行为规律。社会主义市场经济是一个伟大创造，社会主义市场经济中必然会有各种形态的资本，要发挥资本作为生产要素的积极作用，同时有效控制其消极作用。要为资本设置“红绿灯”，依法加强对资本的有效监管，防止资本野蛮生长。要支持和引导资本规范健康发展，坚持和完善社会主义基本经济制度，毫不动摇巩固和发展公有制经济，毫不动摇鼓励、支持、引导非公有制经济发展。

要正确认识和把握初级产品供给保障。要坚持节约优先，实施全面节约战略。在生产领域，推进资源全面节约、集约、循环利用。在消费领域，增强全民节约意识，倡导简约适度、绿色低碳的生活方式。要增强国内资源生产保障能力，加快油气等资源先进开采技术开发应用，加快构建废弃物循环利用体系。要把提高农业综合生产能力放在更加突出的位置，持续推进高标准农田建设，深入实施种业振兴行动，提高农机装备水平，保障种粮农民合理收益，中国人的饭碗任何时候都要牢牢端在自己手中。

要正确认识和把握防范化解重大风险。要继续按照稳定大局、统筹协调、分类施策、精准拆弹的方针，抓好风险处置工作，加强金融法治建设，压实地方、金融监管、行业主管等各方责任，压实企业自救主体责任。要强化能力建设，加强金融监管干部队伍建设。化解风险要有充足资源，研究制定化解风险的政策，要广泛配合，完善金融风险处置机制。

要正确认识和把握碳达峰碳中和。实现碳达峰碳中和是推动高质量发展的内在要求，要坚定不移推进，但不可能毕其功于一役。要坚持全国统筹、节约优先、双轮驱动、内外畅通、防范风险的原则。传统能源逐步退出要建立在新能源安全可靠的替代基础上。要立足以煤为主的基本国情，抓好煤炭清洁高效利用，增加新能源消纳能力，推动煤炭和新能源优化组合。要狠抓绿色低碳技术攻关。要科学考核，新增可再生能源和原料用能不纳入能源消费总量控制，创造条件尽早实现能耗“双控”向碳排放总量和强度“双控”转变，加快形成减污降碳的激励约束机制，防止简单层层分解。要确保能源供应，大企业特别是国有企业要带头保供稳价。要深入推动能源革命，加快建设能源强国。

请同学们仔细阅读 2021 年 12 月 8 日中央经济工作会议的部分内容，结合本章所学知识，思考以下问题：

1. 请问中央对我国 2022 年的宏观经济工作提了什么目标？

2. 针对 2022 年宏观经济目标，文中提到了要采取什么样的经济政策？具体措施有哪些？

3. 结合第二章和本章所学知识，说明文中所提到的财政政策将如何影响我国 2022 年经济发展？

第四章

投资和利率的决定

宏观经济学在线开放课程

- 投资和利率的决定
  - 投资函数——企业投资的决定
    - 投资利润最大化条件
    - 投资的边际成本：利润
      - 内部融资与外部融资
      - 市场利率 r
        - 名义利率
        - 实际利率=名义利率-通货膨胀率
    - 投资的预期收益率：资本边际效率（MEC）
      - 贴现率的含义及计算
      - 资本边际效率的含义及计算公式
      - 资本边际效率的变化趋势
    - 最优投资量与投资函数
      - 最优投资量
        - 投资决策原则：MEC（i）$=r$
        - 图形分析
      - 投资函数
        - 函数表达式：$i=e-dr$
        - 投资曲线
  - IS 曲线的定义与特征
    - IS 曲线的推导
    - IS 曲线的定义和特征——IS 曲线的斜率与纵截距
      - IS 曲线的斜率
      - IS 曲线纵截距
  - 利率的决定
    - 货币与货币供给
      - 货币定义与职能
      - 货币供给（L）
        - 定义
        - 曲线
        - 实际货币供给量 m=名义货币供给量 M/P
    - 凯恩斯的货币需求理论
      - 货币需求概念——流动性偏好（L）
      - 货币需求动机
        - 交易动机——货币的交易需求函数：$L_1=k\cdot v$
        - 预防动机
        - 投机动机——货币的投资需求函数：$L_2=-h\cdot r$
      - 货币需求函数：$L=L_1+L_2=k\cdot y-h\cdot r$
    - 货币市场的均衡
      - 均衡利率的决定
        - 均衡条件式：$m=L$
        - $L=k\cdot y-h\cdot r$
      - 均衡利率的变动
        - 货币供给变动对均衡利率的影响
          - 名义货币供给量的变化
          - 价格水平 P 的变化
        - 国民收入变动对均衡利率的影响——国民收入 y 的变化
  - LM 曲线
    - LM 曲线的推导
    - LM 曲线的定义与特征——LM 曲线的斜率与截距
      - LM 曲线的斜率
      - LM 曲线的截距
  - 产品市场与货币市场的关系
    - 利率对产品市场的影响
    - 货币市场对产品市场的影响
  - IS-LM 模型
    - IS-LM 模型的定义
    - 扩张性财政政策与挤出效应
      - 三部门经济的 IS 曲线方程与财政政策
      - 扩张性财政政策与挤出效应

思维导图

一、学习目的

在本章，我们将讨论投资和利率的决定，并以此为基础来分析产品市场和货币市场的相互作用机制（尤其是货币市场对产品市场的影响）。通过本章的学习，同学们需掌握的内容有：

（1）凯恩斯投资函数。

（2）IS 曲线的定义与特征。*

（3）货币供给。

（4）凯恩斯货币需求。

（5）均衡利率的决定和变动。

（6）LM 曲线的定义与特征。*

（7）产品市场与货币市场的关系。

（8）IS-LM 模型。*

（9）挤出效应。*

对于上述九个内容，同学们可以跳过（2）、（6）、（8）、（9）四点，该部分主要通过构建 IS-LM 模型来分析两部门、三部门经济均衡及波动情况，跳过这四点内容并不会影响你后面的学习，因此仅作为拓展学习内容。本章所涉及的拓展学习部分，都以 * 标注。

二、内容概要

（一）投资函数

（1）投资的含义。在宏观经济学中，投资（investment）是指企业增加或更换资本品的支出，也可以定义为企业购买厂房、机器设备和增加存货的行为。

（2）投资的原则。企业投资的利润最大化条件，就是企业投资的决策原则，即投资的预期收益率等于投资的边际成本。

（3）投资的预期收益率。投资的预期收益率即资本的边际效率（marginal efficiency of capital，MEC），它正好使一项资本品在使用期内各预期收益的现值之和等于该项资本品的供给价格或重置成本，其一般表达式如下：

$$R=\frac{R_1}{1+r}+\frac{R_2}{(1+r)^2}+\frac{R_3}{(1+r)^3}+\cdots+\frac{R_n}{(1+r)^n}+\frac{J_n}{(1+r)^n} \tag{4-1}$$

其中，R 是资本品的供给价格或重置成本，R_i 表示各年的预期收益，J_n 表示该资本品在第 n 年的报废值。我们用资本的边际效率 r 衡量投资的预期收益率。

（4）资本边际效率的变化趋势。资本边际效率的影响因素分别是资本品的供给价格或重置成本 R、各年的预期收益 R_i，二者决定了资本边际效率的变化趋势。随着企业投资量的增加，资本边际效率下降。我们将资本的边际效率与投资量的关系描述在图 4-1 中。

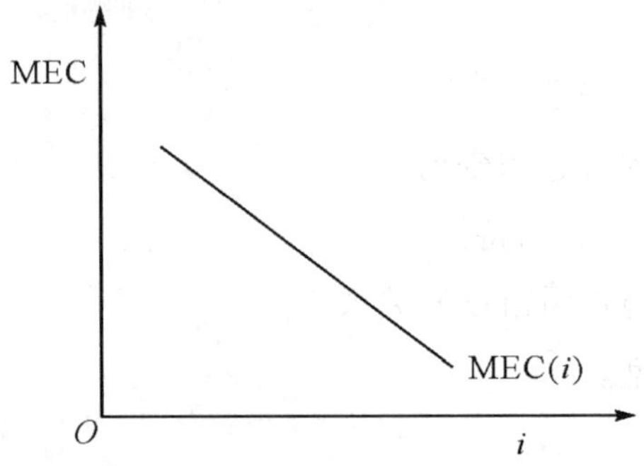

图 4-1　资本的边际效率

（5）投资的边际成本。无论企业通过外部融资还是依靠自有资金，投资的边际成本都是市场利率，简称利率。利率由货币市场决定，企业是市场利率的接受者，利率不受企业投资量的影响。我们可以将利率表现在图 4-1 中，其为一条起始于纵轴某个利率值的水平线。

（6）最优投资量。企业投资决策的原则是投资的预期收益率等于其边际成本，即资本的边际效率 MEC 等于利率 r。由图 4-2 可知，企业的最优投资量就是投资的预期收益率 MEC 曲线与投资的边际成本 r_0 曲线相交时对应的投资量 i_0。

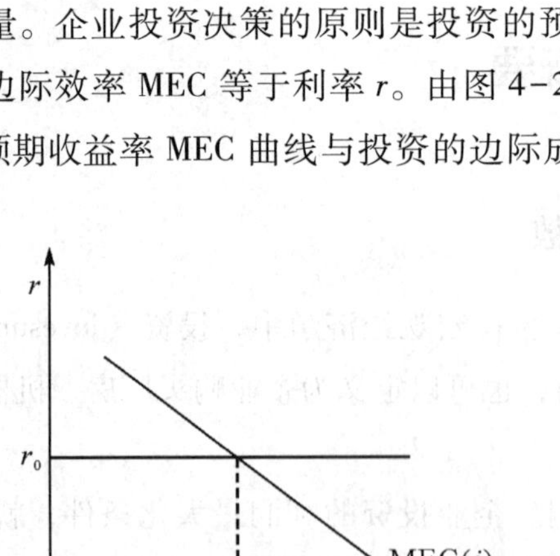

图 4-2　最优投资量与资本的边际效率

（7）投资函数。根据企业投资决策原则，我们从图 4-2 可知，当市场利率上升，企业减少投资量；当市场利率下降，企业增加投资量，投资量随利率变动而反向变动。我们对此建立函数，即投资函数，利率 r 为自变量，企业投资 i 为因变量，表达式如下：

$$i=i\,(r) \tag{4-2}$$

假设采用线性投资函数，因为利率与投资负相关，表达式如下：

$$i=e-dr \tag{4-3}$$

其中，i 是企业的投资量，e 是自发性投资，d 是投资的利率系数，即投资对利率反应的灵敏程度。我们将投资函数描绘在图 4-3 中，则得到与线性投资函数相对应的投资曲线。

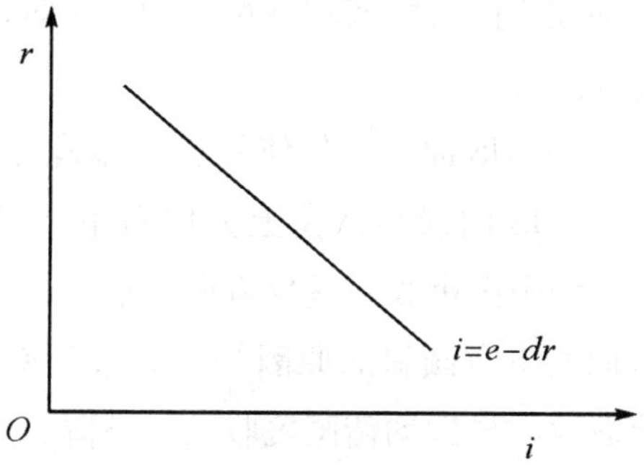

图 4-3　线性投资函数与投资曲线

投资曲线向右下方倾斜，表明投资量与利率的反向变动关系，与市场利率对应的每一个投资量都是企业的最优投资量。

（二）IS 曲线的定义与特征 *

1. IS 曲线的推导

将消费函数 $c=\alpha+\beta y$ 和投资函数 $i=e-dr$ 带入两部门经济的均衡条件等式 $y=AE=c+i$ 可以得到：

$$y=\frac{\alpha+e}{1-\beta}-\frac{d}{1-\beta}r \tag{4-4}$$

或者：

$$r=\frac{\alpha+e}{d}-\frac{1-\beta}{d}y \tag{4-5}$$

将（4-5）式中均衡国民收入和均衡利率之间的关系描述在图 4-4 中，便得到 IS 曲线。

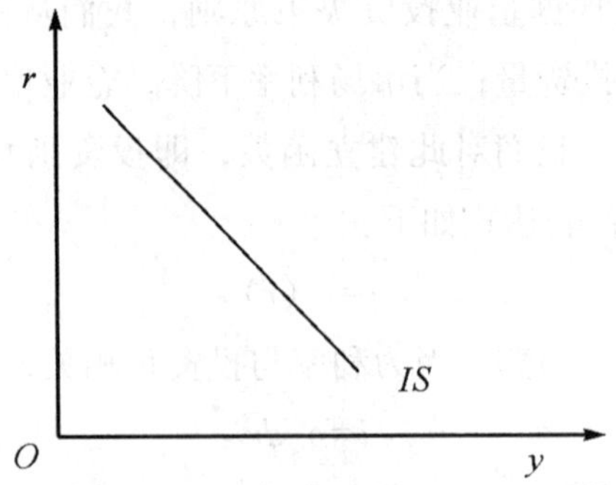

图 4-4　IS 曲线

2. IS 曲线的定义和特征

IS 曲线的定义：描述产品市场实现均衡，即 $i=s$ 时，利率与均衡国民收入之间对应关系的曲线。

IS 曲线的特征：第一，IS 曲线上任何一点，都满足 $i=s$，即每点均是产品市场的均衡点；第二，IS 曲线是从左上方向右下方倾斜的，即在产品市场实现均衡时，利率与均衡国民收入呈反方向变动。

IS 曲线从左上方向右下方倾斜的原因是：如果利率上升，投资将下降，下降的投资又通过乘数效应导致均衡国民收入的下降，因此利率上升最终将导致均衡国民收入下降；反之则相反。所以，利率与均衡国民收入呈反向变动关系，即 IS 曲线是从左上方向右下方倾斜的。

3. IS 曲线的斜率与纵截距

（1）IS 曲线的斜率。

IS 曲线的斜率是：$\frac{\mathrm{d}r}{\mathrm{d}y}=-\frac{1-\beta}{d}$。影响 IS 曲线斜率的因素有边际消费倾向 β 和投资对利率的敏感系数 d。IS 曲线的斜率为负值，表明均衡国民收入与利率呈反向变动关系。一般来说，边际消费倾向 β 较为稳定，因此影响 IS 曲线斜率的主要因素是投资对利率的敏感系数 d。

d 对 IS 曲线的影响是：在 β 不变的情况下，投资的利率系数 d 的值越大，IS 曲线就越平坦，意味着利率的一个较小的变动，就会引起均衡国民收入的较大变动。

（2）IS 曲线纵截距。

IS 曲线纵截距的表达式是 $\frac{\alpha+e}{d}$。影响 IS 曲线纵截距主要是自发性消费 α、自发性投资 e 和投资对利率的敏感系数 d。

无论是自发性消费 α 还是自发性投资 e，其每增加一个单位，都会通过支出的乘数效应，导致均衡国民收入增加 $1/(1-\beta)$ 个单位。

（三）货币供给

1. 货币的职能

（1）交换媒介（medium of exchange）。人们出于方便交易的目的而使用货币时，货币就在充当交换媒介。以货币为媒介的商品交换，即商品流通，减少了人们花费在交易上的时间和精力，使人们能更专业地生产自己所擅长的产品，促进生产能力的提高。

（2）计算单位（unit of account）是指货币作为衡量商品和服务的经济价值的基本单位。拥有一个单一而统一的价值衡量标准（计算单位的职能），也方便了商品和服务的交易（交换媒介的职能）。

（3）价值储藏（store of value）。货币延期发挥交换媒介的职能，或者说货币提供了一种财富保存的方式——货币的价值储藏职能。在大多数情况下，只有货币具有交换媒介和计算单位的职能，但任何一种资产，如股票、债券或房地产，都具有价值储藏的职能。

2. 货币的定义

任何被普遍接受为交换媒介、计算单位和价值储藏的物品被称为货币。

3. 货币供给（money supply）

货币供给是指公众在某一时点上实际持有的不属于政府和银行所有的硬币、纸币和银行存款的综合。

统计一个国家货币供给的口径有 M1、M2 和 M3。在我国，M1 是指硬币、纸币和银行活期存款的总和，被称作狭义的货币供给；M2 是在 M1 的基础上加上定期存款，被称作广义的货币供给；M3 是在 M2 的基础上，再加上个人和企业所持有的政府债券等流动资产或“货币近似物”，是更广泛的货币供给。宏观经济学所使用的货币供给，都是狭义上的货币供给（M1）。

（四）凯恩斯货币需求

1. 货币需求的含义

货币需求是指公众愿意以货币形式（M1）持有其金融资产的一种需求。金融资产（financial assets），主要包括货币、银行存款、股票和债券。

当人们以货币形式持有金融资产，获取了货币在具体使用上灵活性（或流动性）的便利，也就因此牺牲了将其配置在其他金融资产上可获得的收益。因此，货币需求，也被凯恩斯称作**流动性偏好**（**liquidity preference**），而货币需求理论，事实上就是资产需求理论。

2. 货币需求的影响因素

（1）交易动机。交易动机也叫交易需求，是指公众为了进行正常的交易活动而愿意持有货币的动机。货币的交易需求取决于一个社会的交易制度和收入水平。

（2）预防动机。预防动机也叫预防需求，是指公众为应付非正常情况的交易而愿意持有货币的动机。货币的预防需求也与收入水平正相关。

许多宏观经济学家将货币的交易需求和预防需求统称为货币的交易需求（transaction demand），其与收入水平正相关，是国民收入的增函数，可用公式表示如下：

$$L_1=L_1(y)\ ,\ \frac{dL_1}{dy}>0 \tag{4-6}$$

其中，L_1是货币的交易需求，y 表示国民收入。

（3）投机动机。投机动机，也被称作投机需求（speculative demand），是指公众为了抓住有利的购买债券的机会而持有货币的动机。

当人们购入一份债券，假设是一张一年期面值为 100 元的国库券，持有债券的收益，就是债券面值 100 元与购买价格 P_B（B 表示债券 Bond）的差额。持有债券 1 年的收益率，即债券的利率 r，即

$$r=\frac{100-P_B}{P_B} \tag{4-7}$$

根据（4-7）式，可知债券价格与市场利率呈反向变动关系。

人们通过预期债券价格的涨跌来判断投机机会，“低买高卖”，从而增加或减少货币需求。假设当前债券价格较高，相应的市场利率较低，人们预期债券价格将下跌，于是卖出债券持有货币；当债券价格较低，相应的市场利率较高，人们预期债券价格将上升，于是买进债券减少货币需求。

可见，出于投机动机的货币需求与市场利率负相关，用公式表示如下：

$$L_2=L_2(r)\ ,\ \frac{dL_2}{d_r}<0 \tag{4-8}$$

其中，L_2表示货币的投机需求。

3. 货币需求函数

凯恩斯货币需求函数的一般表达式如下：

$$L=L_1+L_2=L_1(y)+L_2(r)\ ,\ \frac{\partial L}{\partial y}>0,\ \frac{\partial L}{\partial r}<0 \tag{4-9}$$

用线性函数表示如下：

$$L=ky-hr \tag{4-10}$$

其中，k 是货币需求的收入系数，也称交易系数；h 是货币需求的利率系数。

ky 反映货币的交易需求，hr 反映货币的投机需求。

我们将货币需求函数绘制在图 4-5 中，便得到货币需求曲线。

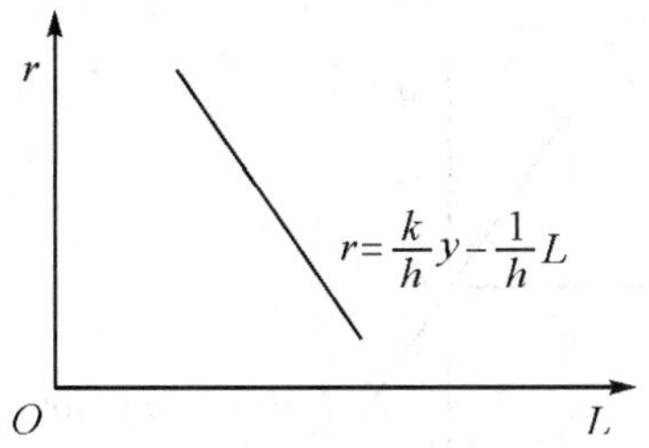

图 4-5　货币需求曲线

$\frac{k}{h}y$ 为曲线在纵轴的截距，$\frac{1}{h}$ 为曲线的斜率。根据函数式，国民收入 y 的变化将引起货币需求曲线向左或右平移，而货币需求的利率系数 h 的大小则决定货币需求曲线的斜率。

4. 流动性偏好陷阱

对利率的预期是人们调节货币和债券配置比例的重要依据。利率越高，相应的债券价格越低，人们货币需求量越小；利率越低，相应的债券价格越高，货币需求量越大。

当利率极低，比方说 2%，此时债券价格极高，人们认为此时利率不大可能再下降，或者说债券价格不可能再上升而只会跌落，因此会将持有的债券全部卖出换为货币。这时，即使人们手中新增货币也决不肯再去购买债券，以免遭受债券价格下跌的损失。人们不管有多少货币都愿意持有在手上，这种情况称为**“流动性偏好陷阱”**（也称凯恩斯陷阱）。此时，货币需求曲线表现为水平线，货币供给增加对利率无影响，货币政策失效。

（五）均衡利率

1. 均衡利率的决定

均衡利率，即货币市场实现均衡的利率。其中，货币市场实现均衡的条件是货币供给等于货币需求。用公式表示如下：

$$L=m \tag{4-11}$$

将货币需求函数（4-8）式代入（4-11）式，得到如下条件式：

$$ky-hr=m$$

经过整理，得到市场均衡利率表达式如下：

$$r=-\frac{m}{h}+\frac{k}{h}y \tag{4-12}$$

在图 4-6 中，货币供给 m 是一条垂线，它是外生变量，不受利率影响；

凯恩斯货币需求曲线从左上方向右下方倾斜，它与货币供给曲线 m 的交点 E，即为货币市场均衡点，该点对应的利率 r_E 就是均衡利率。

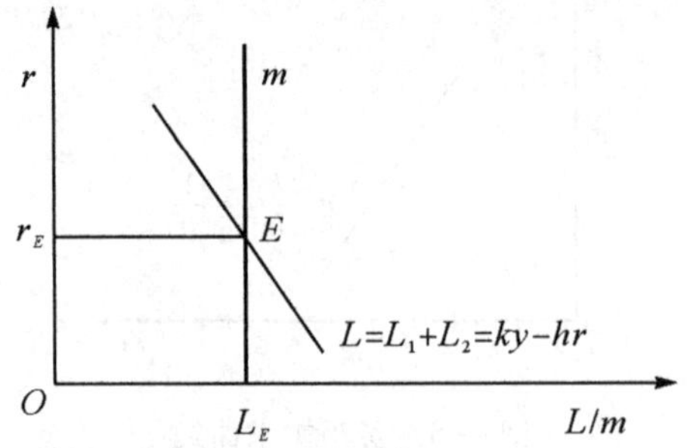

图 4-6　货币市场均衡

2. 均衡利率的变动

（1）货币供给变动对均衡利率的影响。

根据（4-11）式，我们知道，当货币供给 m 增加时，均衡利率下降；当货币供给 m 减少时，均衡利率增加。表现在图 4-7 中，货币供给增加，货币供给曲线 m 向右移动至 m'，它与货币需求曲线 L 相交于新的均衡点 E'，对应着更低的均衡利率 r'_E。

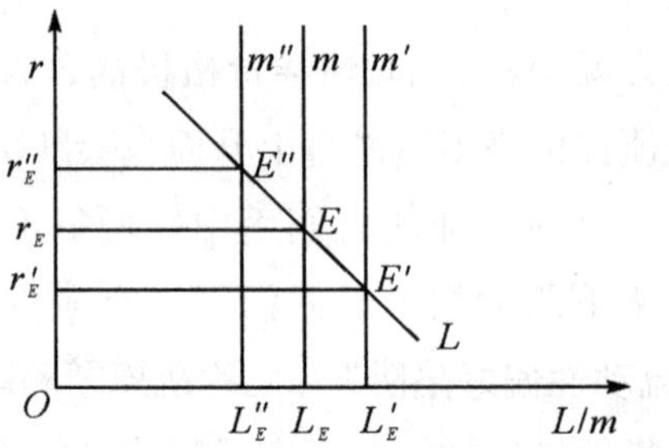

图 4-7　货币供给变动对均衡利率的影响

反之，货币供给量减少，货币供给曲线 m 向左平移至 m''，它与货币需求曲线交于新的均衡点 E''，对应着更高的均衡利率 r''_E。

（2）国民收入变动对均衡利率的影响。

根据（4-11）式，我们知道，当国民收入增加时，均衡利率上升；当国民收入减少时，均衡利率下降。表现在图 4-8 中，国民收入增加，货币需求曲线 L 向右平移至 L'，与原来的货币供给曲线 m 相交于新的均衡点 E'，对应更高的均衡利率 r'_E。

反之，国民收入减少将导致公众对货币的交易需求减少，图形上表现为货币需求曲线 L 向左平移，与原来的货币供给曲线 m 相交于新的均衡点 E''，对应更低的均衡利率 r''_E。

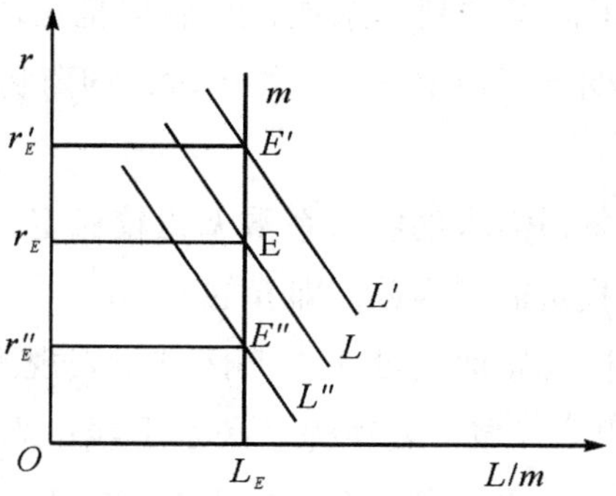

图 4-8 货币需求变动对均衡利率的影响

（六）LM 曲线 *

1. LM 曲线的定义与特征

（1）LM 曲线的定义。LM 曲线就是指货币市场达到均衡，即 $L=M$ 时，均衡利率与国民收入之间存在的同向变动关系的曲线。

（2）LM 曲线的图形表示：把（4-12）式中均衡利率与国民收入之间的对应关系标注在图 4-9 中，便可以得到 LM 曲线。

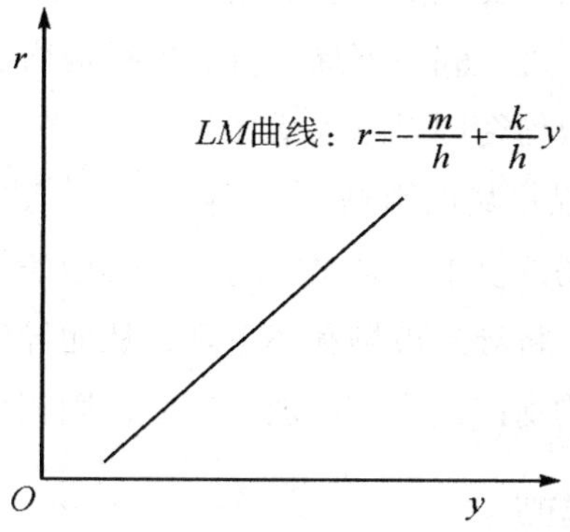

图 4-9 LM 曲线

（3）LM 曲线的两个特征。

第一，LM 曲线上任何一点都有 $L=M$，都是货币市场的均衡点。

第二，LM 曲线从左下方向右上方倾斜，表明在货币市场达到均衡时，均衡利率与国民收入呈同向变动关系。究其原因在于，国民收入增加，将导致货币需求增加，在货币供给不变的情况，均衡利率上升。

2. LM 曲线的斜率和纵截距

（1）LM 曲线的斜率。

根据（4-12）式，可知到 LM 曲线斜率为 $\frac{dy}{dr}=\frac{k}{h}$。其中，$k$ 是货币需求

的收入系数，h 是货币需求的利率系数，它们都是正值。因此，LM 曲线的斜率也为正值，它表明当货币市场处于均衡时，均衡利率与国民收入呈同向变动关系。

在通常情况下，货币需求的收入系数 k 比较稳定，因此，LM 曲线的斜率主要取决于货币的投机需求函数，即 h 的大小。

其中，当 $h=0$ 时，LM 曲线处于古典区域，表现为一条垂线；当 $h=\infty$ 时，LM 曲线处于凯恩斯区域，表现为一条水平线；当 $0<h<\infty$，LM 曲线处于一般区域，表现为图 4-9 中的一条从左下方向右上方倾斜的直线。

（2）LM 曲线的截距。

根据（4-12）式，LM 曲线的纵截距为$-\frac{m}{h}$。该截距表明，当其他条件不变时，货币供应量 m 增加，将导致 LM 曲线的纵截距更小，LM 曲线向右平移，反之则向左平移。

（七）产品市场与货币市场的关系

1. 利率对产品市场的影响

利率增加，将导致投资减少；投资减少，将导致总支出减少，从而导致均衡国民收入减少；反之，利率下降，将导致投资增加；投资增加，将导致总支出增加，从而导致均衡国民收入增加。

2. 货币市场对产品市场的影响

利率是由货币市场的供求关系决定的。在其他条件不变的情况下，货币市场的货币供给增加，将导致市场利率下降，从而导致产品市场的企业投资增加，总支出增长，均衡国民收入增加；反之，则相反。

（八）IS-LM 模型 *

IS-LM 模型是指产品市场和货币市场同时实现均衡的模型，在图形上表现为将图 4-4 中的 IS 曲线与图 4-9 中 LM 曲线叠加在一起，便得到图 4-10 中的 IS-LM 模型。

在 IS 曲线与 LM 曲线的交点 E，它所对应的利率 r_0 和国民收入 y_0 的组合，使得产品市场和货币市场同时均衡，或者说一般均衡。

IS-LM 模型为我们理解财政政策和货币政策提供了一个理论框架。

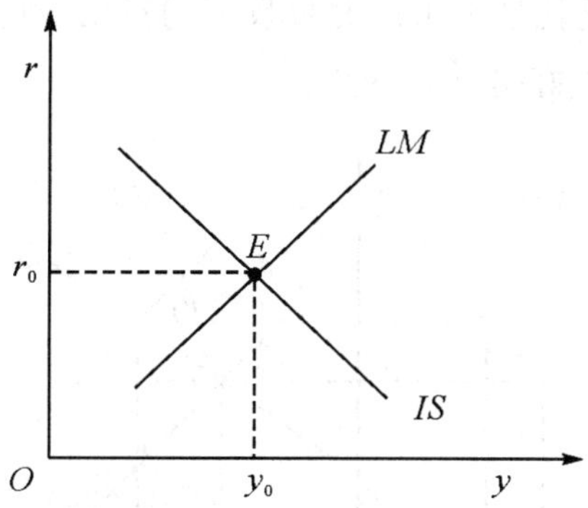

图 4-10 IS-LM 模型

（九）挤出效应 *

1. 三部门经济的 IS 曲线方程与财政政策

三部门经济中产品市场实现均衡的国民收入 $y_e=\frac{1}{1-\beta(1-t)}(\alpha+i+g-\beta T+\beta \mathrm{tr})$。将投资函数（4-7）式代入上式，经过整理，便可以得到三部门经济的 IS 曲线方程：

$$r=\frac{(\alpha+i+g-\beta T+\beta \mathrm{tr})}{d}-\frac{1-\beta}{d}y \qquad (4-13)$$

根据（4-13）式，在三部门经济中，如果政府实行扩张性财政政策，如增加政府购买 g 和转移支付 tr、减少税收 T，都将导致 IS 曲线方程的纵截距变大，IS 曲线会向右移动；反之，将 IS 曲线向左移动。

2. 扩张性财政政策与挤出效应

图 4-11（a）是三部门经济的 IS-LM 模型，图 4-11（b）是投资函数。假设产品市场和货币市场同时现实均衡的初始点是 E_0，对应的均衡利率是 r_0，投资量是 i_0。均衡国民收入 y_0，但低于充分就业的国民收入。

政府为了实现充分就业，采取扩张性的财政政策，比如增加政府购买 Δg，使 IS 曲线向右移动 IS_1，与 LM 曲线相交形成新的均衡点 E_1，此时的国民收入为 y_1，利率为 r_1。由此不难看出，扩张性财政政策会导致均衡国民收入增加，但同时均衡利率也会上升。

在凯恩斯交叉线模型中，由于假设投资为外生变量，或者说投资的利率不变，政府购买支出增加 Δg，将导致均衡国民收入从 y_0 增加到 y_2。但是在 IS-LM 模型中，政府购买增加 Δg，新的均衡国民收入是 y_1 而不是 y_2。

究其原因，政府购买增加，将导致国民收入上升，而国民收入增加将导致货币需求增加，在货币供给不变的情况下，将导致均衡利率上升，从而导致企业投资下降，表现在图 4-11（b）中，当均衡利率从 r_0 上升到 r_1，私人

投资从 i_0 降低到 i_1，这就是扩张性财政政策的挤出效应，即（i_1-i_0），它对应的国民收入减少量正好是（y_2-y_1）。

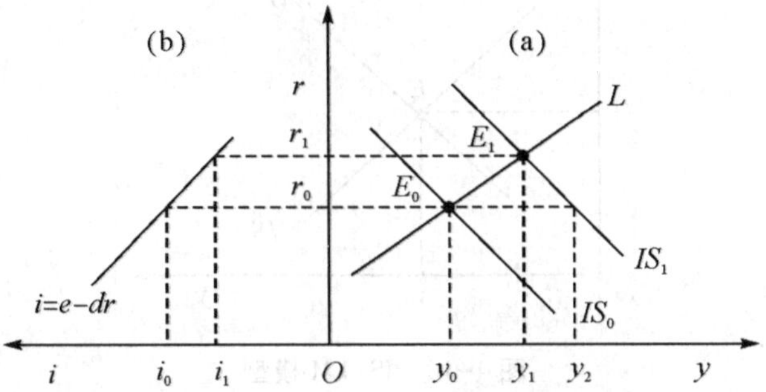

图 4-11 扩张性财政政策与挤出效应

三、重要概念

（1）投资是指企业增加或更换资本品的支出，也可以定义为企业购买厂房、机器设备和增加存货的行为。

（2）资本的边际效率为投资的预期收益率，其正好使一项资本品在使用期内各预期收益的现值之和等于该项资本品的供给价格或重置成本。

（3）货币是指任何被普遍接受为交换媒介、计算单位和价值储藏的物品。

（4）货币供给是指公众在某一时点上实际持有的不属于政府和银行所有的硬币、纸币和银行存款的综合，用 m 表示。

（5）货币需求是指公众愿意以货币形式（M1）持有其金融资产的一种需求，也被凯恩斯称作流动性偏好，用 L 表示。

（6）货币需求的交易动机也叫货币的交易需求，是指公众为了进行正常的交易活动而愿意持有货币的动机。

（7）货币需求的预防动机也叫货币的预防需求，是指公众为应付非正常情况的交易而愿意持有货币的动机。

（8）货币需求的投机动机也叫货币的投机需求，是指公众为了抓住有利的购买债券的机会而持有货币的动机。

（9）流动性偏好陷阱。当利率极低时，债券价格极高，人们认为利率不会再下降，或者说债券价格不可能再上升时，会将持有的债券全部卖出换为货币。这时，即使人们手中新增货币也决不再去购买债券，以免遭受债券价格下跌的损失。人们不管有多少货币都愿意持有在手上，这种情况称为“流动性偏好陷阱”。

（10）货币市场的均衡利率。货币市场是指从事短期货币借贷活动的市场，所谓均衡利率，则是货币市场实现均衡的利率。

（11）IS 曲线描述产品市场实现均衡，即 $i=s$ 时，利率与均衡国民收入之间对应关系的曲线。*

（12）LM 曲线就是指货币市场达到均衡，即 $L=M$ 时，均衡利率与国民收入之间存在的同向变动关系的曲线。*

（13）IS-LM 模型是指产品市场和货币市场同时实现均衡的模型。在 IS 曲线与 LM 曲线的交点 E，它所对应的利率和国民收入的组合，使得产品市场和货币市场同时均衡，或者说一般均衡。*

（14）挤出效应是指政府支出增加所引起的私人消费或投资降低的效果。*

四、习题演练

（一）单选题

1. 在宏观经济学中，下面哪一种行为被看作投资（　　）。

A. 购买公司证券　　B. 购买国债

C. 建办公楼　　D. 生产性活动导致的当前消费

2. 若资本边际效率低于市场利率，则表明企业投资（　　）。

A. 过多　　B. 过少

C. 正好　　D. 都不对

3. 如果资本边际效率等其他因素不变，利率的上升将使投资量（　　）。

A. 增加　　B. 减少

C. 不变　　D. 可能增加也可能减少

4. 做出是否投资的决策时最困难的部分可能是（　　）。

A. 确定利率　　B. 预测投资将来的回报

C. 确定投资的成本　　D. 确定如何筹集资金来投资

5. 下列不属于货币供给 M2 范畴的是（　　）。

A. 居民持有的现金　　B. 企业在商业银行的活期存款

C. 商业银行的库存现金　　D. 企业在商业银行的定期存款

6. 流通中的现金的主要存在形式是（　　）。

A. 铸币与纸币　　B. 活期存款

C. 定期存款　　D. 储蓄存款

7. 如果其他因素既定不变，利率降低，将引起货币的（　　）。

A. 交易需求增加　　B. 投机需求增加

C. 投机需求减少　　D. 交易需求减少

8. 如果人们的收入增加，则（　　）将增加。

A. 货币的交易需求　　B. 货币的投机需求

C. A 和 B 都对　　D. A 和 B 都不对

9. 凯恩斯的货币需求函数表达式为（　　）

A. $L=f(P)$　　B. $L=f(y)$

C. $L=f(r)$　　D. $L=f(y, r)$

10. 如果货币需求曲线接近水平状态，这意味着（　　）。

A. 利率稍有变动，货币需求就会大幅变动

B. 利率变动很大时，货币需求也不会有很大变动

C. 货币需求丝毫不受利率影响

D. 以上三种情况都有可能

11. 货币需求曲线表明（　　）。

A. 利率越高，债券价格越低，人们预期债券价格下降可能性越大，越不愿购买更多债券

B. 利率越高，债券价格越低，人们预期债券价格上涨可能性越大，越愿意购买更多债券

C. 利率越低债券价格越高，人们为购买债券需要的货币就越多

D. 利率越低债券价格越高，人们预期债券可能还要上涨，因而希望购买更多债券

12. 当利率降得很低时，人们购买债券的风险（　　）。

A. 将变得很小　　B. 将变得很大

C. 可能变大，也可能变小　　D. 不变

13. 假定货币供给不变，货币交易需求和预防需求的增加最终将导致货币的投机需求（　　）。

A. 增加　　B. 不变

C. 减少　　D. 不确定

14. 在凯恩斯的理论体系中，货币需求和货币供给共同决定（　　）。

A. 工资水平　　B. 均衡利率

C. 价格水平　　D. 消费水平

15. 假定其他因素既定不变，在非凯恩斯陷阱中，货币供给增加时，(　　)。

A. 利率将上升　　B. 利率将下降

C. 利率不变　　D. 利率可能下降也可能上升

16. 假定其他因素既定不变，在凯恩斯陷阱中，货币供给增加时，(　　)。

A. 利率将上升　　B. 利率将下降

C. 利率不变　　D. 利率可能下降也可能上升

17. 假定货币供给和价格水平不变，货币需求为收入和利率的函数，则收入增加时（　　）。

A. 货币需求增加，利率上升　　B. 货币需求增加，利率下降

C. 货币需求减少，利率上升　　D. 货币需求减少，利率下降

18. 假定货币供给量不变，货币的预防需求增加将导致货币的利率(　　)。

A. 上升　　B. 不变

C. 下降　　D. 不确定

19. IS 曲线表示满足（　　）关系。*

A. 收入—支出均衡　　B. 总供给和总需求均衡

C. 储蓄和投资均衡　　D. 以上都对

20. IS 曲线为 $y=500-2\,000r$，下列哪一个利率和收入水平的组合不在 IS 曲线上?(　　) *

A. $r=0.02$，$y=460$　　B. $r=0.05$，$y=400$

C. $r=0.07$，$y=360$　　D. $r=0.01$，$y=300$

21. 假定其他因素既定不变，投资对利率变动的反应程度提高时，IS 曲线将（　　）。

A. 平行向右移动　　B. 平行向左移动

C. 变得更加陡峭　　D. 变得更加平坦

22. 自发投资支出增加 10 亿美元，会使 IS 曲线（　　）。*

A. 右移 10 亿美元　　B. 右移支出乘数乘以 10 亿美元

C. 左移 10 亿美元　　D. 左移支出乘数乘以 10 亿美元

23. 政府支出的增加使 IS 曲线（　　）。*

A. 向左移动　　B. 向右移动

C. 保持不动　　D. 斜率增大

24. 假定其他因素既定不变，货币的投机需求对利率变动的反应程度提高时，LM 曲线将（　　）。*

A. 平行向右移动　　B. 平行向左移动

C. 变得更加陡峭　　D. 变得更加平坦

25. 水平的 LM 曲线表示（　　）。*

A. 利息率对货币需求影响最大

B. 利息率对货币需求影响最小

C. 货币需求对利息率的影响最大

D. 货币需求对利息率的影响最小

26. 产品市场和货币市场同时均衡的组合有（　　）。*

A. 零个　　B. 一个

C. 两个　　D. 无数个

27. 在 IS-LM 模型中，如果经济处于 LM 曲线的中间区域，投资增加将（　　）。*

A. 增加收入，提高利率　　B. 减少收入，提高利率

C. 增加收入，降低利率　　D. 减少收入，降低利率

28. 同时位于 IS 曲线和 LM 曲线下方的点表明（　　）。*

A. 投资大于储蓄，货币需求大于货币供给

B. 投资大于储蓄，货币需求小于货币供给

C. 投资小于储蓄，货币需求大于货币供给

D. 投资小于储蓄，货币需求小于货币供给

29. IS 曲线为 $y=500-20\ 000r$，LM 曲线为 $y=800-26\ 000r$，那么均衡利率和均衡国民收入是（　　）。*

A. $r=0.05$，$y=1\ 500$　　B. $r=0.01$，$y=1\ 000$

C. $r=0.03$，$y=2\ 500$　　D. $r=0.05$，$y=1\ 000$

30. 在哪种情况下，会产生挤出效应?（　　）*

A. 货币供给下降使得利率提高，从而挤出了对利率敏感的私人支出

B. 税收的增加引起私人部门可支配收入和支出的下降

C. 政府支出增加使利率提高，从而挤出了私人部门的支出

D. 政府支出的下降导致消费支出的下降

31. 政府加税将（　　）。*

A. 使 IS 曲线左移，并使利率和收入水平同时降低

B. 使 IS 曲线右移，并使利率和收入水平同时提高

C. 使 IS 曲线右移，提高收入水平同时降低利率

D. 使 LM 曲线下移（右移），提高收入水平同时降低利率

32. 若增税的同时减少货币供给，则（　　）。*

A. 利率必然上升　　B. 利率必然下降

C. 均衡的收入水平必然上升　　D. 均衡的收入水平必然下降

33. 当经济处于凯恩斯陷阱中时（　　）。*

A. 财政政策无效，货币政策有效

B. 财政政策有效，货币政策无效

C. 财政政策和货币政策均有效

D. 财政政策和货币政策均无效

（二）辨析题

1. 资本的边际效率是递减的。（　　）

2. 投资量与利率成反比，即利率越高，投资量越小。（　　）

3. 凯恩斯把金融资产分为货币和债券。货币流动性好而不生利，债券生利而流动性差。（　　）

4. 某居民将现金存入银行活期存款户头，减少了整个社会的货币供给量。（　　）

5. 货币供给是由中央银行决定的，是个外生变量。（　　）

6. 货币并不是所有金融资产中最具有流动性的。（　　）

7. 货币需求与收入、利率正相关。（　　）

8. 债券价格和利率之间呈反向变动关系。（　　）

9. 按照凯恩斯理论，利率由货币需求和货币供给决定。（　　）

10. 当货币供给大于货币需求，利率将下降。（　　）

11. 在货币供给不变的情况下，实际货币需求增加将引起利率上升。（　　）

12. 如果人们对货币的持有习惯突然改变，在每一利率水平下更多地持有货币，将导致货币需求曲线将向左移动，实际收入水平上升。（　　）

13. 在 LM 曲线所表示的利率与实际国内生产总值关系中，利率是原因，实际国民收入是结果，前者决定后者。（　　）*

14. 在 LM 曲线上货币需求和货币供给均衡的收入和利率的组合点有一个。（　　）*

（三）简答题

1. 凯恩斯投资理论的主要内容是什么？

2. 投资与利率呈反向变动的原因是：当利率上升时，借贷成本也会随之上升，从而会抑制投资。然而，企业通常利用自有资金进行投资，事实上没有借贷的发生，那么较高的利率会抑制投资吗？请解释原因。

3. 影响货币需求的因素有哪些？

4. 试问在下列活动中持有货币的主要动机是什么？

（1）借款 5 000 元从券商处购买高收益债券。

（2）为出国度假，从支票存款账户上转了 5 000 元购买旅行支票。

（3）本地商场在某日将户头的现金持有量增加 4 倍。

（4）你去医院看病前从储蓄账户中划转出 2 500 元到支票存款账户。

（5）在支票存款账户中存入 200 元支付水电费。

（6）兑现 20 000 元定期存单用以购买一幅名画。

5. 什么是流动性偏好陷阱？

6. 凯恩斯认为均衡利率是如何决定的？其变动的原因是什么？

7. 为什么 IS 曲线向右下方倾斜？ *

8. 为什么 LM 曲线向右上方倾斜？ *

9. 简述 IS-LM 模型的内容和意义。 *

10. 根据 IS-LM 模型，在下列三种情况下，利率、收入、消费和投资会发生什么变动？ *

（1）货币供给增加。

（2）政府购买增加。

（3）政府增加税收。

11. 在 IS 曲线和 LM 曲线的交点处形成的均衡收入是否就是充分就业的国民收入？为什么？ *

12. 分析 LM 曲线的斜率受到哪些因素影响。 *

13. LM 曲线有哪三个区域？其经济含义是什么？分别与什么样的经济状况相对应？ *

14. 在分别推导产品市场均衡的 IS 曲线和货币市场均衡的 LM 曲线时，分别的假设条件有哪些？产生了什么问题，怎么解决的？ *

15. 为什么利率和收入的组合点位于IS 曲线右上方时，是反映产品市场上供过于求的情况吗？ *

（四）应用题

1. 表 4-1 是一个投资项目的现金流量。

表 4-1　投资项目的现金流量表　　单位：万元

第一年年初	第二年年末	第三年年末
-500	390	200

（1）当利率为5%时，厂商应当进行这一项目吗？

（2）当利率为10%时，厂商应当进行这一项目吗？

（3）当利率为15%时，厂商应当进行这一项目吗？

2. 投资函数为$i=e-dr$。试求：

（1）当$i=250-5r$时，找出r等于10、8、6时的投资量（r的单位为1%）。

（2）若投资函数为$i=250-10r$时，找出r等于10、8、6时的投资量。

（3）说明e的增加对投资需求曲线的影响。

（4）若$i=200-5r$，投资曲线将怎样变化？

3. 若货币的交易需求为$L_1=0.2y$，货币的投机需求为$L_2=2\ 000-500r$。

（1）写出货币需求总函数。

（2）当收入为10 000、货币供给为2 500时，均衡利率为多少？

4. 假定某经济中消费函数为$c=0.8(1-t)y$，税率为$t=0.25$，投资函数为$i=900-50r$，政府购买支出$g=800$，货币需求为$l=0.25y-62.5r$，实际货币供给为$Mo/P=500$，试求：*

（1）IS曲线。

（2）LM曲线。

（3）两个市场同时均衡时的利率和收入。

5. 已知投资函数$i=200-500r$，消费函数$c=100+0.8y_d$，$t=0.2$，$g=300+0.2y_d$，在三部门经济中，货币需求$L=0.8y-2\ 000r$，名义货币供给$M=900$，价格水平不变为$P=1$，试求：*

（1）IS曲线。

（2）LM曲线。

（3）产品市场和货币市场同时均衡时的利率和收入。

（4）产品市场和货币市场均衡时的消费、投资和政府支出。

6. 在两部门经济中，若消费$c=100+0.6y$，投资$i=520-r$，货币供给$m=120$，货币需求$L=0.2y-4r$。求：*

（1）IS曲线。

（2）LM曲线。

（3）产品市场和货币市场同时均衡时的利率和收入。

7. 假定①消费函数$c=80+0.8y$，投资函数$i=120-5r$，②消费函数$c=80+0.8y$，投资函数$i=120-10r$，③消费函数$c=80+0.9Y$，投资函数$i=120-5r$，④消费函数$c=180+0.8y$，投资函数$i=120-5r$，⑤消费函数$c=80+0.8y$，投资函数$i=220-5r$。*

（1）分别求出各条件下的IS曲线。

（2）比较①与②的不同，从中你能得到什么？

（3）比较①与③的不同，从中你能得到什么？

（4）比较①与④的不同，从中你能得到什么？

（5）比较①与⑤的不同，从中你能得到什么？

8. 在两部门经济中，若 $i=100-5r$，$s=40+0.25y$，求IS曲线。＊

五、课程思政

【阅读材料A】

钱还是钱吗①

马原

常识的悲哀

最近三十几年，“金钱”二字在报刊标题中的出现频率非常高，这多源于一句口号：时间就是金钱。

那么，金钱对于人来说究竟有何意义呢？

有钱首先意味着你可以不再为生计发愁。你去工作，你的劳动和付出换取的是生计问题的解决。金钱在这一点上等同于生计。

但是通过工作中的劳动和付出，有时候你能获得比维持生计所需要的更多的钱，这部分钱便不再承担生计功能，变成储蓄或者积累财富的工具。所以金钱又不完全等同于生计，它似乎更像是人们现在常说的物质财富——它可以变身为不动产（房子、土地），变身为投资（金融、古董、专利）等。

金钱走到这里已经偏离了初始的解决生计问题的路径，变身为创造更多财富的工具。准确地说，就是理财的工具。前些年有一句广告语既睿智又打动人心：你不理财，财不理你。由此，金钱成了工具，理财的工具。

人们理财为的是使财富保值，甚至增值。这里说的理财绝不是指储蓄，而储蓄是典型的财富积累手段：这个月结余100元，储蓄；下个月结余120元，储蓄。今天说的理财，是指有输赢风险的理财游戏。买股票和其他证券是游戏，买家庭第二套住房是游戏，收集古董文物或稀缺物是游戏，抵押专利版权也是游戏。在这些游戏中，金钱是游戏的工具，又是游戏的目标。

常识中金钱等同于物质财富的观念，在这里出现了断裂。我们如此辛苦

① 《读者》2018年第1期。

地赚钱，居然是在玩游戏。金钱居然成了玩具，游戏的目标却又是金钱本身！

金钱的蛊惑

不要小看游戏，游戏其实是人实现温饱之后的基本生存之必需；没有游戏，人就不能称之为人。如果不假思索，我们会以为游戏只属于孩子，或者玩具只属于孩子。其实不然。

孩子的人生因游戏和玩具被赋予具体的意义。一个滚动的花色球，可以让一个婴儿玩上好几天。而一个金融产品（股票证券之类），可以让一个成人玩上几十年。

孩子和成人对游戏的态度有不同：孩子只关心游戏对象的变化，而成人在游戏中有着明确的功利心。

因此无论什么都可以成为孩子的玩具，只要它具备新鲜感。新鲜感和变化是孩子玩游戏的基本前提，满足这两点，孩子的游戏就永远不会停下来。

在多数情形下，成人则完全相反。我不否认成人也有如孩子一般纯玩乐的时候，但那是偶尔才有。成人游戏的常态是要有输赢，而且每个加入游戏的人都是为了赢去玩的。同理，理财游戏就意在赢钱。

以钱去赢钱，在多数人眼里是大聪明。相比之下，储蓄则显得过时，既老套又笨拙，而且效率奇低。

以我的老母亲为例，她是有单位的人，16 岁工作，84 岁去世，凡 69 年辛苦勤勉、节衣缩食，储蓄总额仅 30 余万元，其中还包括先她去世的老父亲的份额。这种财富累积的速度在今人眼里无异于蜗牛爬行，今天恐怕很少有人会用储蓄的方式打理自己生计之外的所有金钱。

毋庸讳言，我们今天拥有的钱比父亲母亲那个年代要多很多，也比那时候更容易赚。但我一直没有理财的意识，一辈子做会计的老母亲为这个不止一次地斥责我，而且不止一次将我工资卡上的钱变成定期存单。对老人家而言，比活期储蓄更好的财富累积方式是存定期。

而我则爱买房子。我不是为理财，仅仅是因为喜欢房子，喜欢更大更好的房子。我对待剩余金钱的方略是把它们换成房子，而且每次考虑的都是自住而非投资。众所周知，最近二十几年里中国的房价一直在涨，我卖掉的 3 套住房给我带来了不菲的收益。不为投资理财买的房，还是取得了很好的投资理财收益。不消说，这个收益比定期储蓄的利息高得多，高出 10 倍也不止，所谓无心插柳柳成荫是也。

金钱的游戏在这里完成了一次实在的蛊惑。我猜正是由于诱惑力如此之巨，理财游戏才促成今天中国很多成人的疯狂——房产、股票、基金、债券、股份，这 5 种游戏裹挟了中国半数以上的家庭。

金钱在此已经完全变身为玩具，这个玩具的终极目的又是金钱自己。玩具自己成为游戏的终极目的，这是金钱独有的特质。其他任何玩具都只是玩具而已，玩过即弃。

从此处深究，原来金钱是这样一个怪物，它是有生命的，是活物，它自身有裂变的能力，甚至有呈几何级数裂变的超能力。钱可以生钱，可以形成循环，甚至可以无限循环。著名的诺贝尔奖基金就是个很好的例子，每年扣除运营成本连同奖金之后，它的总额还是在增长。用老百姓的话说，钱越花越多。

股份是另一个例子。作为世界首富的比尔·盖茨因其持有的微软的股份，尽管捐出了700多亿美元给以自己和妻子名字命名的基金会，他的财富总量仍然居世界首位。比尔·盖茨是人类历史上最大的金钱游戏玩家。

金钱游戏令那些将金钱玩弄于股掌的富豪发明了另一个游戏，时称“资本运营”。当今商业世界的另几位高人都是这类游戏的行家里手，巴菲特、索罗斯，中国也有一个叫贾跃亭。他们玩上一次动辄百亿，会把那些紧捂着钱袋的谨慎投资者的下巴吓掉。

这些大玩家开创了另一种金钱游戏——斗富。其推波助澜者为《福布斯》杂志，每年推出各色财富、地位排行榜，包括国家、企业、个人。富人们斗富，上10亿的老百姓看热闹，是为年度固定的喜剧节目。有一个聪明的外国人给自己起了个中国名字——胡润，在中国玩起了福布斯游戏——胡润财富排行榜。胡润自己则成了中国的外国财阀。

钱还是钱吗

我老妈眼里的钱，就是实实在在的生计。她最后的那笔储蓄，用她自己的话说，叫“过河钱”。她怕自己老了维系生命所需的巨大花销让儿女受累，她不想拖累儿女。她一生节俭，买菜、买水果总挑最便宜的。她的箱子里积攒着各种破布头。她老年时罹患各种沉疴，却决不肯买任何一种不能报销的药物。我总说她把钱看得太重。她说：“我就是想给你备些钱，让你在我不能动的时候把这些钱花在我身上……”在我老妈心里，钱就是钱，钱唯一的功能是解决生计问题。

在生计不再是主要问题的今天，许多普通人将金钱首先视为心理保障，其次会揣着有限的剩余金钱谨慎地加入游戏行列。

而稍显富裕的阶层相对不那么谨慎，他们在金钱的风浪中应付裕如，该谨慎时谨慎，该冒险时冒一点风险，对风险有相应的承受能力。他们是金钱游戏的主力玩家，他们有一个共同的名字叫“中产阶层”。他们人数众多，财富规模庞大。由于他们的加入，金钱游戏才成为世界化的游戏，才给了富人操纵金钱游戏的机会。

是的，金钱游戏历来由富人操纵。用钱去赚钱，有大钱才能赚大钱，这一点已经是所有加入金钱游戏的人的共识。或许这样说更为贴切，那些真正有钱的人，他们在这场游戏中不会输，也不可能输，除非他们智商有问题。

当然了，也有赚大钱者破产的个案，那多半是由于贪婪。贪婪不在今天的探讨范围。

钱生钱是赚钱者的王道。一个赚了大钱的人，身后总有一个很大的富豪群落，也总有数量巨大的追随者。我的一个本家就是最好的例证，中国几乎没人不知道他，他吸引了绝大多数国人的眼球。

在这里弱弱地问他一句：钱还是钱吗？

请同学们仔细阅读马原写的《钱还是钱吗》这篇文章，结合本章所学知识，思考并回答以下问题：

1. 在本文中，有这样两段话：

有钱首先意味着你可以不再为生计发愁。你去工作，你的劳动和付出换取的是生计问题的解决。金钱在这一点上等同于生计。

但是通过工作中的劳动和付出，有时候你能获得比维持生计所需要的更多的钱，这部分钱便不再承担生计功能，变成储蓄或者积累财富的工具。所以金钱又不完全等同于生计，它似乎更像是人们现在常说的物质财富——它可以变身为不动产（房子、土地），变身为投资（金融、古董、专利）等。

在上面这两段话中，涉及“钱”的四种用法：①你的劳动和付出换取的“钱”；②用于生计的“钱”；③获得比维持生计所需要的更多的“钱”；④变成储蓄或者积累财富的“钱”。它们是同一个意思吗？

2. “今天说的理财，是指有输赢风险的理财游戏。买股票和其他证券是游戏，买家庭第二套住房是游戏，收集古董文物或稀缺物是游戏，抵押专利版权也是游戏。在这些游戏中，金钱是游戏的工具，又是游戏的目标。”你同意作者关于理财的这些看法吗？

【阅读材料 B】

中国改革开放三十年的利率市场化进程①

引言

1993 年，党的十四届三中全会《中共中央关于建立社会主义市场经济体制若干问题的决定》提出了利率市场化改革的基本设想。2002 年，党的十六大报告指出，稳步推进利率市场化改革，优化金融资源配置。2003 年，党的十六届三中全会《中共中央关于完善社会主义市场经济体制若干问题

---

① 本文节选自：易纲. 中国改革开放三十年的利率市场化进程［J］. 金融研究，2009（1）：1-14.

的决定》对利率市场化改革进行了纲领性的论述，稳步推进利率市场化，建立健全由市场供求决定的利率形成机制，中央银行通过运用货币政策工具引导市场利率。至此，利率市场化的改革目标得以确立，强调了市场在利率形成中的决定性作用，明确了政府（中央银行）作为间接调控者的定位。

改革开放三十年来，中国逐步确立了市场在资源配置中的基础性作用，并实现了宏观调控由直接方式向主要依靠间接方式的转变。商品关系引入金融资源配置体系后，金融资源稀缺性同样要求通过价格机制甄别需求、提高配置效率，于是利率市场化改革和利率调控方式转变逐步进入了决策者的视野。从经济体制改革的目标看，1984 年党的十二届三中全会提出发展“有计划商品经济”，1992 年党的十四大确定了建立社会主义市场经济调控下对资源配置起基础性作用。从企业改革看，1986 年《国务院关于深化企业改革增强企业活力的若干规定》提出，全民所有制小型企业可积极试行租赁、承包经营。全民所有制大中型企业要实行多种形式的经营责任制。1993 年党的十四届三中全会提出要进一步转换国有企业经营机制，建立适应市场经济要求，产权清晰、权责明确、政企分开、管理科学的现代企业制度。从金融体制改革看，1993 年《国务院关于金融体制改革的决定》明确了中央银行宏观调控体系、金融组织体系和金融市场体系的职能定位。1995 年，《中国人民银行法》《商业银行法》相继颁布。推进利率市场化各方面的条件已初步具备。

一、存贷款利率的市场化

（一）人民币贷款利率市场化

早在 1983 年，国务院就曾授予人民银行在基准贷款利率基础上，上下各 20%的利率浮动权（《国务院批转中国人民银行关于国营企业流动资金改由人民银行统一管理的报告的通知》，国发〔1983〕100 号）。从那时起，利率市场化就采取了与价格改革相似的“双轨制”推进方式，与管制利率并行，在边际上引入利率的市场化，使得改革具有帕累托改进的特征，在未触及实体经济部门利益的同时，提高了银行金融资源的配置效率。

在长期产业先行、金融抑制的政策惯性影响下，决策者的主要顾虑是贷款利率市场化会增加企业财务成本，同时改革也面临来自实体经济相关各部门的巨大阻力，因此一度有所倒退。1996 年 5 月，为减轻企业的利息支出负担，贷款利率的上浮幅度由 20%缩小为 10%，浮动范围仅限于流动资金贷款。

1997 年亚洲金融危机爆发，在经济下滑的环境下，由政府替代银行进行风险定价的管制利率弊端日益凸显：由于银行对大客户的贷款相当于批发，对中小企业的贷款相当于零售，管制利率将批发价格和零售价格一刀切，造成银行没有积极性给中小企业贷款。为扩大中小企业融资，我们建议商业性贷款利率上浮上限统一扩大到30%，上浮原则按信用等级制定。理由是一方面在资金宽松的市场环境下，银行为竞争大企业等信用等级高的客户，不会上浮其贷款利率；另一方面由于收益对风险的覆盖程度提高，银行有动力增加对中小企业的信贷供给，从而实现增加信贷和货币供应的目标，也可推动贷款利率市场化进程。但协调相关部门非常艰苦，甚至到了苦口婆心的地步，我们提出"是否扩大贷款利率上浮幅度实质是'真想还是假想支持中小企业'的问题，如果真想支持中小企业，就应该允许银行对中小企业收取较高的贷款利率，如果假想支持中小企业，就把银行的贷款利率限制死"。小企业缺乏利益代言人，而相关部门又担心浮动利率会导致大中型企业的融资成本上升，在多轮沟通后达成的折中结果是自1998年10月31日起，金融机构对小企业的贷款利率上浮幅度由10%扩大到20%，农村信用社贷款利率上浮幅度由40%扩大到50%，大中型企业贷款利率最高上浮幅度10%不变。

虽然这只是一小步，却是贷款利率市场化的破冰之举。为支持中小企业发展，1999年贷款利率浮动幅度再度扩大，县以下金融机构和商业银行对中小企业的贷款利率上浮幅度扩大到30%，但对大型企业的贷款利率上浮幅度仍为10%，国务院确定的512家大型国有企业贷款利率不上浮。

进入21世纪，中国的经济金融环境发生了巨大变化。中国加入了世界贸易组织。金融体制改革取得了新进展，国有商业银行和农村信用社改革进入实施阶段，其自主定价的意识和能力显著增强。金融市场中长期基准收益率曲线的构建为金融机构贷款定价提供了初步基准。中小企业贷款浮动利率的顺利实施弱化了相关部门的顾虑，贷款利率市场化的外部条件进一步完善。2002年，我们对进一步扩大对中小企业贷款利率上浮幅度进行了研究，但由于对通货紧缩的担心犹存，有关政策未能出台。2003年以来，国内经济明显回升，扩大贷款利率浮动幅度可以发挥经济自身的适应性调节功能，符合宏观调控的方向。多方面的有利条件促进贷款利率市场化改革取得了突破性进展：2003年8月，农村信用社改革试点地区信用社的贷款利率浮动上限扩大到基准利率的2倍。2004年1月，商业银行、城市信用社的贷款利率浮动上限扩大到贷款基准利率的1.7倍，农村信用社贷款利率的浮动上限扩大到贷款基准利率的2倍，贷款利率浮动上限不再根据企业所有制性质、规模大小分别制定。2004年10月，基本取消了金融机构人民币贷款利率上限，仅对城乡信用社贷款利率实行基准利率2.3倍的上限管理，人民币贷款利率过渡到上限放开、实行下限管理的阶段，市场化程度显著提高。

（二）人民币存款利率市场化

与贷款利率市场化相比，存款利率市场化更为审慎，主要原因是存款利率市场化要求银行具备健全的产权约束机制和经营体制，否则一旦引起价格恶性竞争，便有可能引起存款“搬家”，影响金融体系安全。为探索存款利率市场化的有效途径，发展直接融资，促进金融机构集约化经营，1999年10月，人民银行选择了风险相对可控的机构间批发市场进行存款利率市场化的初步尝试，允许商业银行对保险公司试办长期大额协议存款，利率水平由双方协商确定。2002年至2003年，协议存款试点的存款人范围逐步扩大。由于金融机构资本约束机制难以在短期内形成、片面追求扩张的冲动依然较强，在零售市场上存款利率的放开可能导致金融机构间哄抬利率的非理性价格竞争，有约束的是利率上限，因此对零售存款利率形成了“管住上限，向下浮动”的市场化思路。2004年10月，与贷款利率下限管理同步实行了存款利率上限管理。

“贷款利率管下限、存款利率管上限”的另一考虑是在一段时期内限制银行价格恶性竞争，合理保护银行业的利润水平，弥补长期低存贷利差对银行资本和自身发展能力的透支，为银行改革赢得时间。在以资本充足率为核心的风险管理框架下，这一政策还赋予银行运用利率杠杆主动调整资产负债规模和结构的空间，有利于发展直接融资。

（三）境内外币利率市场化

与人民币存贷款利率不同，境内外币存贷款利率市场化由于市场基础较为成熟，步伐相对较快。2000年9月，外币贷款利率和300万美元以上大额外币存款利率放开。2003年7月，小额外币存款利率管制币种由7种外币减少为4种。同年11月，小额外币存款利率下限放开。2004年11月，1年期以上小额外币存款利率全部放开。

（四）以逐步放开利率管制的方式推进市场化，理顺和简化必要的管制利率

在利率市场化过程中，虽然金融机构存贷款利率自主定价空间不断扩大，但由于金融交易需求日趋多元化和通过差别利率贯彻产业政策的冲动，改革开放以来的前二十年间管制利率体系不断膨胀。国家作为非利益主体制定的管制利率体系扩张滞后于市场的创新力量，难以满足新的金融活动定价需要，“正面清单”作用束缚了市场的发展，而差别利率也违背了市场公平竞争的原则，许多优惠利率政策还成为企业逃避市场竞争的避风港。

为扭转管制利率自我膨胀的惯性，鼓励市场定价与创新，人民银行采取逐步放开利率管制的方式推进市场化。只要是有条件实现市场化定价或不必要的差别化利率品种均予以放开。对于放开条件尚不成熟或国家产业政策特殊需要的利率品种，在保留必要管制的同时，最大限度地进行简化。1996

年以来，放开了同业拆借利率，国债、政策性金融债发行利率和回购利率等6个品种的批发性市场利率，在银行间市场全面实现利率市场化。简化人民币存贷款利率体系，放开人民银行及金融机构的存贷款管制利率品种69个。放开外币存贷款管制利率品种48个。截至2008年，放开的本外币管制利率累计达123个品种，管制利率减少到24个品种。

（五）金融机构定价机制建设

利率市场化的实质是市场取代货币当局成为利率定价主体的过程，改革的进度与成败更多地取决于金融机构自身定价体系建设情况。为此，在扩大金融机构存、贷款自主定价空间的同时，我们在培育金融机构自身定价体系方面做了大量艰苦细致的工作。

1998年首次扩大银行贷款利率浮动权时，我们在北京、上海、浙江、福建等地组织商业银行、信用社、企业进行了专题调研，选取了具有代表性的全国性银行（建设银行）和区域性银行（上海银行）的贷款利率浮动管理办法作为模板，发送各银行参照制定各自的管理办法，并要求银行编制相关模型和测算软件，建立利率定价授权制度。2003年，在进一步扩大银行贷款利率浮动权时，我们再次强调各银行和城乡信用社应进一步完善贷款利率定价制度和技术，并针对农村信用社起点低和个体差异显著的特点，专门制定了菜单式的四种贷款利率浮动定价模板发送到各地农村信用社，由其根据自身实际情况选择、修订后，形成自身的贷款利率浮动管理办法。贷款利率定价模板发挥了政府主导的效率优势，大大降低了制度建设的学习和实施成本。我们的评估表明，目前各商业银行和城乡信用社已基本建立起根据贷款成本、风险等因素区别定价的利率管理制度，有条件的商业银行还加强了利率定价系统和内部转移定价体系的建设，完善了市场利率与存贷款利率间的传导与反馈机制，提高了资金使用效率，完善了以资本收益为核心的现代银行经营管理机制。同时，通过建立和完善存贷款利率报备制度，实现了银行和城乡信用社按月向人民银行反馈存贷款利率浮动情况，督促银行建立了集中统一的利率数据采集、分析系统，推动银行建成了覆盖全行的利率风险计量与控制系统。同时人民银行也获得了全国范围利率走势的动态情况，为货币政策制定、实施和评估提供了重要依据。

二、市场利率体系的建立

中国的利率市场化采取双轨制推进的方式，不是单纯放松存贷款利率管制，而是通过引入利率的市场化，通过形成经济学意义上的帕累托改进，减少改革阻力。在以间接融资为主的融资格局下，资金批发市场利率市场化不会影响企业的融资成本，同时还有利于提高资金配置效率，因此总体较为顺利。

（一）银行间同业拆借市场利率先行放开

20 世纪 80 年代，随着拨改贷的推进，专业银行逐步恢复，人民银行专门行使中央银行职能，金融机构呈现多元化发展，机构间资金余缺调剂的需求推动同业拆借市场迅速发展，资金批发市场初具规模。由于当时金融机构体制改革尚未到位，在投资饥渴的需求刺激下，这一市场曾经出现乱拆借的现象，市场区域分割和不透明也加大了管理部门监测市场的难度，导致高风险拆借行为盛行。为此，拆借利率一度实行上限管理。20 世纪 90 年代，同业拆借的相关制度规范不断完善，专业银行商业化改革取得阶段性进展，同业拆借业务实现全国联网并生成了统一、透明的中国银行间拆借市场利率。拆借利率放开的制度、主体和技术条件趋于成熟。1996 年 6 月取消拆借利率上限管理，实现了拆借利率完全市场化。

（二）放开债券市场利率

拆借利率市场化形成了相对独立于原有存贷款管制利率体系的市场利率，一方面为市场注入了创新的原动力，推动了金融机构间市场的迅速发展，另一方面也为资金批发市场利率的市场化提供了一个先例。在银行间市场建设过程中始终坚持制度先行的理念，也为市场化的金融创新产品平稳实现利率市场化营造了有利的制度环境。值得强调的是，在政府主导的制度变迁模式下，政府本身往往在市场发展初期担当了创新的领跑者。1996 年，财政部开创性地通过交易所平台实现了利率招标、收益率招标、划款期招标等多种方式的市场化发行，并根据市场供求状况和发行数量，采取了单一价格招标或多种价格招标的方式（高坚，1997）。国债发行的创新开风气之先，为此后金融债、企业债的创新树立了榜样。1997 年 6 月，银行间同业市场开办债券回购业务，债券回购利率和现券交易价格均由交易双方协商确定，同步实现了市场化。1998 年 9 月，两家政策性银行首次通过人民银行债券发行系统以市场化方式发行了金融债券。1999 年，财政部首次在银行间债券市场以利率招标的方式发行国债。

银行间市场利率的市场化，成功建立了管制利率之外的资金配置体系，使利率的市场化范围不断扩大。银行间市场利率的形成和完善为商业银行自主定价提供了基准收益率曲线，为管制利率市场化和银行完善内部定价机制提供了条件。

（三）培育金融市场基准利率体系

随着利率市场化的推进，金融市场替代中央银行成为基准利率提供者的重要性日益突出，市场基准利率体系建设承担了多项职能，既为银行提供定价基准，引导建立银行内部定价和资金转移体系，也为中央银行提供利率间接调控的操作目标和监测指标。由于存在较大的外部正效应，基准利率体系建设具有公共产品的特征。近年来，人民银行以制度建设为抓手，通过发展金融市场大力培育基准利率体系。在控制风险的前提下采取了开放性的市场准入政策，促进了银行间市场的快速、健康、可持续发展，市场成员范围不断扩大，交易量不断增加，市场品种和交易方式不断丰富，市场的广度、深度不断扩展，形成了具有广泛代表性的中长期基准收益率曲线，为中长期企业和金融债务产品定价提供了依据。

为建立基于商业信用的短端基准利率，在借鉴伦敦、东京、中国香港和新加坡等国际金融市场基准利率形成机制的基础上，经过一年时间的摸索、酝酿和 3 个月的试运行，2007 年 1 月 4 日，上海银行间拆借利率（SHIBOR）正式上线。我们制定了《上海银行间同业拆借利率（SHIBOR）实施准则》，并成立了 SHIBOR 工作小组。经过一年的运行，3 个月以内的短端 SHIBOR 充分反映了市场资金供求的变化，与拆借、质押式回购利率的相关系数均在 0.8 以上，隔夜、7 天品种达到 0.99。SHIBOR 的市场代表性不断提高，以其为基准的市场交易不断扩大，SHIBOR 在货币市场的基准地位初步确立目前看来，SHIBOR 运行中还存在 3 个月以上报价质量不高等问题，具体表现为交易价包含了一些超出市场安排的因素，包括与对手方的其他利益安排、利益调整等，使得交易价与报价存在差距，SHIBOR 定价基准的作用亟待增强。未来 SHIBOR 能否成为一个公认、权威的利率基准，对于进一步深化利率市场化改革意义重大：

首先，SHIBOR 的权威性决定了它能否在中央银行首肯下，替代官定利率成为市场存贷款利率定价的基准。只有当新的基准确立后，央行才能从存贷款利率制定一线退出，将定价空间还给市场主体。以前我们最担心利率市场化后商业银行会恶性竞争，但现在一些大的商业银行都上市了，有董事会、独立董事、战略投资者（包括外资）等，都会对商业银行的行为产生一些约束。在管制利率条件下，商业银行可以花很少的资源在定价上，但随着利率市场化的不断推进，定价必将是商业银行资源投入的一个主要方面，是其核心技术、核心竞争力的主要体现，需要耗费大量的人力、物力加以研究，而 SHIBOR 可以提供一个基准。如果央行放松了对存款利率上限和贷款利率下限的管制，又没有其他可靠的替代基准，结果可能更坏。而放松管制的时机由新的定价基准成熟的时间决定。SHIBOR 能否担当这一角色，对我国未来的利率市场化进程具有决定作用。

其次，SHIBOR 的重要意义还在于它一头连接着市场，一头连接着商业银行内部转移定价。我们很多商业银行都是全国性大银行，在区域、产品、资产负债之间有很多内部转移价格。内部转移定价是业务管理、风险管理、经济资本分配与收益等各项指标算法的依据。如果行内对 SHIBOR 基准地位形成了统一的认识，同时在定价方面又有一些核心技术的话，可以将其应用到内部转移定价中，这对商业银行内部管理是非常重要的。SHIBOR作为客观的、连接内外的市场价格，只有将它引入内部转移定价，才能建立基于市场基准的绩效考评体系，提高资金使用效率，科学、合理和令人信服地平衡总分行、各部门之间的利益关系。

再次，SHIBOR还将是其他许多产品和制度安排的基准。有很多金融产品都与人民银行制定的某种利率挂钩，人民银行调整利率时，就需要考虑多方面因素，平衡利益关系，要求人民银行的工作人员具备更高的业务素质和调控能力。但是，平衡利益关系涉及不同的利益集团，情况会越来越复杂，就需要一个大家都能接受的、客观的基准，那就是SHIBOR，通过对现有不同基准利率的比较、借鉴，真正实现SHIBOR的基准地位，有利于加快金融产品创新的步伐，为管制利率的进一步放开准备条件。

最后，从更广泛的角度考察，SHIBOR能否确立基准地位，还关系到中国货币、债券市场的纵深化发展，从而成为实现人民币国际化的重要基础设施和建立中央银行利率间接调控体系的前提条件。我们必须从全球化的视角考虑问题，全世界很多货币都有基准利率，例如LIBOR，EURIBOR，TIBOR等。未来如何增强SHIBOR的基准地位是需要市场成员和中央银行偕同努力、深入研究的重大课题。

请认真阅读全文，并回答：

1. 请解释什么是利率“双轨制”？
2. 请说明利率市场化的实质是什么？为什么要进行利率的市场化改革？
3. 请说说1978—2009年，中国利率市场化改革的路径是什么？

第五章

货币政策

宏观经济学在线开放课程

- 货币政策
  - 货币政策
    - 定义
    - 类型
      - 扩张性货币政策——增加货币供给——增加总需求
      - 紧缩性货币政策——减少货币供给——减少总需求
    - 货币政策机制
      - 传递机制：货币市场对产品市场的影响
        - $m\uparrow \rightarrow r\downarrow \rightarrow i\uparrow \rightarrow AE\uparrow \rightarrow y\uparrow$
        - $m\downarrow \rightarrow r\uparrow \rightarrow i\downarrow \rightarrow AE\downarrow \rightarrow y\downarrow$
      - 货币政策乘数（k_m）
        - 定义和推导
        - 影响因素
          - 投资的利率系数 d
          - 货币需求的利率系数 h
          - 边际消费倾向 β 和货币需求的收入系数 k
    - 货币政策的局限性
      - 经济衰退时期的局限
      - 货币流通速度变化的影响
      - 外部时滞的影响
      - 开放经济中的影响
  - 中央银行制度与货币政策工具
    - 中央银行与商业银行
      - 中央银行的职能
        - 发行货币
        - 银行的银行
        - 国家的银行
      - 商业银行的业务
        - 负债业务
        - 资产业务
        - 中间业务
    - 存款创造和货币供给
      - 百分之百准备金制度
      - 部分准备金制度
        - 存款准备金——存款准备金率
        - 法定准备金——法定准备金率 r_d
        - 超额准备金——超额准备金率
      - 货币乘数与基础货币
    - 中央银行控制货币供给的工具
      - 公开市场业务
        - 买卖政府债券
        - 改变货币供给量
      - 法定准备率
        - 调整准备金率
        - 影响货币乘数
      - 再贴现率
        - 调整贷款利率
        - 影响货币供给量
      - 其他工具
  - 货币政策的应用
    - 衰退缺口——凯恩斯交叉线模型——扩张性货币政策
      - 买入政府债券
      - 降低法定准备金率
      - 降低再贴现率
    - 通货膨胀缺口——凯恩斯交叉线模型——紧缩性货币政策
      - 卖出政府债券
      - 提高法定准备金率
      - 提高再贴现率

思维导图

一、学习目的

本章主要介绍货币政策的定义、分类，货币政策的传导机制以及货币政策的工具。通过本章的学习，同学们需要掌握的内容有：

（1）货币政策定义及分类。

（2）货币政策传递机制。

（3）货币政策乘数。

（4）货币政策的局限性。

（5）中央银行与商业银行。

（6）不同准备金制度下的货币供给原理。

（7）美联储三大货币政策工具及其运用。

二、内容概要

（一）货币政策的定义及分类

（1）货币政策是指中央银行通过控制货币供给量以及货币供应量来调节利率进而影响投资和整个经济以达到一定经济目标的行为①。

（2）货币政策的分类。如果中央银行增加货币供给，则叫作扩张性货币政策；反之，如果中央银行减少货币供给，则叫作紧缩性货币政策。

对于货币政策的作用，我们可以通过（5-1）式得到说明：

$$y_E=\frac{h(\alpha+e)+dm}{h(1-\beta)+dk} \tag{5-1}$$

（5-1）式说明，只要其他条件不变，货币供给 m 与均衡国民收入 y_E 呈同方向变动关系，即扩张性货币政策，将导致均衡国民收入增加；反之，紧缩性货币政策，将导致均衡国民收入减少。

货币政策的作用只是说明了中央银行变动货币供给量可以影响均衡国民收入，可它没有说明货币政策发挥作用的过程。

---

① 高鸿业. 西方经济学（宏观部分）[M]. 4版. 北京：中国人民大学出版社，2018.

（二）货币政策的传递机制

（1）货币政策发挥作用的过程，是一个通过货币市场、投资函数和产品市场共同发挥作用的传导过程。

（2）货币政策的传递机制。假设均衡国民收入低于充分就业的国民收入，即在经济出现失业和衰退情况时，为了实现充分就业，中央银行将实施扩张性货币政策，即增加货币供给量，进而将使得货币供给增加；在货币市场中，货币供给增加将导致均衡利率下降，从而使得企业投资增加，总支出增加，最后将使得均衡的国民收入增加。

反之，当经济出现通货膨胀时，中央银行将采取紧缩性货币政策，即减少货币供给，进而导致在货币市场上利率的上升，因为投资函数呈现出企业投资和利率之间的负向相关关系，从而企业投资下降，总支出下降，最终使得通货膨胀率下降。

（三）货币供给乘数及不同准备金制度下的货币供给原理

货币供给是指在一定时点上，公众（处于中央银行系统之外的所有家庭、企业和地方政府等经济单位）实际持有的现金和活期存款的总和。其中，现金数量的多少由中央银行直接提供和决定，而活期存款数量将受到商业银行的影响。在货币传导机制的基础上，区分现金和活期存款，引入法定准备金制度，并通过不同准备金制度下的货币供给变动情况来分析货币政策乘数的变化。

1. 百分之百准备金制度下商业银行的货币创造

在没有商业银行货币创造的情况下，如果中央银行发行 100 美元的现金，货币市场上就只有 100 美元的现金，活期存款为零。在百分之百准备金制度下，如果中央银行发行 100 美元的现金，假设居民将 100 美元的现金放入商业银行变成活期存款。这个时候，由于商业银行实行百分之百准备金制度，它将 100 美元现金全部变成准备金，放在金库里面。这样一来，货币市场的现金量为零，活期存款为 100 美元。商业银行依然没有影响货币供给量。

2. 部分准备金制度下商业银行的货币创造

现在假设第一国民银行采用部分准备金制度，并且法定准备金率为 10%。与前面一样，假设中央银行发行 100 美元的现金，居民将 100 美元的现金放入商业银行变成活期存款。现在，由于商业银行实行部分准备金制度，它将把 100 美元的现金分成两部分：10 美元作为准备金（法定准备金率为 10%），剩余的 90 美元作为贷款，以现金形式被债务人持有。这样一来，货币供给量就有190美元，其中，现金为90美元，活期存款为100美元。

由此可见，当商业银行实行部分准备金制度时，它将创造货币。显然，这个过程并不会到此为止，而它进一步的发展，就将涉及货币乘数与基础货币的概念。

3. 货币乘数与基础货币

沿着我们前面的假设，继续假设第一国民银行的债务人用除去10美元准备金后剩余的90美元去买东西，而卖主又把这90美元的现金存入第二国民银行。

由于商业银行实行部分准备金制度，它将把90美元的现金分成两部分：9美元作为准备金（法定准备金率为10%），剩余81美元作为贷款，以现金形式被债务人持有。这样一来，第二国民银行又创造81美元的货币。如果这81美元最终又被放入第三国民银行，这样一来，第三国民银行又创造72.9美元的货币。假设这个过程被无限制地继续下去，那么中央银行发行的100美元的现金，都将成为商业银行的法定准备金，而商业银行据此却创造出1 000美元的活期存款。

货币供给量用公式表示如下：

$$\begin{aligned}D&=100\times0.9^0+100\times0.9^1+\cdots+100\times0.9^n\\&=100\times(0.9^0+0.9^1+\cdots+0.9^n)\\&=100\times\frac{1}{1-0.9}=100\times\frac{1}{0.1}=1\ 000\end{aligned}$$

我们把商业银行创造活期存款的上述过程，用公式表示如下：

$$D=H\times\frac{1}{r_d}\tag{5-2}$$

其中，D是商业银行创造的活期存款数量，也等于货币供给量M1；H是现金，它构成了存款扩张的基础及法定准备金，因此，我们把它叫作基础货币或货币基础；r_d是法定准备率，$1/r_d$则是货币创造乘数，它是银行体系用每一美元准备金所产生的货币供给量，将（5-2）式变形，则可以表示如下：

$$\frac{D}{H}=\frac{1}{r_d}\tag{5-3}$$

（5-3）式说明，货币供给乘数是法定准备金率的倒数，因此它与法定准备金率r_d呈反向变动关系。

（四）中央银行制度和主要职能

1. 中央银行制度

中央银行是一个国家最高金融当局，负责统筹管理全国金融活动，实施货币政策以影响经济。美国的中央银行是联邦储备银行。

2. 中央银行的主要职能

（1）管制银行并确保银行体系的正常运转，这一职能的主要承担者是地区联邦储备银行，它又可以进一步分解为：

①发行的银行。发行的银行垄断通货（或称联邦储备券，也就是美国货币体系中使用的纸币）。

②银行的银行。银行的银行设定法定准备金率并接受存款机构缴纳的存款准备金；以票据贴现的方式对商业银行和储蓄机构发放贷款并收取利率（再贴现率）；承担金融机构之间的票据交换和结算业务；为金融机构提供金融信息；监督银行的运营。

③国家的银行。国家的银行经办政府的收支，管理国家的外汇，买卖政府债券。

（2）控制经济中可以得到的货币量，即货币供给，主要由联邦公开市场委员会来完成。

（五）货币政策的主要工具

（1）公开市场业务是指美联储通过向公众（包括商业银行和公众）买卖政府债券来改变货币供给量的方法。它的具体操作是：美联储买入或卖出政府债券，增加或减少商业银行手中的准备金数额，通过货币乘数效应增加或降低货币供给。

（2）法定准备金率是指由法律规定商业银行准备金率（存款准备金占存款的比率）。法定准备率越高意味着在相同的基础货币的情况下，商业银行能够创造的货币量越低；反之，则相反。

（3）再贴现率是指美联储向商业银行发放贷款的利率。较高的贴现率将抑制商业银行从美联储借入准备金，从而降低了商业银行的贷款量，减少了货币供给；反之，较低的贴现率将激励商业银行从美联储借入准备金，从而增加商业银行的贷款量，增加货币供给。

三、重要概念

（1）货币供给是指在一定时点上，公众（处于中央银行系统之外的所有家庭、企业和地方政府等经济单位）实际持有的现金和活期存款的总和。

（2）货币政策是指中央银行通过控制货币供给量以及货币供应量来调

节利率进而影响投资和整个经济以达到一定经济目标的行为。

（3）商业银行是指通过负债、资产和中间业务赚取利润的企业。其中，负债业务主要是吸收存款，包括活期存款、定期存款和储蓄存款。

（4）资产业务主要包括放款业务和投资业务，前者主要是为企业提供短期贷款，包括票据贴现、抵押贷款等；后者是指购买有价证券以获得利息收入。中间业务是指为客户办理支付事项和其他委托事项，从中收取手续费的业务。

（5）法定准备金制度是指由法律规定商业银行准备金率（存款准备金占存款的比率）的最低限度。

（6）再贴现率是指美联储向商业银行发放贷款的利率。

（7）公开市场业务是指美联储通过向公众（包括商业银行和公众）买卖政府债券来改变货币供给量的方法。

四、习题演练

（一）单选题

1. 根据货币政策的传导机制，货币供给增加将引起（　　）。

A. 利率上升，投资增加　　B. 利率上升，产量减少

C. 利率下降，投资增加　　D. 利率下降，产量不变

2. 西方国家中央银行最经常使用、最灵活有效的货币政策手段是（　　）。

A. 法定存款准备金　　B. 再贴现率

C. 公开市场业务　　D. 道义劝告

3. 一般来说，货币市场的传导机制不会直接经过下列哪个渠道（　　）。

A. 货币市场　　B. 投资函数

C. 产品市场　　D. 艺术市场

4. 当中央银行实施紧缩性货币政策时，均衡国民收入将（　　）。

A. 增加　　B. 减少

C. 不变　　D. 不确定

5. 以下哪一种表述最好地说明了货币供给增加如何影响总需求（　　）。

A. 货币供给曲线向右移动，利率上升，投资减少，而且总需求减少

B. 货币供给曲线向右移动，利率下降，投资增加，而且总需求增加

C. 货币供给曲线向左移动，利率上升，支出增加，而且总需求增加

D. 货币供给曲线向左移动，利率下降，支出减少，而且总需求减少

6. 下表是 ABC 国民银行的资产负债平衡，假定法定准备金率为 20%。

资产		负债和净值	
准备金 贷款	27 000 元 83 000 元	存款	110 000 元

根据以上信息，该银行最多可再增加贷款（　　）。

A. 7 000 元　　B. 25 000 元

C. 27 000 元　　D. 5 000 元

7. 货币政策是指中央银行为实现既定的经济目标，运用各种工具调节（　　）的一种金融政策和措施。

A. 货币供给与利率　　B. 货币需求与利率

C. 货币需求与供给　　D. 货币流通速度

8. 当中央银行提高法定存款准备金率时，以下说法正确的是（　　）。

A. 商业银行可贷资金增加，货币供应量上升

B. 商业银行可贷资金减少，货币供应量下降

C. 商业银行超额准备金增加，货币乘数变大

D. 商业银行存款创造能力增强，货币供应量上升

9. 中央银行的公开市场操作是指（　　）。

A. 中央银行在证券交易所购买股票

B. 中央银行向商业银行提供贷款

C. 指定股票交易的额定保证金

D. 中央银行在金融市场上买卖政府债券

10. 中央银行在公开市场卖出政府债券的结果是（　　）。

A. 银行存款增加　　B. 市场利率减少

C. 公众手里的货币减少　　D. 以上都不是

11. 下列关于中央银行降低再贴现率政策效果的表述，错误的是（　　）。

A. 可以起到告示效应，影响市场预期

B. 能直接调控货币供应量，效果显著

C. 政策的主动权在商业银行手中

D. 相比法定存款准备金率政策，调整更为灵活

12. 下述说法中哪一种不正确（　　）。

A. 商业银行的实际准备金等于其超额准备金加上法定准备金

B. 商业银行按照中央银行的要求留存超额准备金

C. 当借款人归还银行贷款时，货币供给减少

D. 单一商业银行能够贷出的资金额度等于其持有的超额准备金

13. 中央银行影响商业银行从中央银行贷款数量的传统货币政策手段是（　　）。

A. 公开市场业务　　B. 再贴现率

C. 道义劝告　　D. 法定存款准备金

14. 中央银行有多种职能，以下哪一项不是其职能？（　　）

A. 制定货币政策　　B. 为商业银行保存储备金

C. 发行货币　　D. 为政府创造利润

15. 假定商业银行系统拥有 100 000 元的活期存款，且实际准备金为 35 000元，若法定准备金率为 20%，则整个银行系统最多可以增加多少货币供给？（　　）

A. 175 000 元　　B. 75 000 元

C. 300 000 元　　D. 15 000 元

16. 假定某商业银行共吸收活期存款 80 000 元，经过缴纳法定准备金和对企业贷款后，其现在拥有的超额准备金 4 000 元，如果法定准备金率为 25%，则该银行的实际准备金（法定准备金与超额准备金之和）应为（　　）。

A. 16 000 元　　B. 24 000 元

C. 20 000 元　　D. 84 000 元

17. 下列哪一项不是货币政策工具？（　　）

A. 公开市场操作　　B. 改变税率

C. 改变法定准备金率　　D. 改变再贴现率

18. 如果 A 商业银行拥有 5 000 元的超额准备金，法定准备率为 30%，则该银行应处于哪一种情况下？（　　）

A. 拥有 90 000 元存款负债和 32 000 元的准备金

B. 拥有 20 000 元存款负债和 10 000 元的准备金

C. 拥有 90 000 元存款负债和 35 000 元的准备金

D. 拥有 40 000 元存款负债和 13 222 元的准备金

19. 再贴现率是（　　）。

A. 联邦储备银行向商业银行提供贷款时使用的利息率

B. 中央银行向美国财政部提供贷款时使用的利息率

C. 长期政府债券的利息收益率

D. 商业银行向公众提供贷款时使用的利息率

20. 中央银行要求商业银行缴纳法定准备金的主要目的是（　）。

A. 阻止商业银行贮藏过多的现金

B. 阻止商业银行赚取超额利润

C. 保证商业银行的资金流动性和清偿能力

D. 给商业银行提供一种可靠的利息收入来源

（二）辨析题

1. 中央银行统筹管理全国金融活动，实施货币政策以影响经济。（　　）

2. 超额准备金是指法定准备金超过实际准备金的金额。（　　）

3. 扩张的货币政策的内涵是货币供给的增加。（　　）

4. 美联储买入债券，将增加商业银行的准备金。（　　）

5. 当公众从中央银行手中购买政府证券时，货币供给增加。（　　）

6. 抑制通货膨胀需要实施扩张的货币政策。（　　）

7. 实际准备金等于法定准备金加上超额准备金。（　　）

8. 紧缩性货币政策会使利率降低。（　　）

9. 法定准备金制度是指由法律规定商业银行准备金率（存款准备金占存款的比率）的最低限度。（　　）

10. 货币供给 M1 是指在一定时点上，公众实际持有的现金和活期存款的总和。（　　）

11. 当商业银行收回已发放的贷款时，货币供给增加。（　　）

12. 法定准备率越高意味着在相同的基础货币情况下，商业银行能够创造的货币量越少。（　　）

13. 商业银行是指通过负债业务、资产业务和中间业务赚取利润的企业。（　　）

14. 整个银行系统可以提供几倍于其超额准备金的贷款，这是因为提供贷款对于整个银行系统来说不会引致准备金减少。（　　）

（三）简答题

1. 联邦储备银行的主要职能是什么？

2. 什么是法定准备金制度？

3. 商业银行的主要业务有哪些？

4. 什么是货币政策？货币政策具体可以分为几种类型？

5. 什么是公开市场业务？

6. 简述货币政策的利率传导机制。

（四）应用题

1. 联邦储备银行进行 1 000 万美元政府债券的公开市场购买，如果法定准备金率是 10%，试回答：

（1）引起的货币供给的最大可能增加量是多少？

（2）最小可能增加量又是多少？

2. 假设瑞恩从他在当地银行的活期存款账户中提出 400 美元放在自己的钱包中，则：

（1）这笔提款怎样改变了当地银行的账户？对货币供应有什么影响？

（2）如果银行存款准备金率为 10%，针对这笔新的存款，银行会怎么做？[假设银行会通过减少其持有存款的数量来应对准备金的不足，直到准备金的水平满足法定准备金率要求。银行通过收回部分贷款来减少其存款，迫使借款者从它们（在同一家银行）的支票账户中取出现金来偿还贷款]

（3）如果银行每次削减贷款后，活期存款也会下降同样的数量，对瑞恩取出的 400 美元，经济中的货币总供给一共会减少多少？

（4）如果每次银行削减贷款后，活期存款也会下降同样的数量，如果准备金率为 20%，400 美元提款将会使货币供给减少多少？

3. 在一个只有活期存款的系统中，下列情形中货币供给会如何变化？

（1）法定准备金率为 25%，存款人从活期存款账户中提出 700 美元。

（2）法定准备金率为 5%，存款人从活期存款账户中提出 700 美元。

（3）法定准备金率为 20%，消费者在活期存款账户中存入 750 美元。

（4）法定准备金率为 10%，消费者在活期存款账户中存入 600 美元。

4. 尽管美国的联邦储备银行不改变法定准备金率来控制货币供应，但是阿尔波尼亚的中央银行会这么做。该国的商业银行拥有 1 亿美元准备金，10 亿美元的活期存款，初始法定准备金率为 10%。该国商业银行采取不留超额准备金的做法。公众持有固定数量的现金，所有贷款都会以相同的数量再回到银行体系。

（1）当法定准备金率下降到 5%时，货币供给会发生什么改变？

（2）当最低法定准备金率上升到 25%时，货币供给会发生什么变化？

5. 当经济出现失业和衰退时，为了消除这个状况，试论述中央银行应该实施扩张性货币政策还是紧缩性货币政策？请结合图形论述其传导机制。（如利率水平、投资支出、消费支出、实际 GDP 和总价格水平等发生了哪些变化？）

6. 假设在两部门经济中，货币需求函数 $L=0.2y-2r$，消费函数为 $c=100+0.7y$，货币供给 $m=100$（假定 $P=1$），投资 $i=200-3r$。

求：

（1）当产品市场和货币市场同时实现均衡时，均衡收入 y 和均衡利率 r 分别是多少？

（2）若充分就业时的国民收入是 1 000，请问该经济体存在什么缺口？该经济体应该采取怎样的货币政策？应该采取的具体措施是什么？该经济体在采取措施后会通过怎样的传导过程来影响均衡国民收入的变化？请详述这一传导过程。

7. 2025 年 4 月 25 日，中共中央政治局召开会议，分析当前经济形势和经济工作，明确提出创设新的结构性货币政策工具，并设立新型政策性金融工具等，强调要加紧实施更加积极有为的宏观政策，适时降准降息。此次央行的降准降息操作正是对这一部署的具体落实。

2025 年 5 月 7 日，中国人民银行行长潘功胜在国新办举行的新闻发布会上宣布，降准 0.5 个百分点，向市场提供长期流动性 1 万亿元，并降低政策利率 0.1 个百分点，即公开市场 7 天期逆回购操作利率从目前的 1.5%调降至 1.4%。同时，央行还宣布下调个人住房公积金贷款利率 0.25 个百分点，并设立 5 000 亿元服务消费与养老再贷款。

根据上述材料回答下面几个问题：

（1）此次中国人民银行降准降息的主要背景和目的是什么？结合当前经济形势和政策导向进行分析。

（2）降准降息分别对企业的融资环境和融资成本产生哪些具体影响？试举例说明企业可能因此做出的经营策略调整。

（3）从居民的角度来看，降准降息会如何影响其储蓄和消费行为？请分别阐述其背后的经济原理和传导机制。

（4）此次降准降息政策中，央行还下调了个人住房公积金贷款利率并设立了服务消费与养老再贷款，这些措施将如何促进房地产市场平稳发展和消费、养老领域的经济增长？

五、课程思政

【阅读材料 A】

一文读懂美联储与货币政策①

杨麒渊

每六周左右，联邦公开市场委员会（FOMC）都会召开会议，确定美国货币政策。委员会成员讨论并投票决定经济中的利率应该有多大变化，在他们发布决定后，经济中的利率会神秘地按照指令变化。至少，在学习宏观经济学入门课程的同学们看来是这样的。然而，理解货币政策执行机制，对于理解银行业、金融体系和宏观经济结构都至关重要。本文试图通过简单的语言，给同学们介绍美联储及其货币政策。

美联储是什么？

美联储是美国联邦储备系统（The Federal Reserve System，简称 Fed）的简称，它是美国的中央银行，负责执行货币政策。更具体地说，货币政策是美联储联邦公开市场委员会（FOMC）的职责。FOMC 有 12 名拥有投票权的成员，包括联邦储备委员会（BOG）的 7 名成员，12 名联邦储备银行行长中的 5 名（纽约联邦储备银行行长拥有投票权，其余 11 名行长轮流担任有投票权的成员）。所有联邦储备银行行长都会参加 FOMC 的每一次会议，但他们只有在轮到自己的时候才会投票。BOG 的成员由美国总统任命，并经美国参议院批准，任期 14 年（任期长是为了使他们免受政治压力）。理事必须来自不同的联邦储备区（共有 12 个），以分散全国各地的代表权。理事可以完成其他理事的剩余任期（例如，另一位理事辞职），然后完成他或她自己的 14 年任期。

联邦公开市场委员会主席从 7 名理事中选出，任期 4 年，可连任。主席作为联邦公开市场委员会的发言人并制定其议程，对委员会拥有巨大权力。一旦选出新主席，原主席将辞去理事职务，即使其任期还剩很多年。理事和联邦银行行长通常由专业经济学家担任。

货币政策是什么？

货币政策（monetary policy）是指联邦公开市场委员会（FOMC）对美国货币供应量和利率的管理。近年来，FOMC 的重点是设定利率（而非过去

① 摘自微信公众号 ECONOMICS RULES，略有改动。

关注货币供应量的变化)。美联储管理经济中的货币供应量，希望能达到FOMC设定的理想利率水平。降低利率将增加经济中的投资和利率敏感型消费，从而促进GDP增长；提高利率将减少投资和利率敏感型消费，导致投资减少，GDP下降，最终导致经济增长放缓（从而抑制经济中的通胀压力)。

入门课程通常会介绍美联储可以用来影响货币供应量和利率的“三种工具”：准备金率、贴现率和公开市场操作。然而，公开市场操作是美联储迄今为止最常用的工具。

准备金要求（reserve requirements）由美联储设定，要求银行将一定比例的存款存放于该银行或其所在地区的联邦储备银行。准备金要求通常用于履行美联储的监督和监管职能，旨在维护银行体系的安全和稳健。

贴现率（the discount rate）是美联储向商业银行收取的短期贷款利率。贴现率通常高于联邦基金利率（the federal funds rate，即银行之间相互收取的短期贷款利率)。这确保了通过贴现窗口的借款相对较少，因为商业银行更愿意以较低的联邦基金利率相互借款。

公开市场操作（open market operations）是指美联储在公开市场上买卖政府证券（如国债）的行为。政府证券代表对美国政府的贷款，包括国库券、中期票据和国债。银行或个人购买证券（借给政府的资金)，并获得贷款本金和利息。国债的发行期限为30年，每6个月支付一次利息，直至到期。国债到期时，持有人将获得债券面值的收益。国债的价格和收益率在拍卖（如在公开市场）中确定。价格可能高于、低于或等于债券面值。支付价格的变化反映了经济中的利率变化。国债由美国财政部、银行、经纪人和交易商出售。持有人可能会在国库券、中期票据或国债到期前出售。如果债券持有者选择通过美国财政部出售国债，那么请求将发送到芝加哥联邦储备银行，该银行将债券提供给不同的经纪人，最终将其出售给出价最高的人。出售所得扣除手续费后，将存入卖方指定的银行账户。债券持有者也可以通过经纪人出售债券。

当美联储购买债券时，债券被抽出经济体，而由于美联储向债券持有人支付债券款项，货币被注入经济体。当美联储出售债券时，债券进入经济体，而货币则随着买方支付债券款项而从经济体中抽出。通过买卖债券，美联储可以增加或减少货币供应量。当任何东西稀缺时，其价格就会上涨。因此，当货币供应量减少时，利率（货币价格）就会上升。随着货币供应量增加，其价格就会下降——就像任何东西随着供应量增加而变得更便宜一样（ceteris paribus，在其他条件不变的情况下)。

什么时间？

FOMC通常每年召开八次会议（约每六周一次）。大多数会议都提前安排好，会议日程可在理事会网站上查阅。委员会通常在周二上午9点至下午2点召开会议。会议当天下午2：15左右，会发布备受期待的会议结果公告。个人和企业通常会根据FOMC的公告做出决策，FOMC发布的新闻稿及其成员讨论的“想法”通常会对股市产生影响。

FOMC认为经济可能出现通胀或衰退问题时，它将采取行动并调整利率。当FOMC认为需要采取行动防止通胀时，该委员会将通过加息来推行紧缩性货币政策。当FOMC担心经济可能出现衰退时，它将通过降低利率来推行扩张性货币政策。

地点在哪？

FOMC在华盛顿特区的联邦储备银行召开会议。委员会发布决定后，纽约联邦储备银行负责执行政策调整。纽约联储通过公开市场操作（OMO）来达到并维持FOMC设定的利率。值得注意的是，公开市场操作是持续进行的，而不仅仅是为了响应每六周一次的FOMC会议。在任何时候，经济中的市场力量都可能推高或压低利率。当纽约联储通过公开市场操作来抵消经济中其他因素的影响，并将利率维持在FOMC设定的水平时，这些行动被称为防御性公开市场操作（Defensive OMOs）。动态公开市场操作（Dynamic OMOs）是指根据FOMC的指令增加或减少货币供应量并调整利率。货币政策，无论是通过动态公开市场操作还是防御性公开市场操作，都会通过贯穿整个经济体系的银行和金融系统对经济产生影响。因此，银行和金融系统是货币政策“如何实施”的核心。

为什么实行货币政策？

货币政策的目标是管理货币和利率，以保持经济健康。美联储表示：“经验表明，低通胀时经济表现良好。当通胀率较低（且预计会保持低位）时，利率通常也会较低。这样的环境有利于低失业率，并使经济能够发挥其增长潜力。”

美联储实施货币政策是为了追求关键的宏观经济目标：稳定物价、低失业率和经济增长。采取紧缩性政策来控制经济中的通货膨胀，而扩张性政策则可用于增加就业和经济增长。

货币政策如何可能？

利率：联邦基金利率。

货币政策的教学重点在于美联储决定“利率”。然而，在整个经济体中存在许多不同的利率（例如，联邦基金利率、贴现率、最优惠利率、抵押贷款利率、信用卡利率）。但这些不同的利率往往同时涨跌。这有时被称为经济体中的“利率网络”。FOMC所针对的具体利率是联邦基金利率（the federal funds rate)。这是商业银行之间相互收取隔夜贷款的利率。例如，如果一家银行在美联储的存款超过了必要的水平，而另一家银行需要在美联储存入更多资金（如为了维持法定准备金），这两家银行可以安排隔夜贷款。借入资金的银行将向贷款银行支付联邦基金利率作为贷款利息。如果联邦基金利率发生变化，那么意味着从其他银行借款的成本发生变化。银行借款成本的变化最终将导致经济体中其他利率的变化。当银行必须支付更高的利率来借入资金时，他们反过来也会向客户提供更高的贷款利率。

另一个重要的利率是贴现率（the discount rate），即联邦储备银行向商业银行收取的短期贷款利率。虽然贴现率可以用作货币政策工具，但联邦公开市场委员会通常不使用它。联邦基金利率通常低于贴现率，因此银行更愿意在联邦基金市场借款。美联储更多地使用贴现率来履行其银行监管职能，而不是执行货币政策。

2007 年 8 月，美联储采取了一项罕见的举措，将所有地区的贴现率从 6.25%下调至 5.75%。此举旨在缩小贴现率与联邦基金利率（当时为 5.25%）之间的差距。美联储下调贴现率是为了应对经济增长放缓的风险，并解决全球市场的不确定性问题。除了潜在的经济放缓和不确定性之外，商业银行的放贷意愿也下降了。为了提高银行的放贷意愿，美联储下调了贴现率，以降低美联储向商业银行提供的贷款成本，并为金融体系提供流动性。此举使企业和消费者更容易获得信贷，并有助于降低不确定性，防止经济放缓。这是将贴现率作为货币政策工具的一次罕见的运用（此举也是为了维护银行体系的安全和稳健）。

每次会议结束后，FOMC 都会向纽约联储国内交易部门发出指令，告知其货币政策目标（如提高或降低联邦基金利率以及幅度）。联邦基金利率通常上调或下调 25 或 50 个基点。1 个百分比等于 100 个基点，因此 25 个基点代表四分之一个百分点，50 个基点代表半个百分点。委员会还会发布一份声明，说明决策原因及其对经济状况的评估。委员会声明旨在让公众了解美联储对未来货币政策方向的预期，以及其关注的关键因素，以确定 FOMC 未来可能做出的调整。

利率变化如何影响经济？

FOMC 调整联邦基金利率后，利率会通过以下段落描述的一系列事件影响经济。这种简写形式相当常见，它可以帮助学生理解变量之间的关系。

$\downarrow i\% \rightarrow \uparrow I/C* \rightarrow \uparrow \text{AD} \rightarrow \uparrow \text{GDP}$。其中 C＊为利率敏感型消费。

利率变动之所以会影响经济中的投资水平，是因为利率上升会使企业的投资成本更高。企业要么必须支付更高的利率来为投资项目借款，要么即使企业有资金用于投资项目，投资的机会成本也会更高。因此，利率上升会降低投资水平，因为回报率高于投资成本增加的投资项目数量会减少。这被称为紧缩性政策（contractionary policy）。投资是总需求的组成部分，因此，如果投资减少，总需求也会下降。当采用扩张性政策（降低利率导致总需求增加）来应对衰退压力时，这一系列事件也会起到相反的作用。

美联储如何实现目标联邦基金利率？

既然美联储是通过控制商业银行准备金来影响利率。因此，同学们需要了解银行体系的作用，才能充分理解货币政策的实施。银行准备金是指银行持有的货币，要么存放在银行金库中（有时也称为金库现金），要么存放在12家联邦储备银行之一的账户中。储备金分为两种类型：法定准备金（required reserves，美联储要求银行持有的一定比例的商业银行存款）和超额准备金（excess reserves，银行持有的超过法定数额的任何准备金）。

美联储通过公开市场操作影响银行准备金。正如前文指出，公开市场操作就是美联储买卖美国政府证券（如国债）。此类操作之所以被称为“公开市场”操作，是因为美联储并不自行决定与哪些证券交易商进行交易。各类证券交易商在公开市场上竞争，根据价格买卖证券。价格高时，交易商购买的债券较少；价格低时，交易商购买的债券较多。

当美联储购买债券时，债券持有人将债券出售，美联储就将债券从经济体中抽走。美联储用支票支付。这一行动将更多资金注入经济体。当美联储出售债券时，它将更多债券交到银行和个人手中，并从经济体中抽走资金作为支付。通过改变经济体中的货币量，美联储改变了可用于贷款的资金供应。当可用于贷款的资金充足时，贷款价格（利率）就会较低。当可用于贷款的资金不足时，借款人会争夺有限的资金，从而推高价格。

请同学们仔细阅读杨麒渊的《一文读懂美联储与货币政策》，结合本章所学知识，思考并回答以下问题：

1. 什么防御性公开市场操作？什么是动态公开市场操作？它们之间的一致性和差异性在哪里？

2. FOMC 所针对的具体利率是什么利率？是怎么实现的？

【阅读材料 B】

2013 年“钱荒”事件①

2013 年 6 月 20 日，足以载入中国银行间市场史册，当天银行间隔夜回购利率最高达到史无前例的 30%，7 天回购利率最高达到 28%。“没见过隔

---

① 文献资料来源：节选自共产党员网《面对“钱荒”央行严把货币闸门获赞》一文（https：//news. 12371. cn/2013/06/25/ARTI1372145940006526. shtml）。内容有删减。

夜上30%的交易员，人生是不圆满的。”众多银行间市场交易员如是感慨。这场“钱荒”是从6月6日开始的——那天，被认为是中国基准利率的上海银行间同业拆借利率开始突然飙升，隔夜利率从6日的5.98%飙升到8.29%，七天利率升至6.66%。“银行间隔夜拆借利率”这个十分专业的名词开始不断通过媒体进入公众的视线。

多米诺效应

同业拆借利率是货币市场乃至资本市场利率风向标，资金市场紧张局势反映到了证券市场。中国证券金融公司官方网站转融通信息显示：整个6月的10个交易日中，转融资已有7个交易日出现零成交。自6月3日至7日，转融资连续5个交易日零成交，期初余额与期末余额始终封死在495.76亿元。由于市场资金整体紧张，证金公司获得资金的成本较之前至少上升了1个百分点，因而自17日起，证金公司转融资利率从之前的5.6%~5.8%，上调至6.5%。多家券商融资融券部门人士表示，券商难从证金公司借到资金。

钱去哪里了？

不过，就在金融机构的资金面不断告急的同时，两周前央行公布的各项金融数据却给人以截然不同的感觉。尽管整体货币政策保持稳健，但5月份M2（广义货币供应量）的同比增速依旧高达15.8%，新增信贷量仍然高企，人民币存款余额也已经逼近百万亿元的大关，1~5月社会融资规模达到9.11万亿元，比上年同期多3.12万亿元。

中国真的在经历一场流动性紧缩的“钱荒”吗？

“新华社”23日社论《中国式“钱荒”：不是没钱 而是放错了地方》指出：一面是银行缺钱，股市缺钱，中小企业缺钱；但另一方面却是，货币的供应量充裕，不少大型企业依然出手阔绰，大量购买银行理财产品，游资仍在寻找炒作的概念，民间借贷依旧风风火火。两相对比不难发现，眼下的“钱荒”看似来势凶猛，实则是一场资金错配导致的结构性资金紧张。不是没有钱，而是钱没有出现在正确的地方。

“钱荒”背后的根源

20日“和讯网”文章《6.20暴跌背后：危机还是阴谋》指出：6月银行资金突然极度紧张的三大原因：首先是银行在今年上半年的大量放贷，特别是私人理财产品发放的过度膨胀。根据惠誉中国金融机构估计，去年中国非传统信贷总额高达34万亿元，包括银行表外交易（委托贷款、信用证、承兑票据等）14.5万亿元、企业债7.7万亿元、非银行金融机构信贷（信托公司等）11.7万亿元。尤其是规模已高达13万亿元中国理财产品，其中很大一部分将在6月到期，这是进入6月以来银行的资金突然开始极度紧张的首要原因。

其次是原先支撑这种大量放贷的宽松货币政策开始纠偏了。兴业银行首席经济学家鲁政委表示，如今货币的紧张状况部分原因是近期央行的货币政策调整。之前银行已经习惯于比较宽松的货币政策，一直实施扩张的信贷措施，因此突然收紧的货币就让众多银行措手不及。

最后是外汇占款增速急剧下降，也一定程度上造成了市场流动性趋紧。外汇进入国内，由商业银行结汇，然后商业银行再在外汇市场上抛售，由央行接盘，同时给商业银行释放资金。巨额外汇占款是支撑银行流动性的重要力量。数据显示：前4个月，我国新增外汇占款达1.5万亿元，平均月增3 750亿元。但到5月份形势却骤然改变了，5月外汇占款仅增加668.6亿元，较4月份大幅缩水77%，且是自去年12月份以来，单月新增外汇占款首次降至1 000亿元以下。

用好增量、盘活存量、严把货币闸门

21日“福布斯中文网”刊发题为《中国政府正在发动一场“可控的金融危机”?》文章指出：监管部门在2个月前向各大银行吹风：“不仅要过好日子，还要过紧日子。”6月银行间资金开始紧张后，有关央行将恢复逆回购或动用SLO工具投放资金，下调存款准备金率等传闻不绝于耳，更传出“四大行逼宫央行投放资金”的消息，但央行依旧淡定地持续每日20亿央票发行（回笼资金），令所有期待“放水”的交易者开始绝望。

民生证券研究院副院长管清友点评称：“倒逼金融机构去杠杆，挤压融资平台，在紧环境下淘汰落后产能。央行近期行为找到了高层依据。”——央妈变成后妈了！

《新世纪》周刊第24期文章《市场的紧日子》也认同上述观点，并表示：尽管货币市场短期资金面异常紧张，但监管层面并未因此释放出“放水救市”的信号。这次的国务院决策，得到了业界和学界的正面评价。事实上，此次央行拒绝“放水”却得到了舆论的首肯。众多经济学者都发微博或写文章阐述观点表达支持。

不过，也有学者对当前的“钱荒”现象表达了一定的忧虑。摩根大通中国首席经济学家朱海斌表示，短期内存在央行的强硬态度人为制造流动性紧缩，并导致实体部门贷款利率走高的风险，从而为已然乏力的经济活动雪上加霜。他建议，央行应该尽快再次引入逆回购操作，以安抚银行间市场的恐慌。

注释：

外汇占款：是指银行体系（包括中央银行和商业银行）为收购外汇资产（如美元、欧元等）而向市场投放的等值本国货币。其本质是货币当局或商业银行在外汇市场上的被动货币投放，反映了外汇资产与本国货币之间的兑换关系。

银行的非标资产：非标资产是未在公开市场交易的债权性资产，银行通过表外理财、同业通道等方式将其置于资产负债表外，规避资本计提和流动性监管要求，同时实现更高收益。表外非标资产回表后，银行需按风险权重计提资本（如信贷类非标资产风险权重为 100%），导致资本充足率下降，银行需要补充资本金。

银行间隔夜拆借利率：是银行之间进行短期（通常为 1 天）无担保资金借贷的利率，是货币市场的核心基准利率。其本质是银行体系内流动性余缺的实时定价机制，反映银行间资金的紧张程度。例如，当某银行当日存款准备金不足时，需向其他银行借入资金补足，此时支付的利率即为隔夜拆借利率。

请同学们仔细阅读的《2013 年“钱荒”事件》，结合本章所学知识，思考并回答以下问题：

1. 中央银行的外汇占款下降和商业银行的表外资产表内化为什么导致银行的资金紧张？请分别解释。

2. 文中所说的商业银行的流动性或商业银行的同业存放属于货币 M1 或 M2 的范畴吗？请结合 M1 和 M2 的定义说说你的看法。

3. 文中，为什么说“短期内存在央行的强硬态度人为制造流动性紧缩，并导致实体部门贷款利率走高的风险，从而为已然乏力的经济活动雪上加霜”？

第六章

失业与通货膨胀

宏观经济学在线开放课程

- 失业与通货膨胀
  - 总需求曲线
    - 总需求曲线（AD）的含义与推导
      - 总需求曲线的含义
      - 基于货币市场对产品市场的影响推导总需求曲线——表达式
      - 总需求曲线（AD）向右下方倾斜的原因
        - 利率效应
        - 财富效应
        - 税收效应
    - 总需求曲线变动的影响因素
      - 自发性支出的变动
      - 财政政策变量
  - 总供给曲线
    - 总供给曲线（AS）的含义与推导
      - 定义
      - 类型
        - 短期总供给曲线 SRAS
        - 长期总供给曲线 LRAS
        - 凯恩斯总供给曲线
    - 总供给曲线变动的影响因素
      - 短期总供给曲线的影响因素
        - 货币工资率
        - 劳动生产率
        - 大宗商品的价格
        - 其他因素
      - 长期总供给曲线的影响因素
  - AD-AS 模型
    - 三种类型
      - 长期均衡：AD-LRAS
      - 短期均衡：AD-SRAS
      - 萧条经济下的均衡模型
    - 失业与通货膨胀的成因
      - 需求拉动型通货膨胀——AD-AS 模型下的需求拉动型通货膨胀
      - 成本推动型通货膨胀——AD-AS 模型下的成本推动型通货膨胀
      - 混合型通货膨胀
  - 需求管理政策与供给管理政策
    - 需求管理政策
      - 财政政策
        - 衰退缺口——扩张性财政政策
        - 通货膨胀缺口——紧缩性财政政策
      - 货币政策
        - 衰退缺口——扩张性货币政策
        - 通货膨胀缺口——紧缩性货币政策
    - 供给管理政策
      - 收入政策
      - 人力政策
      - 指数化政策

思维导图

一、学习目的

本章将重点推导总需求曲线和总供给曲线，建立总需求模型和总供给模型，简称 AD-AS 模型，并在此基础上解释失业和通货膨胀的原因以及治理方法。通过本章的学习，同学们需要掌握的内容有：

（1）总需求曲线的定义、推导、内在机制和移动。

（2）总供给曲线的定义、推导、内在机制和移动。

（3）AD-AS 模型。

（4）失业和通货膨胀的原因、内在机制。

（5）需求管理政策和供给管理政策。

二、内容概要

（一）总需求曲线的推导

总需求，表示在某个特定的价格水平下，经济社会需要多高水平的总产量。在以价格水平为纵坐标、产出水平为横坐标的坐标系中，总需求函数的几何图形就是总需求曲线。总需求曲线描述了与每一价格水平相对应的均衡的总支出。

实际上，推导总需求曲线的方法在前面已经提及过，我们这里所要做的工作，是区别名义货币供给量和实际货币供给量。

名义货币供给量，是指不考虑价格水平的货币供给量，我们用 M 来表示；实际货币供给量，是指考虑价格水平的供给量，我们用 m 来表示；实际货币供给量与名义货币供给量的关系，可以用公式表示如下：

$$m=\frac{M}{P} \tag{6-1}$$

其中，P 表示价格水平，可以用第一章的 GDP 折实指数来衡量。

根据（6-1）式，我们知道：

（1）当 $P=1$ 时，即价格水平不变时，名义货币供给量等于实际货币供给量，即 $m=M$。

（2）当价格水平，即 P 上升时，在名义货币供给量不变的情况下，实际货币供给量下降。

（3）当价格水平，即 P 下降时，在名义货币供给量不变的情况下，实际货币供给量增加。

我们将（6-1）式代入（4-11）式，便可以得到货币市场的均衡条件式如下：

$$L=\frac{M}{P} \tag{6-2}$$

我们将货币需求函数（4-12）式代入（6-2）式，可以进一步得到货币市场的均衡条件式为：$ky-hr=\frac{M}{P}$。

经过整理，得到市场均衡利率表达式如下：

$$r_E=-\frac{M}{Ph}+\frac{k}{h}y \tag{6-3}$$

（6-3）式说明，在其他条件不变的情况下，价格水平下降，将导致实际货币供给量增加，均衡利率下降；反之，价格水平上升，将导致实际货币供给量下降，均衡利率上升。

对于上述结论，我们可以用图 6-1 进行说明。其中，在名义货币供给量 M 不变的情况下，假设初始的价格水平等于 P_0，决定了它对应的实际货币供给为$\frac{M}{P_0}$，货币市场均衡点为 E_0，均衡利率为 r_0；现在，我们假设价格水平下降，比如从 P_0 下降到 P_1 时，决定了实际货币供给量从$\frac{M}{P_0}$增加到$\frac{M}{P_1}$，货币市场的均衡点从 E_0 移动到 E_1，均衡利率也随着从 r_0 下降到 r_1。

反之，当我们假设初始的价格水平为 P_1，新的价格水平为 P_0，按照相同的逻辑，我们可以得到，价格水平上升将导致均衡利率从 r_1 上升到 r_0。

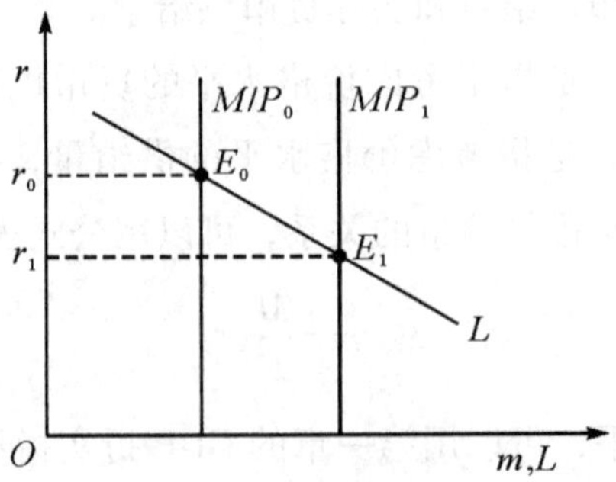

图 6-1　名义货币供给、价格水平和均衡利率

以纵轴为圆心，将图 6-1 向左旋转 180 度，并将它用来替代图 4-16（a），便可以得到图 6-2。其中，图 6-2（a）表示货币市场均衡利率的决定，图6-2（b）表示企业投资曲线，图6-2（c）表示储蓄曲线。据此，我们便可以推导总需求曲线了。

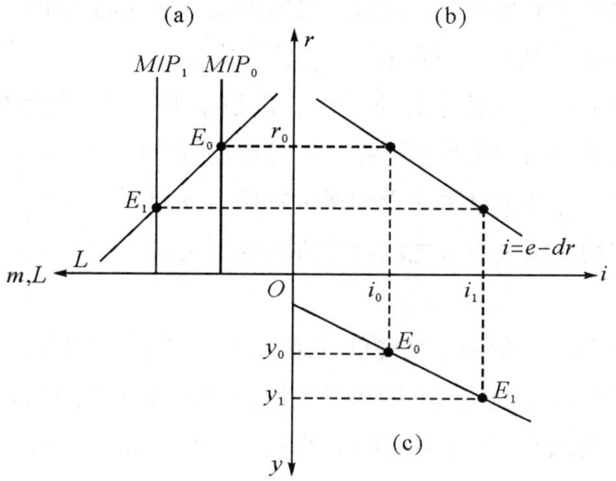

图 6-2　货币市场对产品市场的影响

在货币市场上，当价格水平为 P_0时，货币市场的均衡点为 E_0，对应的均衡利率为 r_0；在产品市场上，当市场利率为 r_0时，投资量为 i_0，产品市场的均衡点为 E_0，对应的均衡国民收入为 y_0。在货币市场，当价格水平下降到 P_1，货币市场的均衡点为 E_1，对应的均衡利率下降到 r_1。在产品市场上，当利率从 r_0下降到 r_1，企业投资也从 i_0增加到 i_1，产品市场的均衡点从 E_0移动到 E_1，对应的均衡国民收入从 y_0增加 y_1。

我们把图 6-2 中体现出的价格水平与国民收入之间对应关系，描述在图 6-3 中，便得到产品市场和货币市场同时实现均衡时，价格水平与国民收入之间的对应关系，我们把它叫作总需求曲线，简称 AD 曲线。

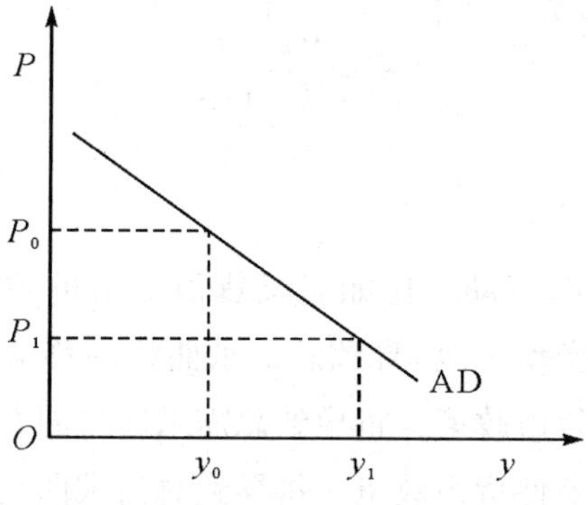

图 6-3　AD 曲线

（二）总需求曲线的经济含义和移动

1. 总需求曲线的含义

总需求曲线是指在没有供给限制的情况下，货币市场和产品市场同时实现均衡时，价格水平与均衡国民收入之间的反方向变动关系。

2. 总需求曲线从左上方向右下方倾斜的原因

（1）利率效应。其他条件不变时，价格水平下降，使实际货币供给量增加，导致货币市场均衡利率下降，产品市场投资增加，总支出增加，均衡国民收入增加。这种价格水平变动通过货币市场和产品市场的均衡调整引起的价格水平与均衡国民收入之间的反方向变动关系，叫作凯恩斯效应或利率效应。

（2）财富效应。价格水平降低（或提高），会使人们所持有的货币的实际购买力及其他以货币计价的资产的实际价值提高（或降低），人们会变得相对富有（或贫困），于是人们的消费水平就相应提高（或降低），即会产生财富效应（或实际余额效应）。

（3）税收效应。价格水平上升，会使人们的名义收入增加，名义收入增加意味着人们进入更高的纳税档次，从而使人们的税负增加，可支配收入下降，进而使人们的消费水平下降。

3. 总需求曲线的移动

为此，我们将（6-3）式与式（6-4）联立方程组，求解均衡国民收入的值。

$$y_E=\frac{1}{1-\beta}(\alpha+e-dr) \qquad (6-4)$$

当忽略 r 和 y 的下标，将（6-3）式代入（6-4）式，经过整理，便可以得到货币市场和产品市场同时实现均衡时的国民收入，用公式表示如下：

$$y_E=\frac{\dfrac{M}{Ph}+\dfrac{\alpha+e}{d}}{\dfrac{k}{h}+\dfrac{1-\beta}{d}} \qquad (6-5)$$

（6-5）式说明以下事实：

（1）自发性支出的变动，比如名义货币供给量 M、自发性消费支出 α 和自发性投资支出的变动 e，将导致总需求曲线的移动。其中，名义货币供给增加，属于扩张性货币政策，将导致总需求曲线向右移动；反之，名义货币供给减少，属于紧缩性货币政策，将导致总需求曲线向左移动。

（2）财政政策变量，比如政府购买或税收的变动，与其他自发性变量一样，同样将导致总需求曲线的变动。其中，增加政府购买或降低税率，属于扩张性财政政策；反之属于紧缩性财政政策。前者导致总需求曲线向右移动，后者导致总需求曲线向左移动。

（三）总供给曲线的推导

1. 总供给、总供给曲线

总供给是经济社会的收入总量（或总产出），它描述了经济社会基本资源用于生产时可能达到的产量。一般而言，总供给主要是由总产量的劳动力、生产性资本存量和技术决定的。在宏观经济学中，描述总产出与劳动力、资本和技术之间关系的一个适合的工具，也是生产函数，更确切地说是总量生产函数。

总供给曲线简称 AS 曲线，能够反映一个国家的所有企业在每一价格水平下愿意提供的最终产品和劳务的市场价值。

2. 总供给曲线的推导

宏观经济学对总供给曲线的推导，建立在完全竞争企业短期均衡的基础之上。

通过微观经济学的学习，我们知道：

第一，短期边际成本函数是货币工资与劳动的边际产量之比，用公式表示如下：

$$\mathrm{SMC}(Q)=\frac{\Delta \mathrm{TC}}{\Delta Q}=\frac{\Delta L\times w}{\Delta Q}=\frac{w}{\mathrm{MP}_L} \tag{6-6}$$

第二，完全竞争企业的短期均衡条件是市场价格等于短期边际成本，用公式表示如下：

$$P=\mathrm{SMC}(Q) \tag{6-7}$$

根据上述两个条件，我们可以绘制出图 6-4（*a*）中的三条边际成本曲线和三条市场价格水平线。其中，三条边际成本曲线对应三个货币工资率，并且 $w_3>w_2>w_1$。我们假设初始的市场价格为 P_1，初始的货币工资为 w_1，初始的边际成本曲线为 MC_1，初始的均衡点是 E_1，对应的企业均衡产量是 Q_1。

在短期内，货币工资具有刚性。在图 6-4（a）中，表现为货币工资 w_1 保持不变。因此，当市场价格从 P_1 上涨到 P_2，完全竞争企业的均衡点沿着边际成本曲线 MC_1 由 E_1 变动到 E_2，对应的均衡产量由 Q_1 增加到 Q_2；当市场价格从 P_2 上涨到 P_3，完全竞争企业的均衡点沿着边际成本曲线 MC_1 由 E_2 变动到 E_3，对应的均衡产量由 Q_2 增加到 Q_3。当我们将均衡点 E_1、E_2 和 E_3 对应的市场价格和均衡产量组合标注在图 6-4（b）中，并将它们连接起来，就得到完全竞争企业的短期供给曲线 S_{SR}。

在长期内，货币工资具有伸缩性。在图 6-4（a）中，表现为市场价格

从 P_1 上涨到 P_2，导致货币工资从 w_1 上涨到 w_2，边际成本从 MC_1 上涨到 MC_2；市场价格从 P_2 上涨到 P_3，导致货币工资从 w_2 上涨到 w_3，边际成本从 MC_2 上涨到 MC_3。因此，当市场价格从 P_1 变动到 P_2 时，完全竞争企业的均衡点从 E_1 变化到 E_4，均衡产量依然是 Q_1；当市场价格从 P_2 变动到 P_3 时，完全竞争企业的均衡点从 E_4 变化到 E_5，均衡产量还是 Q_1。当我们将均衡点 E_1、E_4 和 E_5 对应的市场价格和均衡产量组合标注在图 6-4（b）中，并将它们连接起来，便得到完全竞争企业的长期供给曲线 SLR。

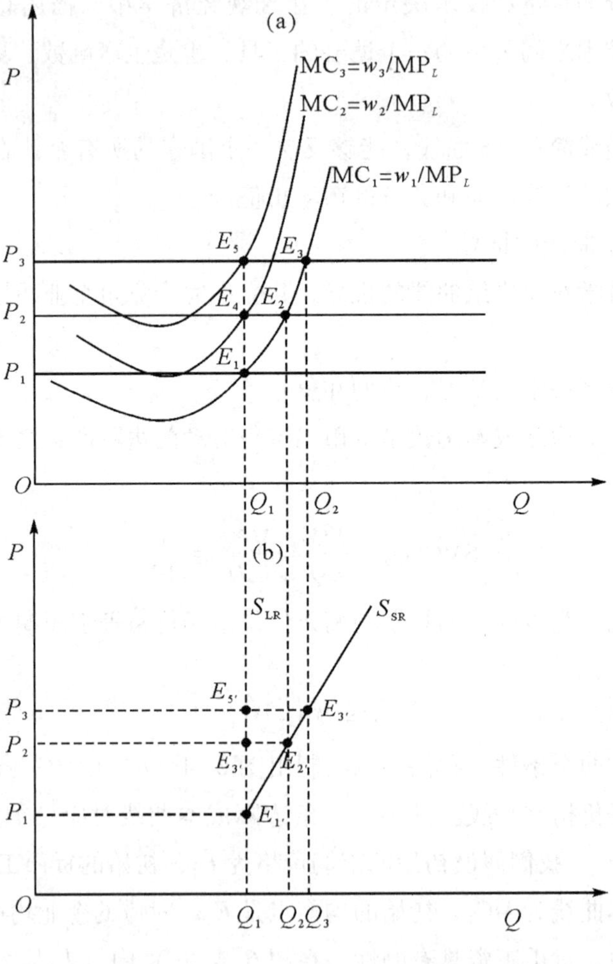

图 6-4　货币工资刚性、完全竞争企业均衡与供给曲线

从完全竞争企业的供给曲线过渡到总供给曲线，宏观经济学的转换非常简单，那就是把全社会的企业设想成一家企业，那么企业供给曲线就是总供给曲线。不过，假设长期总供给曲线对应潜在 GDP，或者说充分就业的 GDP，用符号 y_f 表示（见图 6-5）。

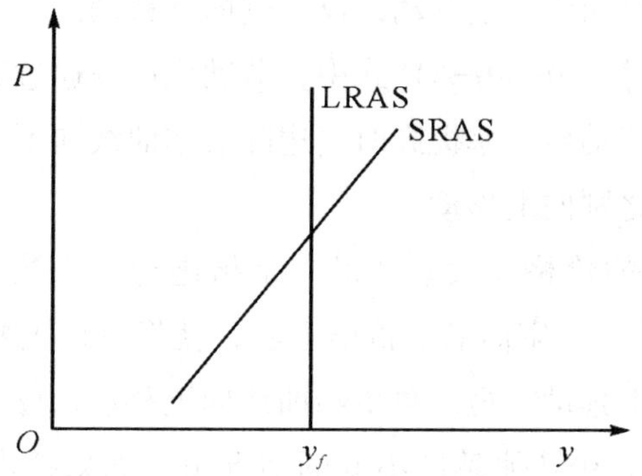

图 6-5　总供给曲线

我们用两个函数式来刻画短期总供给曲线和长期总供给曲线。其中，由于价格水平和货币工资都具有伸缩性，长期总供给曲线始终位于充分就业的GDP。因此，长期总供给函数可以用公式表示如下：

$$y=y_f \tag{6-8}$$

由于价格水平具有伸缩性而货币工资具有刚性，利润最大化条件要求价格水平与总供给量呈同方向变动。因此，短期总供给函数可以用公式表示如下：

$$y=-c+bP \tag{6-9}$$

3. 凯恩斯的总供给曲线

在经济严重萧条的状态下，存在大量闲置的劳动力和资本设备，因此当整个社会的产出量或国民收入增长时，价格水平和货币工资会大致保持不变，直到充分就业。因此，总供给曲线是一条水平线（见图 6-6）。

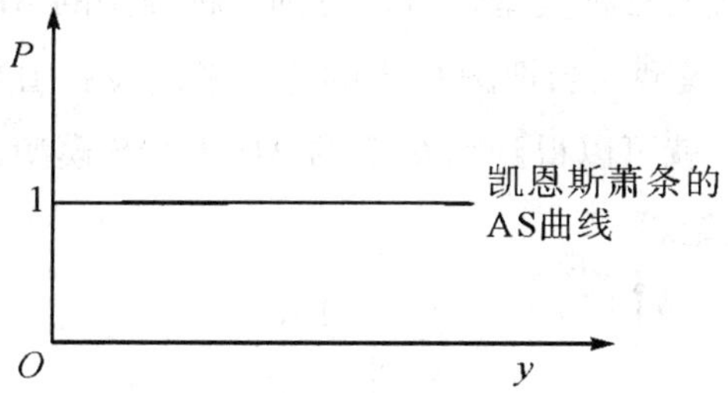

图 6-6　萧条经济的总供给曲线

（四）总供给曲线的移动

1. 短期总供给曲线的移动

总供给曲线是由生产函数（技术水平、劳动生产率）和劳动市场的就业量共同决定的，因此当这些因素发生变动时，总供给曲线就会发生变动。

（1）货币工资率。货币工资率上升，将导致边际成本曲线向上移动，从而导致短期总供给曲线向上移动；反之则向下移动。

（2）劳动生产率。在（6-6）式中，劳动生产率通过劳动的边际产量得到衡量。因此，当劳动生产率提高时，边际成本曲线向下移动，短期总供给曲线向下移动；反之则向上移动。

（3）大宗商品的价格。大宗商品，是指进行大额买卖的标准投入品，如石油，铁矿石等①。大宗商品的价格上涨，就像货币工资上涨一样，将导致边际成本曲线向上移动，短期总供给曲线向上移动；反之，则向下移动。

（4）劳动需求。在其他条件不变的情况下，如果技术进步因素使平均劳动生产率和边际劳动生产率同时得到提高，对劳动需求增加，劳动需求曲线与生产函数曲线都会向上移动，从而使得总供给曲线向右移动。

（5）劳动供给。劳动供给的增加会使得总供给曲线向右下方移动；反之则向左上方移动。

2. 特殊的总供给曲线的移动

凯恩斯主义萧条情况下的总供给曲线的形状是水平的直线，为此只有经济状况的较大好转才可能使总供给曲线发生改变，但凯恩斯主义萧条情况下的总供给曲线是短期的，因此不会发生变化。

长期总供给曲线是一条垂直的直线，由于长期内经济基本上会处于充分就业的状态，所以总产出处于最大水平，如果生产率没有提高，总产出就不会提高。

（五）AD-AS 模型分析

根据总供给曲线的三种类型，可以得到三种类型的 AD-AS 模型。

（1）AD-LRAS 模型。当把图 6-3 的总需求曲线和图 6-5 的长期总供给曲线叠加到一起时，就可以得到图 6-7 的 AD-LRAS 模型，或者说古典总供给曲线的 AD-AS 模型。

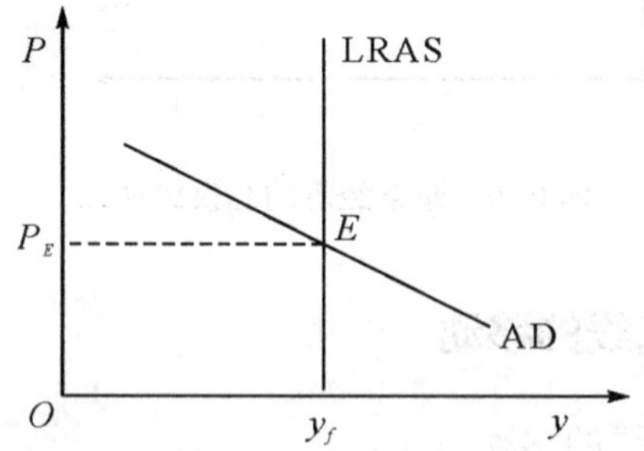

图 6-7　AD-LRAS 模型

① 克鲁格曼，韦尔斯. 克鲁格曼经济学原理［M］. 4 版. 黄卫平，译. 北京：中国人民大学出版社，2018：411.

这个模型的假设有：

①产品市场的价格水平具有伸缩性。

②货币市场利率具有伸缩性。

③劳动力市场的货币工资具有伸缩性。

因此，价格机制能确保产品市场实现充分就业的国民收入，劳动力市场实现充分就业；宏观经济政策不能改变产量，只能改变价格水平，如图 6-7 所示。

（2）AD-SRAS 模型。当把图 6-3 的总需求曲线和图 6-5 的短期总供给曲线叠加到一起时，就可以得到图 6-8 的 AD-SRAS 模型，即凯恩斯总供给曲线的 AD-SRAS 模型。

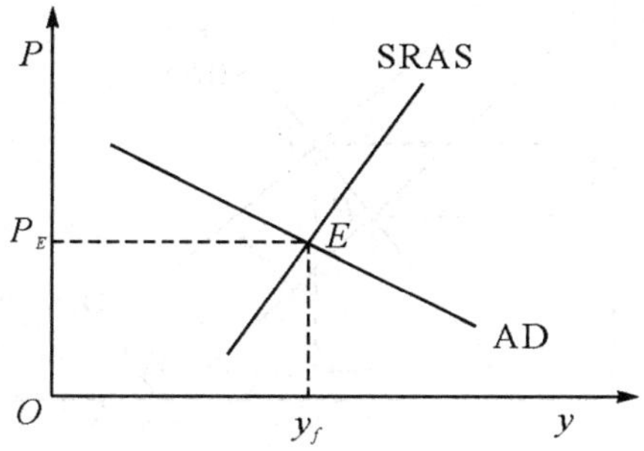

图 6-8 AD-SRAS 模型

这个模型假设货币工资具有刚性，劳动市场存在非自愿失业。因此，凯恩斯总供给曲线的 AD-SRAS 模型是一个非均衡模型。

（3）萧条经济的 AD-AS 模型。我们不能简单地把图 6-3 的总需求曲线与图 6-6 中萧条经济的 AS 曲线叠加到一起，得到一般意义的 AD-AS 模型，这是因为，萧条经济的 AS 曲线不仅假设货币工资具有刚性，也假设价格水平保持不变。萧条经济中价格水平保持不变，此时总需求叫作总支出，因此，萧条经济的总需求曲线也相应叫作总支出曲线，AD-AS 模型相应地简化为收入—支出分析，如图 6-9 所示。

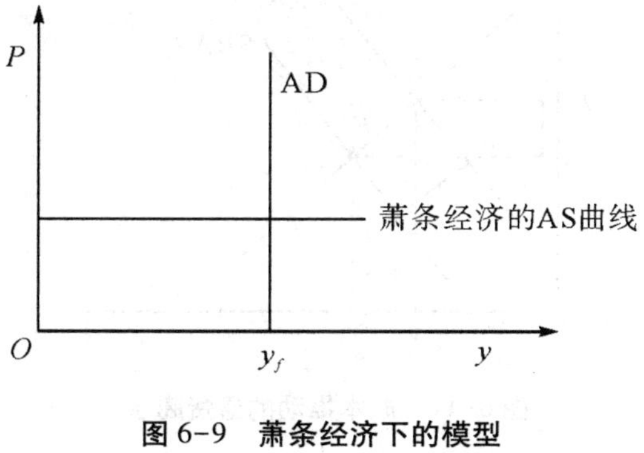

图 6-9 萧条经济下的模型

（六）通货膨胀的类型

1. 需求拉动的通货膨胀

需求拉动的通货膨胀又称超额需求的通货膨胀，是指总需求超过总供给所引起的价格水平的持续显著上涨，形象的解释是“过多的货币追求过少的商品”。对于这种通货膨胀，我们可以利用图 6-10 所示的 AD-AS 模型进行说明。当总需求增加时，总需求曲线由 AD_0 移动到 AD_1，价格水平由 P_0 上升到 P_1，均衡国民收入由 y_0 增加到 y_1。

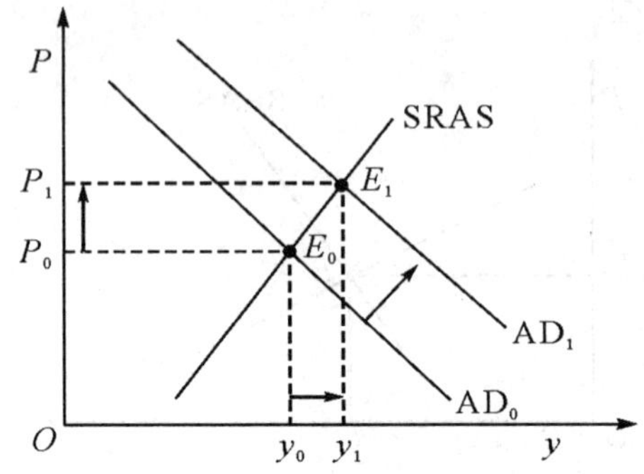

图 6-10　需求拉动的通货膨胀

2. 成本推动的通货膨胀

成本推动的通货膨胀又称成本通货膨胀或供给通货膨胀，是指在没有超额需求的情况下，由于供给方面成本的提高所引起的价格水平的持续显著上涨。对于这种通货膨胀，我们同样可以利用如图 6-11 所示的 AD-AS 模型进行说明。当供给方面成本增加时，总供给曲线由 $SRAS_0$移动到 $SRAS_1$，均衡国民收入由 y_0下降到 y_1，对应的就业量下降，失业率上升。宏观经济学将这种经济停滞和通货膨胀并存的现象，叫作滞胀。

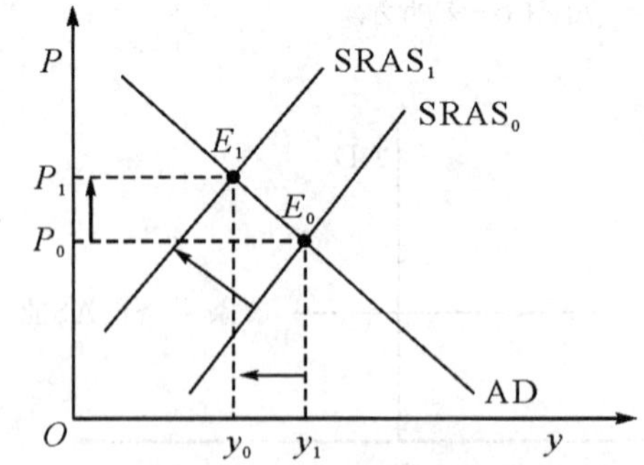

图 6-11　成本推动的通货膨胀

（七）宏观经济政策

1. 宏观经济政策的目标

宏观经济政策的目标是既实现充分就业，又保持物价稳定。如果用图形来表示，就是让经济处于总需求曲线、短期总供给曲线和长期总供给曲线共同交点 E 上，如图 6-12 所示。

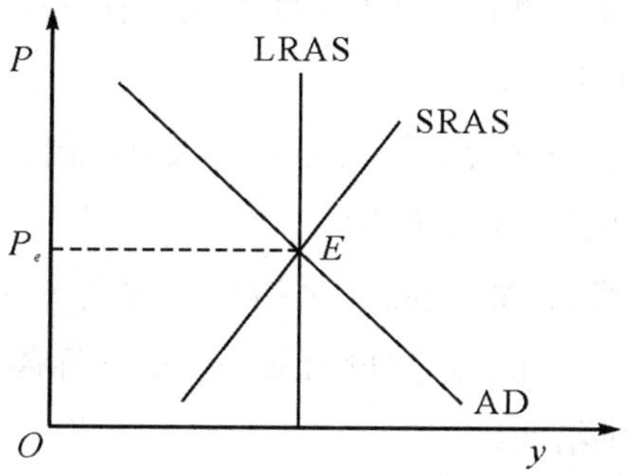

图 6-12　宏观经济政策目标

2. 宏观经济政策

（1）需求管理政策，是指通过移动总需求曲线来实现宏观经济政策目标的政策，主要包括财政政策和货币政策。当均衡国民收入高于充分就业的国民收入时，政府可以采取紧缩性的财政政策和紧缩性的货币政策，即需求管理政策，将总供给向左移动，降低通货膨胀率。

（2）供给管理政策，是指通过移动总供给曲线来实现宏观经济政策目标的政策。短期内从供给方面采取一些措施来消除失业和通货膨胀并存的“滞胀”局面，其政策措施主要包括收入政策、人力政策和指数化政策。收入政策主要用以解决通货膨胀问题，人力政策主要用以解决物价问题。

三、重要概念

（1）名义货币供给量是指不考虑价格水平的货币供给量，用 M 来表示。

（2）实际货币供给量是指考虑价格水平的供给量，用 m 来表示。

（3）总需求是指经济社会对产品和服务需求的总量。

（4）总需求曲线是指在没有供给限制的情况下，货币市场和产品市场同时实现均衡时，价格水平与均衡国民收入之间的反方向变动关系。

（5）凯恩斯效应（利率效应）是指在其他条件不变时，价格水平下降，使实际货币供给增加，导致货币市场均衡利率下降，产品市场投资增加，总支出增加，均衡国民收入增加。这种价格水平变动通过货币和产品市场的均衡调整引起的价格水平与均衡国民收入之间的反方向变动关系，叫作凯恩斯效应或利率效应。

（6）总需求曲线的移动。自发性支出和名义货币供给量的变动，均会导致总需求曲线的位置产生平行移动。具体地讲，自发性支出或名义货币供给量增加，将导致总需求增加，总需求曲线向右移动；反之，则导致总需求减少，总需求曲线向左移动。

（7）总供给是指经济社会的收入总量（或总产出），它描述了经济社会基本资源用于生产时可能达到的产量。

（8）总供给曲线简称 AS 曲线，是指总产量与一般价格水平之间的关系。在以价格水平为纵坐标、总产量为横坐标的坐标体系中，总供给函数的几何图形就表示为总供给曲线。

（9）常规短期总供给曲线是指价格水平与总产量之间存在同方向对应关系的曲线。

（10）凯恩斯萧条模型的总供给曲线是指价格水平和货币工资大致保持不变的一条水平线。

（11）古典总供给曲线是指一条位于经济潜在产量水平上的垂直线。

（12）潜在产量或充分就业时的产量，是指在现有资本和技术水平条件下，经济社会的潜在就业量所能生产的产量。

（13）需求拉动的通货膨胀又称超额需求通货膨胀，是指总需求超过总供给所引起的一般价格水平的持续显著的上涨，需求拉动的通货膨胀理论把通货膨胀解释为“过多的货币追逐过少的商品”。

（14）成本推动的通货膨胀又称成本通货膨胀或供给通货膨胀，是指在没有超额需求的情况下，由于供给方面成本的提高所引起的一般价格水平持续和显著的上涨。

（15）结构性通货膨胀是指在没有需求拉动和成本推动的情况下，只是由于经济结构因素的变动，也会出现一般价格水平的持续上涨。

（16）菲利普斯曲线是表明失业与通货膨胀存在一种交替关系的曲线。通货膨胀率高，失业率低；通货膨胀率低，失业率高。

（17）滞胀。在经济学特别是宏观经济学中，滞胀特指经济停滞，表现为失业和通货膨胀同时持续高涨。

四、习题演练

（一）单选题

1. 总需求曲线是表明（　　）。
   A. 产品市场达到均衡时，总需求与价格水平之间的关系
   B. 货币市场达到均衡时，总需求与价格水平之间的关系
   C. 产品市场和货币市场达到均衡时，收入与利率之间的关系
   D. 产品市场和货币市场达到均衡时，总需求与价格水平之间的关系
2. 能够使总需求曲线右移的是（　　）。
   A. 实际货币供给的增加　　B. 价格水平的下降
   C. 政府税收的增加　　D. 政府支出的增加
3. 以下对总需求曲线的形状描述正确的是（　　）。
   A. 向右下方倾斜的曲线　　B. 向右上方倾斜的曲线
   C. 水平的直线　　D. 垂直的直线
4. 总需求曲线向右下方倾斜是由于（　　）。
   A. 价格水平上升时，投资会减少
   B. 价格水平上升时，人们的财富会减少
   C. 价格水平上升时，人们的税负会增加
   D. 以上几个说法都对
5. 以下关于总需求曲线（AD 曲线）的移动，说法正确的是（　　）。
   A. 当其他条件不变时，价格水平的变化会引起 AD 曲线平移
   B. 当其他条件不变时，政府税收的增加会引起 AD 曲线右移
   C. 当其他条件不变时，政府购买性支出的增加会引起 AD 曲线左移
   D. 当其他条件不变时，政府转移支付的增加会引起 AD 曲线右移
6. 以下关于总供给曲线的类型说法正确的是（　　）。
   A. 常规总供给曲线　　B. 凯恩斯极短期总供给曲线
   C. 古典（长期）总供给曲线　　D. 以上说法均正确
7. 长期总供给曲线垂直是因为（　　）。
   A. 总供给中单个产品的供给弹性都为零
   B. 总供给中单个产品的供给曲线都垂直
   C. 宏观生产函数是稳定的
   D. 劳动市场是出清的

8. 长期总供给曲线的“长期”是就（　　）而言的。

A. 资本存量是否可变

B. 技术水平是否可变

C. 劳动力市场能否对价格水平变化做出适应性调整

D. 日历时间的长短

9. 假定经济实现充分就业，总供给曲线是垂直线，减税将（　　）。

A. 提高价格水平和实际产出

B. 提高价格水平但不影响实际产出

C. 提高实际产出但不影响价格水平

D. 对价格和产出水平均无影响

10. 在常规总供给曲线的情形下，实际产出接近充分就业的水平，总需求的增加将会使（　　）。

A. 产出和价格都有明显的提高

B. 产出和价格都无明显的变化

C. 产出增加较多，价格无太大变化

D. 价格提高较多，产出无太大变化

11. 总需求曲线表明，（　　）。

A. 当其他条件不变时，政府支出减少时会右移

B. 当其他条件不变时，价格水平上升时会右移

C. 当其他条件不变时，税收减少时会左移

D. 当其他条件不变时，名义货币供给增加时会右移

12. 扩张性财政政策对总需求的影响是（　　）。

A. 同一价格水平对应的总需求增加

B. 同一总需求水平对应的价格提高

C. 价格水平下降，总需求增加

D. 价格水平提高，总需求减少

13. 扩张性货币政策的效应是（　　）。

A. 价格水平提高

B. 总需求增加

C. 同一价格水平上的总需求增加

D. 价格水平下降，总需求增加

14. 以价格为纵轴，收入为横轴的坐标系中，长期供给曲线是一条（　　）。

A. 与横轴平行的线　　B. 向右上方倾斜的曲线

C. 向右下方倾斜的曲线　　D. 与横轴垂直的线

15. 长期总供给曲线表示（　　）。

A. 经济中的资源还没有得到充分利用

B. 经济中的资源已得到充分利用

C. 在价格不变时，总供给可以无限增加

D. 经济中存在严重的失业

16. 短期总供给曲线表明（　　）。

A. 总需求与价格水平同方向变动

B. 总需求与价格水平反方向变动

C. 总供给与价格水平同方向变动

D. 总供给与价格水平反方向变动

17. 在总需求和总供给的短期均衡中，总需求的减少会引起（　　）。

A. 国民收入增加，价格水平上升

B. 国民收入增加，价格水平下降

C. 国民收入减少，价格水平上升

D. 国民收入减少，价格水平下降

18. 在总需求不变时，短期总供给的增加会引起（　　）。

A. 国民收入增加，价格水平上升

B. 国民收入增加，价格水平下降

C. 国民收入减少，价格水平上升

D. 国民收入减少，价格水平下降

19. 在总需求-总供给模型中，如果总需求的变动只引起价格水平的变动，不引起收入变动，那么这时的总供给曲线是（　　）。

A. 长期总供给曲线　　B. 短期总供给曲线

C. 都有可能　　D. 都不可能

20. 宏观政策的目标是（　　）。

A. 通货膨胀率为零，经济加速增长

B. 稳定通货，减少失业，保持经济稳定地增长

C. 充分就业，通货膨胀率为零

D. 充分就业，实际工资的上升率等于或大于通货膨胀率

21. 当经济经历以下哪一种情况时就发生了滞胀？（　　）

A. 物价下降，产量减少　　B. 物价下降，产量增加

C. 物价上升，产量增加　　D. 物价上升，产量减少

22. 需求拉动的通货膨胀产生的原因是（　　）。

A. 原材料价格的过度上升　　B. 消费的过度增长

C. 工资的过度增长　　D. 利润的过度增加

23. 在下列通货膨胀的原因中，最可能引起成本推动的通货膨胀的是（　　）。

A. 银行贷款的扩张　　B. 预算赤字

C. 进口商品价格的上涨　　D. 政府购买大增

24. 工会垄断力量要求提高工资，导致雇主提高商品售价，最终引发整个社会物价水平的上升，这就是（　　）。

A. 需求拉动的通货膨胀　　B. 成本推动的通货膨胀

C. 结构性通货膨胀　　D. 利润推动的通货膨胀

25. 抑制需求拉动的通货膨胀，可选择的方案是（　　）。

A. 控制货币供应量　　B. 降低工资

C. 制止企业垄断行为　　D. 减税

26. 政府的财政收入政策通过（　　）对国民收入产生影响。

A. 政府转移支付　　B. 政府购买

C. 消费支出　　D. 出口

27. 如果经济中存在通货膨胀缺口时，政府应该采取的财政政策为（　　）。

A. 增加税收　　B. 减少税收

C. 增加政府支付　　D. 增加转移支付

28. 当经济出现停滞的同时又存在通货膨胀，即滞胀时，政府应该采取的政策组合为（　　）。

A. 扩张性财政政策和扩张性货币政策组合

B. 紧缩性财政政策和紧缩性货币政策组合

C. 对企业与居民减税

D. 紧缩性财政政策和扩张性货币政策组合

29. 在什么情况下可达到均衡价格水平和均衡实际产出水平？（　　）

A. 当实际产出达到最高时

B. 当出口等于进口时

C. 当价格水平达到最低时

D. 当总需求曲线和总供给曲线相交时

30. 如果经济处于低于充分就业的均衡水平，总供给曲线向右上方倾斜，那么总需求增加会引起（　　）。

A. 物价水平上升和实际国民收入增加

B. 物价水平上升和实际国民收入减少

C. 物价水平下降和实际国民收入增加

D. 物价水平下降和实际国民收入减少

31. 为了影响价格水平，政府所采取的限制工资增长和价格上升的政策是（　　）。

A. 货币政策　　B. 财政政策

C. 收入政策　　D. 银行政策

32. 应对需求拉动的通货膨胀可采用（　　）。

A. 人力政策　　B. 收入政策

C. 财政政策　　D. 三种政策都可以

33. 以下不属于供给管理政策的是（　　）。

A. 货币政策　　B. 收入政策

C. 人力政策　　D. 指数化政策

34. 当发生战争或重大自然灾害时，政府用法律手段禁止工资与物价上升，或者规定工资与物价的增加必须得到相关管理部门的批准。此种做法属于（　　）。

A. 对特定工资或物价进行“权威性劝说”

B. 降低最低工资标准

C. 工资指数化

D. 工资-物价冻结

35. 假设某国原来的起征点为 500 元，当通货膨胀率为 10%时，将起征点调整为 550 元。该政策是（　　）。

A. 工资指数化

B. 税收指数化

C. 以税收政策对工资增长率进行调整

D. 增加税收

36. 根据菲利普斯曲线，降低通货膨胀率的办法是（　　）。*

A. 减少货币供给量　　B. 降低失业率

C. 提高失业率　　D. 增加财政赤字

（二）辨析题

1. 货币工资率上升将导致短期总供给曲线向上移动。（　　）

2. 总需求曲线反映了价格水平与国民收入之间的对应关系，该曲线上面的每一点都反映出产品市场和货币市场同时实现了均衡。（　　）

3. 总需求曲线是反映总需求和利率之间关系的曲线。（　　）

4. 短期总供给曲线表明总供给和价格水平同方向变动。（　　）

5. 名义货币供给量增加，将导致总需增加，总需曲线向右移动。

（　　）

6. 石油的价格普遍上涨，将导致边际成本曲线向上移动，短期总供给曲线向下移动。 ( )

7. 向右上方倾斜的曲线被称为短期总供给曲线。 ( )

8. 在价格为纵坐标，收入为横坐标的坐标系中，水平的直线被称为古典总供给曲线。 ( )

9. 用总需求—总供给曲线模型可以直接决定价格水平。 ( )

10. 在总需求与总供给的长期均衡中，总需求增加会引起国民收入增加，价格水平上升。 ( )

11. 按照总需求-总供给曲线模型，总供给减少会使国民收入减少，这种情形的总供给曲线应是长期总供给曲线。 ( )

12. 需求不变时，常规总供给的增加会引起国民收入增加，价格水平下降。 ( )

13. 财政政策属于需求管理政策，货币政策属于供给管理政策。( )

14. 内需不足时可通过紧缩性的财政政策来拉动经济增长。 ( )

15. 提高企业所得税会使总供给曲线向左移动。 ( )

16. 货币政策和财政政策是总供给曲线移动的因素。 ( )

17. 需求拉动的通货膨胀和成本推动的通货膨胀都会造成货币工资和物价的上涨、经济增长。 ( )

18. 成本推动的通货膨胀是指在没有超额需求的情况下，由于供给方面成本的提高而引起的一般价格水平持续和显著上涨。 ( )

19. 人力政策着重解决因经济机制转变和经济结构变化而导致的摩擦性失业问题。 ( )

20. 单位生产成本下降会使总供给曲线向左移动。 ( )

21. 需求拉动的通货膨胀认为，价格上涨的原因是不断追逐利润的垄断厂商们对价格拥有决定权。 ( )

22. 滞胀是指通货膨胀与产量下降同时存在的现象，一般是总需求曲线向左移动的结果。 ( )

23. 总供给-总需求模型是在价格水平固定不变的情况下来研究的。 ( )

24. 当经济达到长期均衡时，总产出等于充分就业产出，失业率为自然失业率。 ( )

25. 充分就业就意味着失业率为零。 ( )

26. 菲利普斯曲线所表示的失业与通货膨胀之间的交替关系只在短期存在。* ( )

（三）简答题

1. 说明总需求曲线为什么向右下方倾斜。

2. 试用 AD-AS 模型说明宏观经济的“滞胀”状态。

3. 请说明总供给曲线的类型及其形状。

4. 工资上涨会导致消费增加，试问工资推动的通货膨胀是否也可以看作需求拉动的通货膨胀？

5. 简述造成通货膨胀的原因。

6. 什么是短期供给管理政策？

7. 当一个经济体处于长期宏观均衡时，发生如下的冲击。冲击之后该经济体将会面对的是通货紧缩缺口还是通货膨胀缺口？哪种类型的财政政策可以帮助该经济体实现潜在产出水平？

（1）股票价格上涨提高了居民持有股票的价值。

（2）公司越来越相信衰退可能在不久之后出现。

（3）政府预期到战争爆发的可能，增加了对军备物资的购买。

（4）经济中的货币数量减少，利率提高。

8. 试比较在古典总供给曲线和凯恩斯总供给曲线模型中，货币供给量增加时，价格水平、总产出、名义 GDP、利率和就业量的变化情况。

（四）应用题

1. 假定某经济社会为不含政府和国外的两部门经济，且存在以下经济关系：$y=c+i$，$L=(0.9y-900r)P$，$c=90+0.9y$，$M=900$，$i=900-900r$，$P=1$。其中，y、c、i、r、M、P 分别代表产量、消费、投资、利率、货币供给和价格水平。试求：

（1）均衡利率和收入。

（2）若货币供给增加，超过 900，收入和利率会有什么变化？

（3）写出总需求曲线的表达式。

2. 假设某经济存在以下关系：消费函数为 $c=1\ 400+0.8y_d$，投资函数为 $i=200-50r$，税收 $T=0.25y$，政府购买支出 $g=200$，名义货币供给 $m=900$，价格水平 $P=1$，货币需求函数 $L=0.4y-100r$。试求：

（1）总需求函数、均衡国民收入与利率。

（2）当总供给函数为 $y=3\ 350+400P$ 时，总供给与总需求均衡时的国民收入和价格水平。

（3）假设该经济的充分就业收入为 3 800，如果用扩张的财政政策实现充分就业，政府购买支出应该增加多少？此时利率将变动到多少？

3. 图 6-13 表现的是 A 国当前的宏观经济形势。你已经被聘为该国的经济顾问，帮助经济实现潜在产出水平 Y_P。

（1）A 国当前存在的是衰退缺口还是通货膨胀缺口？

（2）采用扩张性还是紧缩性货币政策可以帮助 A 国经济实现潜在产出水平 YP 吗？请列举出货币政策的工具具体使用。

（3）请画图表示实施货币政策后 A 国的宏观经济情况。

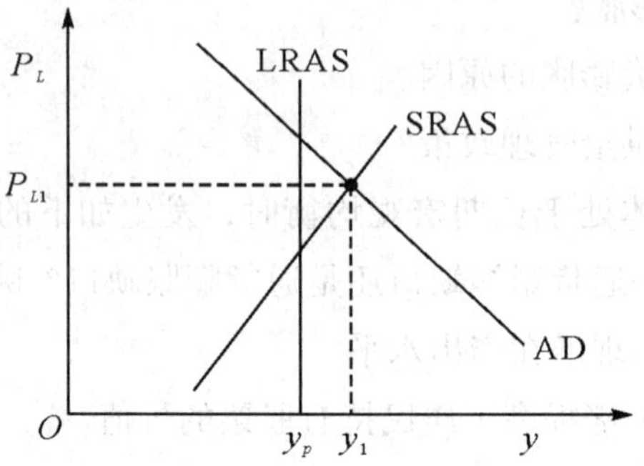

图 6-13　A 国当前的宏观经济形势

4. 图 6-14 表现的是 B 国当前的宏观经济形势。你已经被聘为该国的经济顾问，帮助 B 国经济实现潜在产出水平 Y_P。

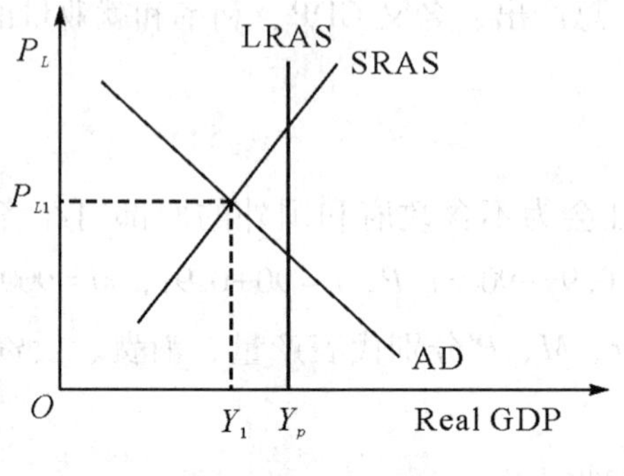

图 6-14　B 国当前的宏观经济形势

（1）B 国当前存在的是衰退缺口还是通货膨胀缺口？

（2）你应该采用扩张性还是紧缩性财政政策帮助 B 国经济实现潜在产出水平 Y_P？请列举出财政政策工具的使用情况。

（3）请画图表示实施财政政策后 B 国的宏观经济情况。

5. 请作图分析，在短期，政府应该怎样进行宏观调控使国民收入达到充分就业的水平？

五、课程思政

【阅读材料 A】

通缩与通胀，对你影响有几何?①

刘植荣

通货紧缩和通货膨胀，是世界经济活动中常见现象。现在，欧元区和日本就出现通货紧缩现象，津巴布韦和委内瑞拉就出现通货膨胀。

通货紧缩可以让你的钱更值钱，但通货紧缩的情况并不多见，也不会像通货膨胀那样严重。在欧元区，假设在 2015 年 4 月买一件商品需要 1 000 欧元，到 2016 年 4 月买这件商品只需要 998 欧元。

通货膨胀可以让你的财富化为乌有。在津巴布韦，如果在 1980 年有 10 亿津元那是一笔巨资，当时可以兑换 14. 1 亿美元；但这 10 亿津元到 2009 年 1 月 1 日只能兑换 1000 万亿分之一美元。

严格地说，纸币不算作是财富，因为纸币的购买力会不断发生变化，甚至会变成废纸，这是因为通货膨胀或通货紧缩的缘故。

本文就分析通货紧缩和通货膨胀究竟是怎么回事，它们怎样影响居民的生活。

通货就是在一国流通的货币

在讨论通货紧缩（简称“通缩”）和通货膨胀（简称“通胀”）前，我们先看看“通货”是个啥东西。

“通货”就是“流通货币”的简称。各国通过法律的形式规定本国的通货。例如，中国的通货是人民币，美国的通货是美元，英国的通货是英镑。也有的国家把外国货币作为自己的通货，如津巴布韦在自己的货币体系崩溃后，就把美元、南非兰特、欧元、英镑和博茨瓦纳普拉这五种货币同时作为自己的通货。巴拿马更简便，直接把美元作为自己的通货，虽然自己也发行巴波亚，但巴波亚与美元等值兑换，发行巴波亚这种货币似乎多此一举，所以，在巴拿马常见的通货就是美元。

对加入某一货币联盟的国家来说，联盟货币就是自己的通货。例如，有 19 个欧盟国家和 6 个非欧盟国家把欧元作为自己的通货；8 个非洲国家把西非法郎作为自己的通货；6 个非洲国家把中非法郎作为自己的通货。

---

① 原文载《羊城晚报》2016 年 5 月 14 日，《读者》2016 年第 14 期有删减。本文保持原文。

通胀率小于零就是通缩，物价下跌

我们经常听说和谈论的是通胀，很少听说和谈论通缩，这是因为通缩发生的几率很小。不少经济学家认为，通缩会阻滞经济增长，增加失业。所以，政府不希望发生通缩，一旦有通缩的苗头，政府就开动印钞机印票子，增加货币供应量就抑制住了通缩。

当然，我们说“印票子”是增加货币供应量的通俗说法，央行即使不印票子，也会通过调整存款准备金率、利率以及在公开市场上购买和出售债券或票据同样可调节货币供应量。

通缩通常发生在经济周期的下行阶段。经济萧条，百姓赚钱不容易，巴不得把一分钱掰成两半花。人们舍不得花钱，消费疲软，很多商品便卖不出去，企业为了回款只有降价销售，导致物价持续下跌或长时间在低价位运行。

欧元区、日本、丹麦、瑞典、瑞士、澳大利亚等国家均出现过通缩，这才让这些国家和地区的央行把超额存款准备金利率或隔夜存款利率下调为负，试图增加货币供给量。

通缩的程度就用通胀率来表达，如果不是专业统计部门的精确计算，我们可以把居民消费价格指数（CPI）的涨幅看作通胀率。通胀率小于零就是通缩；通胀率等于零则表示物价稳定不变；通胀率大于零就是通胀。

欧元流通后，第一次通缩发生在2009年6至10月；2014年12月起再次出现连续4个月的通缩；在随后的5个月里虽摆脱了通缩，但通胀率也仅在0%~0.3%；到2015年9月和2016年2月再现通缩，2月份的通胀率为-0.2%，3月份回升到零，到4月再度出现通缩，通胀率为-0.2%。

也许有读者会问：既然发生了通缩，为什么不开动印钞机印票子呢？要知道，很多国家和地区对印钞控制相当严格，因为货币如猛虎，放出去容易，收回来难，一旦票子印多了造成恶性通胀，央行的很多货币工具就会失灵，这会给经济带来严重的冲击。

通缩相当于涨薪，让你手里的钱更值钱

居民希望通缩，因为通缩意味着物价下跌，让你手里的钱更值钱。

假如今年通胀率是-10%，年初面包价格是10元一个，年末面包的价格就是9元一个。如果你的月薪是2 700元，一个月的工资在年初能买270个面包，因为通缩，到年末，你的月薪就能买300个面包。

从这例子可以看出，通缩着实提高了居民的购买力，给居民带来实惠。即使工资维持不变，通缩相当于给你增加了300元的工资，购买力提高了11.1%。可见，在通缩情况下，货币购买力的增幅略大于通胀率的绝对值。

通胀率大于零就是通胀，物价上涨

我们接着来看看通胀是如何让钱贬值的。

假如今年通胀率是10%，年初面包价格是10元一个，年末面包的价格就是11元一个。如果你的月薪是2 700元，一个月的工资在年初能买270个面包，因为通胀，到年末，你的月薪就只能买245.5个面包。

如果工资维持不变，通胀就相当于给你减少了245元的工资，购买力下降了9.1%。可见，在通胀情况下，货币购买力的降幅略小于通胀率。

通胀的外因就是“票子印多了”

毫无疑问，通胀就是货币现象，用百姓的话说就是“钱毛了”“票子印多了”。

货币供应的增加量应与经济增长相适应，一般来讲，货币供应增长率超过GDP增长率就会出现通胀；反之，货币供应增长率小于GDP增长率就会出现通缩。

需要说明一下，虽然从理论上讲物价上涨需求减少，物价下跌需求增加，但市场上有时会出现“吉芬商品”，即物价上涨需求反而也跟着增长。例如，2011年3月，日本福岛核电站因大地震造成放射性污染，中国居民抢购食盐，食盐价格由平时的一袋1元多瞬间涨到10元，好多商店还卖断货。此时的食盐就成了“吉芬商品”，价格越涨，人们越抢。这不是因为生产食盐的成本增加了，也不是因为食盐更稀缺了，而是因为人们对食盐价格上涨的心理恐慌造成抢购，价格因哄抢被抬高了。

房价也是如此，如果里面的投机炒作成分过大，人们认为房价只会涨不会跌，就会造成一种心理恐慌，担心以后房价还会涨，便抢购住房，把儿子、孙子的房子都给买下了。这时的房子也成了“吉芬商品”。

但吉芬现象是极少数商品的短期行为，它在CPI里的比重很小，不会影响到货币供应与物价之间的一般规律。

脱离了金本位的纸币更容易通胀

上面说的“票子印多了”是通胀的外因。之所以票子能印多，是因为纸币的制造成本太低了，可以忽略不计，需要多少钱就可以印出多少钞票来。

如果用贵金属作货币，由于贵金属的稀有性，其产量相对稳定，供应量不会突然增多，需要钱时也不能立刻从地下挖出黄金来，一般就排除了用贵金属作货币发生通货膨胀的可能性，除非减少铸币的重量或降低铸币的成色。

当然，在金本位下，就算以纸币作通货，也不会出现“票子印多了”的现象，因为此时的纸币就是纸黄金，要印钞票必须增加黄金储备，不然就无法印出钞票来。瑞士在1999年放弃金本位后，世界再也没有实行金本位的国家了。

所以说，通胀的内因是货币的材质——纸。失去金本位的纸币就是政府的信用凭证，它失去了货币的内在价值，仅保留了货币的交换价值。由于信用纸币无任何抵押物，政府让它值多少钱就值多少钱。

通胀的本质就是征税

假如你今天为别人提供5个小时的劳务获得100元的报酬，你拿到的一张百元钞票其实就是信用凭证，将来你可以用它换取自己需要的商品或服务，但这张钞票将来能换回多少商品或服务，这就看通胀率了。由于这张钞票是央行发行出来的，央行就把发行的货币计入自己的负债，所以说，央行是货币持有人的最后债主。

由于通胀，假定10年后5个小时的劳务报酬是500元，你现在为别人劳动5个小时拿到的100元，10年后如果你需要别人为你提供劳务，这100元只能支付1个小时的劳务报酬，你的财富缩水了80%。这是非常残酷的事实，人们努力工作，省吃俭用，想积蓄一笔养老钱，但通胀会吞噬你的劳动果实，让你的这笔财富缩水。

政府的任何支出基本上都来自百姓的纳税，许多国家的征税权被议会牢牢控制，政府增税难度非常大，有时为增加一项税或调整税率要辩论几年。美国政府一直想推出增值税，但辩论了几十年也没推出来。最近一次，美国参议院对增值税动议进行无约束力的投票，85票反对征收增值税，赞成票只有13票。因为增值税虽然名义上是对企业征收，但实际掏钱纳税的是消费者，这会加重低收入者的税负。

如果政府绕开议会向央行借钱，这就是货币的财政发行，央行这只右手印钞票，然后交给政府这只左手去花。印的票子被政府花出去，由于货币乘数的关系，货币供应量的增加会数倍于新印的钞票，通货的突然增多，而物品和服务却没有相应增加，根据上文的分析，这必然会爆发通胀。

德国在第一次世界大战期间为筹集战争经费发行了巨量国债，战后，加之战败赔款，德国政府只有靠印钞偿还国债，由此爆发了恶性通货膨胀。仅1923年一年，物价就上涨了4.5亿倍，人们取暖、煮饭不用劈柴，就用钞票，因为用钞票换来的劈柴还没有钞票本身耐烧。

现在读者应该明白了，德国当时的通胀，对政府最有利，这样，政府就可以轻松地卸掉债务。像德国，当年借给政府4.5亿元可以购买一家大公司，但后来政府还给你的4.5亿元只能买一个面包。

所以，很多国家干脆就把通胀叫“通胀税”，如果通胀率是10%，就相当于对个人收入增加了10%的税。

通胀把能源大国经济压垮

委内瑞拉是世界能源大国，石油储量世界第一，天然气储量世界第八，煤炭储量90亿吨，水力资源极其丰富，全国电力供应主要来自水电。自然资源如此丰富的国家，竟被通胀把经济压垮。

当年，委内瑞拉政府提出很多庞大的发展规划，通过政府投资刺激经济发展，这就需要投入大量的货币。于是，政府就大量印钞，引发通货膨胀。2008年1月1日，为了应对通货膨胀，委内瑞拉实行货币改革，发行强势玻利瓦尔替换玻利瓦尔，新币与旧币的兑换比率是1：1 000，即过去辛苦劳动积攒的1 000玻利瓦尔现在仅值1强势玻利瓦尔。

但货币改革未能阻止通胀继续。居民不信任本币，兑换美元，政府开始外汇管制，企业必须把外汇上交央行。企业没有外汇就无法进口商品，而委内瑞拉居民的日常消费品又靠进口，在这种情况下，进口减少必然造成商品供应短缺。即使有的企业通过黑市搞到外汇进口商品，但通胀也把贸易利润给吃掉，没人会冒险从事无利可图的国际贸易。进口商品稀缺又推高了物价，造成恶性循环。国际货币基金组织2016年4月预测，委内瑞拉今年的通胀率为481%，2017年将达到1 642%。

现在，委内瑞拉的水、电、大米、面粉、牛奶、面包、啤酒、卫生纸等商品都要凭带有指纹信息的供应卡定量供应，食品和生活用品短缺率高达90%，药品短缺率高达80%，导致疥疮、疟疾、痢疾、阿米巴病等多种疾病发病率蹿升。

委内瑞拉2016年4月26日宣布，为应对电力供应短缺，所有公务员每周工作两天（星期一和星期二），中小学上四天课（星期一至星期四）。

通胀导致的物资匮乏，让委内瑞拉印钞的原料也没有了。问题更严重的是，由于一直拖欠外国公司的印钞费用，委内瑞拉恐怕将来连钞票都印不出来了，那时本国货币体系必然崩溃，而只能流通美元等外币。

通胀导致货币体系崩溃

津巴布韦1980年独立时其经济水平仅次于南非，被誉为南部非洲的粮仓。津巴布韦拥有世界上最大的铂矿储备，2006年还发现了在过去一个世纪以来世界发现的最大钻石矿。

由于政策失误，到2005年，津巴布韦人均购买力倒退到了50年前的1953年。

国民经济日渐萧条，但政府开支却逐年增加。2007年，政府支出占GDP总量的67%。由于政府无法再从在生死线上挣扎的百姓那里征税，便开动印钞机狂印钞票。

1980年发行第一套津巴布韦币时，当年的通胀率为7%。后来发生了恶性通胀，政府不得不于2006年8月1日发行第二套津巴布韦币。

根据研究机构的估算，2008年11月津巴布韦的通胀率为79 600 000 000%。2009年2月2日又发行了第四套津巴布韦币，一张钞票的面值印到了100万亿元，第四套1津元兑1万亿第三套津元。

2009年4月12日，津巴布韦宣布停止使用津巴布韦币，政府记账货币改用美元，现在流通货币有美元、南非兰特、欧元、英镑、博茨瓦纳普拉、澳大利亚元、印度卢比、日元和人民币。

一些国家的民意调查显示，在众多经济事件和社会现象中，民众最反感的就是通胀。所以说，物价稳定是社会稳定的基础，物价稳定不但是经济问题，也是社会问题。为此，很多国家央行把稳定物价作为货币政策的首要目标甚至是唯一目标。例如，欧美等多数国家把通胀率锚定在2%上，新西兰规定中央银行的唯一目标就是稳定物价。

请同学们仔细阅读《通缩与通胀，对你影响有几何?》这篇文章，结合本章所学知识，思考并回答以下问题：

1. 请结合所学知识解释“通货膨胀”和“通货紧缩”的概念及其度量指标。

2. 请结合文章的内容和教材所学的知识，指出“一旦有通缩的苗头，政府就开动印钞机印票子，增加货币供应量就抑制住了通缩”的具体措施。

3. 上述材料中提到“印的票子被政府花出去，由于货币乘数的关系，货币供应量的增加会数倍于新印的钞票，通货的突然增多”，请指出什么是货币创造乘数？具体公式是什么？

【阅读材料B】

习近平在省部级主要领导干部学习贯彻党的十八届五中全会精神专题研讨班上的讲话——推进供给侧结构性改革①

（2016年1月18日）

在去年的中央经济工作会议上，我突出强调了供给侧结构性改革问题，引起了热烈讨论，国际社会和国内各方面比较认同。但也有些同志向我反映说，对供给侧改革弄得还不是很明白，社会上很多讨论看了也不是很清楚。这里，我再讲讲这个问题。

首先，我要讲清楚，我们讲的供给侧结构性改革，同西方经济学的供给学派不是一回事，不能把供给侧结构性改革看成是西方供给学派的翻版，更

① 习近平. 推进供给侧结构性改革［M］//习近平谈治国理政：第二卷. 北京：外文出版社，2017：251-256.

要防止有些人用他们的解释来宣扬“新自由主义”，借机制造负面舆论。

西方供给学派兴起于上世纪70年代。当时凯恩斯主义的需求管理政策失效，西方国家陷入经济“滞胀”局面。供给学派强调供给会自动创造需求，应该从供给着手推动经济发展；增加生产和供给首先要减税，以提高人们储蓄、投资的能力和积极性。这就是供给学派代表人物拉弗提出的“拉弗曲线”，亦即“减税曲线”。此外，供给学派还认为，减税需要有两个条件加以配合：一是削减政府开支，以平衡预算；二是限制货币发行量，稳定物价。供给学派强调的重点是减税，过分突出税率的作用，并且思想方法比较绝对，只注重供给而忽视需求、只注重市场功能而忽视政府作用。

我们提的供给侧改革，完整地说是“供给侧结构性改革”，我在中央经济工作会议上就是这样说的。“结构性”3个字十分重要，简称“供给侧改革”也可以，但不能忘了“结构性”3个字。供给侧结构性改革，重点是解放和发展社会生产力，用改革的办法推进结构调整，减少无效和低端供给，扩大有效和中高端供给，增强供给结构对需求变化的适应性和灵活性，提高全要素生产率。这不只是一个税收和税率问题，而是要通过一系列政策举措，特别是推动科技创新、发展实体经济、保障和改善人民生活的政策措施，来解决我国经济供给侧存在的问题。我们讲的供给侧结构性改革，既强调供给又关注需求，既突出发展社会生产力又注重完善生产关系，既发挥市场在资源配置中的决定性作用又更好发挥政府作用，既着眼当前又立足长远。从政治经济学的角度看，供给侧结构性改革的根本，是使我国供给能力更好满足广大人民日益增长、不断升级和个性化的物质文化和生态环境需要，从而实现社会主义生产目的。

供给和需求是市场经济内在关系的两个基本方面，是既对立又统一的辩证关系，二者你离不开我、我离不开你，相互依存、互为条件。没有需求，供给就无从实现，新的需求可以催生新的供给；没有供给，需求就无法满足，新的供给可以创造新的需求。

供给侧和需求侧是管理和调控宏观经济的两个基本手段。需求侧管理，重在解决总量性问题，注重短期调控，主要是通过调节税收、财政支出、货币信贷等来刺激或抑制需求，进而推动经济增长。供给侧管理，重在解决结构性问题，注重激发经济增长动力，主要通过优化要素配置和调整生产结构来提高供给体系质量和效率，进而推动经济增长。

纵观世界经济发展史，经济政策是以供给侧为重点还是以需求侧为重点，要依据一国宏观经济形势作出抉择。放弃需求侧谈供给侧或放弃供给侧谈需求侧都是片面的，二者不是非此即彼、一去一存的替代关系，而是要相互配合、协调推进。

当前和今后一个时期，我国经济发展面临的问题，供给和需求两侧都有，但矛盾的主要方面在供给侧。比如，我国一些行业和产业产能严重过剩，同时大量关键装备、核心技术、高端产品还依赖进口，国内庞大的市场没有掌握在我们自己手中。再比如，我国农业发展形势很好，但一些供给没有很好适应需求变化，牛奶就难以满足消费者对质量、信誉保障的要求，大豆生产缺口很大而玉米增产则超过了需求增长，农产品库存也过大了。还比如，我国一些有大量购买力支撑的消费需求在国内得不到有效供给，消费者将大把钞票花费在出境购物、“海淘”购物上，购买的商品已从珠宝首饰、名包名表、名牌服饰、化妆品等奢侈品向电饭煲、马桶盖、奶粉、奶瓶等普通日用品延伸。据测算，2014 年我国居民出境旅行支出超过 1 万亿元人民币。

事实证明，我国不是需求不足，或没有需求，而是需求变了，供给的产品却没有变，质量、服务跟不上。有效供给能力不足带来大量“需求外溢”，消费能力严重外流。解决这些结构性问题，必须推进供给侧改革。

从国际上看，当前世界经济结构正在发生深刻调整。国际金融危机打破了欧美发达经济体借贷消费，东亚地区提供高储蓄、廉价劳动力和产品，俄罗斯、中东、拉美等提供能源资源的全球经济大循环，国际市场有效需求急剧萎缩，经济增长远低于潜在产出水平。主要国家人口老龄化水平不断提高，劳动人口增长率持续下降，社会成本和生产成本上升较快，传统产业和增长动力不断衰减，新兴产业体量和增长动能尚未积聚。在这个大背景下，我们需要从供给侧发力，找准在世界供给市场上的定位。

从国内看，经济发展面临“四降一升”，即经济增速下降、工业品价格下降、实体企业盈利下降、财政收入下降、经济风险发生概率上升。这些问题的主要矛盾不是周期性的，而是结构性的，供给结构错配问题严重。需求管理边际效益不断递减，单纯依靠刺激内需难以解决产能过剩等结构性矛盾。因此，必须把改善供给结构作为主攻方向，实现由低水平供需平衡向高水平供需平衡跃升。

推进供给侧结构性改革，要从生产端入手，重点是促进产能过剩有效化解，促进产业优化重组，降低企业成本，发展战略性新兴产业和现代服务业，增加公共产品和服务供给，提高供给结构对需求变化的适应性和灵活性。简言之，就是去产能、去库存、去杠杆、降成本、补短板。

近年来，我国一些企业在推进供给侧结构性改革方面进行了成功探索。比如，前些年我国市场上各类手机争奇斗艳，既有摩托罗拉、诺基亚等国外品牌，也有国内厂商生产的手机，竞争十分激烈，一些企业破产倒闭。在这种情况下，我国一些企业从生产端入手，坚持自主创新，瞄准高端市场，推出高端智能手机，满足了人们对更多样的功能、更快捷的速度、更清晰的图像、更时尚的外观的要求，在国内外市场的占有率不断上升。世界手机市场竞争也十分激烈，名噪一时的摩托罗拉、诺基亚、爱立信手机如今已风光不再，甚至成了过眼烟云。元旦过后，我到重庆看了一家公司，他们生产的薄膜晶体管液晶显示器就是供给侧改革的成功案例。这几年，重庆笔记本电脑等智能终端产品和自主品牌汽车产业成长也很快，形成了全球最大电子信息产业集群和国内最大汽车产业集群，全球每 3 台笔记本电脑就有 1 台来自重庆制造。这说明，只要瞄准市场推进供给侧改革，产业优化升级的路子是完全可以闯出来的。

从国际经验看，一个国家发展从根本上要靠供给侧推动。一次次科技和产业革命，带来一次次生产力提升，创造着难以想象的供给能力。当今时代，社会化大生产的突出特点，就是供给侧一旦实现了成功的颠覆性创新，市场就会以波澜壮阔的交易生成进行回应。我看了一份材料，说在 2015 年世界经济论坛新兴技术跨界理事会上，18 位科学家选出 2015 年十大新兴技术榜单，包括燃料电池汽车、新一代机器人、可循环利用的热固性塑料、精准基因工程技术、积材制造、自然人工智能、分布式制造、能够感知和避让的无人机、神经形态技术、数字基因组。我去年访问英国时，在曼彻斯特大学国家石墨烯研究院，诺贝尔物理学奖获得者康斯坦丁·诺沃肖洛夫教授和安德烈·海姆教授给我介绍了石墨烯研发情况和开发利用前景。石墨烯是一种新材料，发展前景十分广阔，所以英国政府和欧洲研究与发展基金会都给予了大力支持。这些科技创新带来了科技的飞跃，也将为经济发展提供强劲动力。因此，推进供给侧改革，必须牢固树立创新发展理念，推动新技术、新产业、新业态蓬勃发展，为经济持续健康发展提供源源不断的内生动力。

请同学们仔细阅读以上文章，结合本章所学知识，思考以下问题：

1. 我国供给侧结构性改革的重点是什么？具体内容包含哪些？

2. 结合本章所学的内容，请分别指出供给侧管理政策和需求侧管理政策的具体内容？

3. 资料中提到“增加生产和供给首先要减税，以提高人们储蓄、投资的能力和积极性”，能否用 AD-AS 模型来刻画减税对经济的促进作用？

第七章

经济增长

宏观经济学在线开放课程

- 经济增长
  - 经济增长
    - 定义
    - 经济增长的基本问题
      - 为什么一些国家如此富裕，而另一些国家那么贫穷？
      - 什么是影响经济增长的因素
      - 怎么理解一些国家和地区的增长奇迹？
    - 经济增长的决定因素
      - 直接原因——总量生产函数
        - 生产要素
        - 技术
      - 根本原因
        - 制度
        - 文化
        - 地理
    - 经济发展
  - 经济增长模型
    - 新古典增长模型
      - 含义
      - 基本假设
      - 基本公式：$k\hat{} = s \cdot f(k) - (qN+\delta) \cdot k$
        - u 资本广化
        - 资本深化
        - 稳态增长
      - 重要结论
      - 资本的黄金律水平
        - 不考虑技术进步
        - 考虑技术进步
    - 内生增长理论
      - 理论（也称新增长理论）
      - 基本模型：AK 模型
      - 两部门模型
    - 增长核算与索洛余量
      - 增长核算方程
      - 索洛余量公式
  - 促进经济增长的政策
    - 技术进步政策
      - 专利制度
      - 研发企业减税
      - 教育提供
      - 国家实验室建立
      - 科研资助
    - 资本形成政策——增加储蓄和投资
    - 劳动供给政策
      - 职业培训
      - 提高人力资本水平

思维导图

一、学习目的

本章介绍经济增长的含义与衡量指标，分析经济增长的原因和机制，探究促进经济增长的政策，深化理解创新驱动发展战略。通过本章的学习，同学们需要掌握的内容有：

（1）经济增长与经济发展的含义和相互关系。

（2）经济增长的基本问题和决定因素。

（3）新古典增长模型的基本假设、基本方程和主要结论。

（4）内生增长理论的基本模型和两部门模型。

（5）增长核算方程和索洛余量。

（6）促进经济增长的政策。

（7）创新驱动发展战略的主要论断。

二、内容概要

（一）经济增长与经济发展

（1）经济增长是指产量的增加，这里的产量既可以是经济的总产量，如实际 GDP；又可以是人均产量，如人均实际 GDP；经济增长通常用经济增长率来衡量，用公式表示如下：

$$g_y=\frac{y_t-y_{t-1}}{y_{t-1}} \tag{7-1}$$

其中，g 表示经济增长率，y 表示人均实际 GDP，t 表示第 t 年，t-1 表示第 t-1 年。

（2）经济发展的内含比经济增长丰富，不仅包括经济增长，而且还包括国民的生活质量以及整个社会经济结构和制度结构的总体进步。因此，经济发展是反映一个经济社会总体发展水平的综合性指标。

（3）从经济增长和经济发展的关系看，经济增长是经济发展的前提、基础和核心，没有一定的经济增长，就不会有经济发展。

（二）经济增长的基本问题和决定因素

（1）经济增长的基本问题有三个：第一，为什么一些国家如此富裕，而另一些国家那么贫穷？第二，什么是影响经济增长的因素？第三，怎么理解一些国家和地区的增长奇迹？

（2）经济增长概念清晰，但原因复杂。西方学者将经济增长的原因区分为直接原因和根本原因。经济增长的直接原因用总量生产函数来说明。总量生产函数，是指总投入量与总产出量之间的数量关系，用公式表示如下：

$$Y=AF(K,\ N) \tag{7-2}$$

其中，Y 表示总产出，A 表示全要素生产率或者技术进步，K 表示资本存量，N 表示劳动量，我们在分析时通常将它等价于人口总量。

经济增长的根本原因是指与导致增长的直接原因有所差别的那些根源性原因，它们与经济增长的直接原因之间的关系如图 7-1 所示。

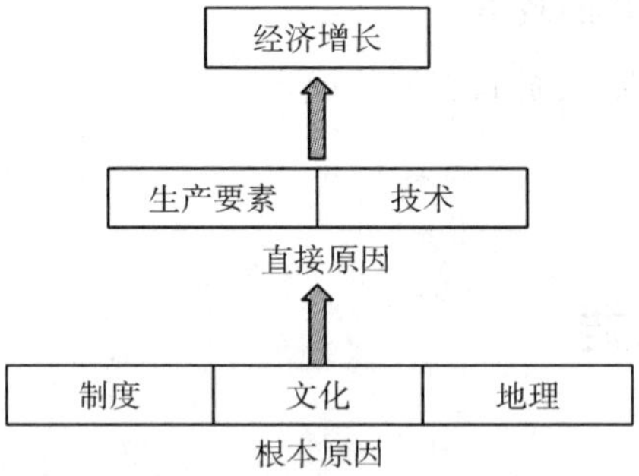

图 7-1　经济增长的直接原因和根本原因

（3）制度是指支配一个社会的组织方式的正式规则和非正式规则，包括法律和规章。制度具有三个要素：第一，制度是由人设计的；第二，制度对个体行为施加了约束；第三，制度影响着激励。制度假设是指增长文献中关于制度和经济繁荣之间关系的一个基本论断，即人们为组织社会所选择的方式的差别，将导致社会中个人和企业面临的激励存在差别，从而导致不同社会在经济繁荣程度上存在差别。

（三）新古典增长模型

（1）新古典增长模型又称索洛增长模型，它建立在新古典生产函数之上，主要分析一个封闭且没有政府部门的经济中储蓄、人口增长和技术进步对增长的作用，关注经济增长的直接原因。

（2）新古典增长模型的基本假定有：第一，全社会只生产一种产品，该产品既可以用于消费，又可以用于投资；第二，两部门经济，即只有企业和家庭；第三，规模报酬不变；第四，技术进步率、人口增长率以及资本折旧率都是外生的；第五，社会储蓄函数为 $S=sY$。

（3）不考虑技术进步的新古典增长模型的基本公式如下：

$$\dot{k}=sf(k)-(g_N+\delta)k \tag{7-3}$$

其中，$\dot{k}$ 是人均资本增量，s 是储蓄率，k 是人均资本量，g_N 是人口增长率，δ 是折旧率，$f(k)$ 是人均产量的生产函数。总计为（$g_N+\delta$）k 的储蓄，叫资本广化；当（7-3）式大于零，即储蓄大于临界投资（$g_N+\delta$）k 所必需的数量时，k 将上升，叫作资本深化；当（7-3）式等于零时，经济增长处于稳定状态，简称稳态增长。

（4）根据新古典增长模型的基本公式，可以得到如下重要结论：第一，生产函数和储蓄率相似的经济体，如果初始人均收入较低，其增长速度较快；如果初始人均收入较高，则增长速度较慢。第二，提高储蓄率，使得投资水平提高，导致人均资本和人均产出水平提高，但是不影响这些变量的稳态增长率。第三，提高人口增长率会降低人均产量，但会提高稳态增长率。第四，一旦经济达到稳态，在不考虑技术进步的情况下，总产出和资本总量增长率等于人口增长率，人均产量和人均资本量增长率等于零；在考虑技术进步的情况下，总产出和资本总量增长率等于人口增长率与技术进步率之和，人均产量和人均资本量增长率等于技术进步率。

（5）资本的黄金律水平是指能使稳态人均消费量最大化的稳态人均资本量。在不考虑技术进步时，实现资本的黄金律水平的条件是：资本的边际产量等于折旧率与人口增长率之和。在考虑技术进步时，实现资本的黄金律水平的条件是：资本的边际产量等于折旧率、人口增长率和进步进步率三者之和。

（四）内生增长理论

（1）新古典增长模型将人均产出的增长归结于技术进步，并将技术进步视作外生变量。新增长理论建立解释技术进步从而将经济增长率内生化的模型，因此新增长理论也叫作内生增长理论。

（2）AK 模型是内生增长理论的基本模型，它建立在生产函数 $Y=AK$ 的基础之上。AK 模型不仅放弃了资本的边际产量递减假设，而且也暗示那些一直提高投资率的政府政策会使经济增长率不断提高。

（3）两部门模型是指在传统生产部门之外，增加一个技术生产部门，比如研究型大学，它们像生产产品一样生产具有外部性的“知识”，从而促进一个社会的技术进步。

（五）增长核算和索洛余量

（1）增长核算是一种经济分析方法，它将观测到的总产出增长分解成几个部分，各个部分与（7-2）式中各种要素投入和生产技术的变化相关，用增长核算方程表示如下：

$$\frac{\Delta Y}{Y}=\alpha\frac{\Delta L}{L}+\beta\frac{\Delta K}{K}+\frac{\Delta A}{A} \tag{7-4}$$

其中，α 表示劳动投入的产出弹性，β 表示资本投入的产出弹性。如果规模报酬不变，那么，$\alpha+\beta=1$。（7-4）式可以简化如下：

$$\frac{\Delta Y}{Y}=\alpha\frac{\Delta L}{L}+(1-\alpha)\frac{\Delta K}{K}+\frac{\Delta A}{A} \tag{7-5}$$

（2）根据（7-4）式，便可以得到索洛余量，用公式表示如下：

$$\frac{\Delta A}{A}=\frac{\Delta Y}{Y}-\left(\alpha\frac{\Delta L}{L}+\beta\frac{\Delta K}{K}\right) \tag{7-6}$$

索洛余量也叫全要素生产率的增长率，是考虑了可以直接衡量的增长决定因素后剩余的产出增长率，以最初提出人的名字罗伯特·索洛命名，叫索洛余量。

（六）促进经济增长的政策

根据（7-2）式或（7-4）式，政府可以影响三个因素，即技术进步、资本形成和劳动投入，从而影响经济增长。

（1）政府促进技术进步的公共政策有专利制度、为研发企业减税、提供教育、建立国家实验室和提供科研资助等。

（2）鼓励资本形成的公共政策有增加储蓄和投资。

（3）增加劳动供给的政策有提供职业培训，提高人力资本水平。

三、重要概念

（1）经济增长是指产量的增加，这里的产量既可以是经济的总产量，如实际 GDP；又可以是人均产量，如人均实际 GDP。经济增长通常用经济增长率来衡量，见（7-1）式。

（2）经济发展的内涵比经济增长丰富，不仅包括经济增长，还包括国民的生活质量以及整个社会经济结构和制度结构的总体进步。因此，经济发展是反映一个经济社会总体发展水平的综合性指标。

（3）制度是指支配一个社会的组织方式的正式规则和非正式规则，包括法律和规章。制度具有三个要素：第一，制度是由人设计的；第二，制度对个体行为施加了约束；第三，制度影响着激励。

（4）制度假设是指增长文献中关于制度和经济繁荣之间关系的一个基本论断，即人们为组织社会所选择的方式的差别，将导致社会中个人和企业面临的激励存在差别，从而导致不同社会在经济繁荣程度上存在差别。

（5）新古典增长模型的基本方程是指人均资本变化等于人均储蓄变化与临界投资之差。

（6）资本广化是指等于临界投资的人均储蓄。

（7）资本深化是指超过临界投资的人均储蓄。

（8）稳态是指包括资本存量和产出在内的有关内生变量将不会随时间的推移而变化的一种状态。

（9）资本的黄金律水平是指能使稳态人均消费量最大化的稳态人均资本量。在不考虑技术进步时，实现资本的黄金律水平的条件是：资本的边际产量等于折旧率与人口增长率之和。在考虑技术进步时，实现资本的黄金律水平的条件是：资本的边际产量等于折旧率、人口增长率和进步进步率三者之和。

（10）增长核算方程是指总产出增长率等于全要素生产率加上资本和劳动的增长率。

（11）索洛余量也叫全要素生产率的增长率，是考虑了可以直接衡量的增长决定因素后剩余的产出增长率，以最初提出人的名字罗伯特·索洛命名，叫索洛余量。

（12）人力资本是指劳动者通过教育和培训所获得的知识和技能。

（13）专利是指给新产品发明者暂时的垄断权力。

四、习题演练

（一）单选题

1. “十四五”时期衡量我国经济发展的主要指标是（　　）。

A. 国内生产总值增长率　　B. 全员劳动生产率增长率

C. 常住人口城镇化率　　D. 以上都是

2. 促进经济增长的政策有（　　）。

A. 鼓励技术进步　　B. 鼓励资本形成

C. 增加劳动供给　　D. 以上都是

3. 下列哪一种情况属于资本深化?（　　）

A. 人口增长 5%，资本存量增加 10%

B. 人口增长 5%，资本存量增加 5%

C. 人口增加 5%，资本存量增加 4%

D. 人口没有增长，资本存量也没有增加

4. 经济增长的源泉有（　　）。

A. 劳动与资本　　B. 技术进步

C. A 与 B　　D. 以上都不是

5. 经济增长理论，目的是解释（　　）的增长原因和路径。

A. 名义 GDP　　B. 实际 GDP

C. 潜在 GDP　　D. GDP 平减指数

6. 内生增长理论与新古典增长理论最本质的区别在于，内生增长理论（　　）。

A. 肯定技术变革对经济增长的作用

B. 抛弃新古典增长理论外生技术变革的假设

C. 将研发作为外生技术变革的原因

D. 以上表述都正确

7. 在新古典增长模型中，如果用 n 表示人口增长率，用 δ 表示折旧率，那么，当人均资本的边际产量等于下列哪一项时，人均消费量将达到最大?（　　）

A. $sy/(n+\delta)$　　B. $sy-(n+\delta)$

C. $sy-(n-\delta)$　　D. $n+\delta$

8. 下列哪一项不影响长期经济增长率?（　　）

A. 计划生育政策的制定和实施　　B. 货币供应量的增加

C. 基础研究领域投入的增加　　D. 外国先进技术的引进

9. 索洛模型关于生产函数的假设有（　　）。

A. 报酬递减规律　　B. 规模报酬不变

C. A 和 B　　D. 规模不经济

10. 资本深化是指（　　）。

A. 增加每单位资本的工人数　　B. 减少人均资本量

C. 增加人均资本量　　D. 政府对基础设施的投资

11. 在不考虑技术进步的索洛模型中，经济增长的稳定状态不包含（　　）。

A. 人均资本增长率等于零

B. 人均产量增长率等于零

C. 总产量增长率等于资本增长率且等于人口增长率

D. 储蓄率等于零

12. 假设一个经济的生产函数为柯布-道格拉斯生产函数，其中，劳动与资本所得各占总收入的 1/2，且不考虑技术进步。如果劳动力增长率为 0.06，折旧率为 0.04，储蓄率等于 0.2，那么，经济增长实现稳定状态时的人均资本量为（　　）。

A. 4　　B. 3

C. 2　　D. 1

13. 在不考虑技术进步的索洛模型中，劳动力增长率上升将（　　）。

A. 导致稳态人均资本量增加　　B. 导致稳态人均资本量下降

C. 不影响稳态人均资本量　　D. 导致资本折旧率降低

14. 当一国储蓄率提高并达到新的稳定状态后，该国（　　）。

A. 人均产量将以更快的速度增长

B. 人均产量将比原来高

C. 人均产量将与原来相同

D. 以上都正确

15. 在考虑技术进步的索洛模型中，经济增长的稳定状态意味着（　　）。

A. 人均产量增长率等于技术进步率

B. 人均资本量增长率等于零

C. 总产量增长率等于资本增长率且等于人口增长率

D. 人均产出增长率等于技术进步率零

16. 假设某国经济的生产函数为柯布-道格拉斯函数形式，其中，劳动报酬的份额为 0.7，资本的份额为 0.3。如果资本存量增长率等于 1%，劳动力增长率为 2%，全要素生产率增长率为 1.25%，实际增长率为（　　）。

A. 1.2%　　B. 1.4%

C. 2.6%　　D. 2.9%

17. 假设一个经济当前收入为 Y，生产函数具有规模报酬不变性，劳动所得占总收入的份额为 0.7，资本所得占总收入的份额为 0.3。如果劳动力增长率为 4%，资本增长率为 3%。如果没有技术进步，该经济需要（　　）年才能将总收入翻一番。

A. 10　　　　B. 19

C. 23　　　　D. 33

18. 假设一个国家的资本增长率为3%，劳动力增长率为2%，国民收入增长率为4%，资本收入占国民收入的份额为0.4。在上述条件下，索洛余量等于（　　）。

A. 1.2%　　　　B. 1.4%

C. 1.6%　　　　D. 1.8%

19. 假设一个国家的资本增长率为5%，劳动力增长率为2%，资本产出弹性为0.4，劳动产出弹性为0.6。在上述条件下，人均产出增长率为（　　）。

A. 1.2%　　　　B. 1.4%

C. 1.6%　　　　D. 1.8%

20. 根据索洛余量在经济增长率中的比重，我们可以将经济增长方式区分为集约型增长和粗放型增长。其中，主要靠（　　）增加引起的经济增长，叫作粗放型增长；主要靠（　　）引起的经济增长，叫作集约型增长。

A. 资本，劳动　　　　B. 劳动，资本

C. 投入要素，技术进步　　　　D. 技术进步，投入要素

（二）辨析题

1. 储蓄率不能影响经济中的产量增长，它由劳动投入的增长和技术进步决定。（　　）

2. 生产函数 $F(K, L)=K+4L$ 属于规模报酬不变。（　　）

3. 生产函数 $F(bK, bL)=\sqrt{b}F(K, L)$ 属于规模报酬递增。（　　）

4. 全要素生产率就是劳动生产率。（　　）

5. 在新古典增长模型中，人口增长率提高将使人均产出增加。（　　）

6. 在新古典增长模型中，人口增长速度加快提高了总产出的稳态增长率。（　　）

7. AK 模型是规模报酬不变、边际收益递减的。（　　）

8. 储蓄率的变化对消费的影响是不确定的。（　　）

9. 在新古典增长模型中，资本积累可以长期维持人均产出的增长。（　　）

10. 在新古典增长模型中，人口增长率提高不会影响稳态人均产出的增长率。（　　）

11. 专利制度的目的是给予新产品发明者以垄断权力。（　　）

12. 在不考虑技术进步的新古典增长模型中，稳态增长意味着$\frac{\Delta Y}{Y}=\frac{\Delta N}{N}=\frac{\Delta K}{K}$（$Y$表示总产量，$N$表示劳动投入量，$K$表示资本存量）。（　　）

13. 根据新古典增长模型，在其他条件相同的情况下，人口增长率较低的国家人均收入将低于人口增长率较高的国家，并且前者的增长率也低于后者。（　　）

14. 当存在技术进步时，资本的黄金律水平的实现条件是：资本的边际产量等于人口增长与折旧率之和。（　　）

15. 人力资本是指劳动者通过教育和培训所获得的知识和技能。（　　）

（三）简答题

1. 简述经济增长与经济发展的关系。

2. 简述新古典增长模型的基本方程及其含义。

3. 简述新古典增长模型的主要结论。

4. 根据生产函数$Y=AF(K,L)$推导索洛余量。

5. 假设在一个经济体中，所有工人的收入都用于消费，而所有资本的收入都用于储蓄。请你证明：如果生产要素按照自己的边际产量进行分配，那么，这个经济体的稳态增长就实现了资本的黄金律水平。

（四）应用题

1. 假设生产函数为$Y=K^{0.3}L^{0.7}$，这里Y、K、L分别代表产出、资本存量和劳动数量。如果折旧率$\delta=0.04$，新古典增长模型稳定状态下的产出增长率为0.03，资本产出率$K/Y=3$。请计算经济稳定状态下的储蓄率s，并给出新古典增长模型的基本方程（用k和$\dot{k}=\frac{dk}{dt}$表示人均资本存量及其变化率）。

2. 假定A国和B国的生产函数都是$Y=F(L,K)=K^{1/2}L^{1/2}$。试根据上式写出人均产量函数的具体形式。假设没有一个国家经历了人口增长或技术进步，并且资本折旧率为每年5%。再假设A国每年储蓄为产出的10%，而B国每年储蓄为产出的20%。请你使用上述所给的假设条件和投资等于折旧的稳态条件，找出每个国家稳态的人均资本水平，然后找出稳态的人均收入水平和人均消费水平。

3. 考虑用以下生产函数描述一个经济：$Y=F(K,L)=K^{0.3}L^{0.7}$。求解：人均生产函数是什么？假定没有人口增长或技术进步，找出稳定状态时的人均资本存量、人均产出以及人均消费（将它们表示为储蓄率s和折旧率d的函数）。

4. 已知一个新古典增长模型 $y=f(k)=k-0.5k^2$，人均产出储蓄率 s 是 0.4，人口增长率 n 是 0.2%。请计算：论证并求出能使经济达到均衡稳定产出的 k^* 值。论证并求出黄金分割律所要求的人均资本 k。

5. 在美国，资本占 GDP 的份额为 30%左右，产出的平均增长率为每年 3%左右，折旧率为每年 4%左右，资本—产出比率为 2.5%左右。假设生产函数是柯布-道格拉斯生产函数，因此，资本在产出中的份额是不变的，而且，美国经济已经处于稳定状态。在初始稳定状态下，储蓄率应该是多少？资本的边际产量又是多少？假设公共政策提高了储蓄率，从而使经济达到资本的黄金律水平。在黄金律稳定状态下，资本的边际产量将是多少？比较黄金律稳定状态的边际产量与初始稳定状态的边际产量，并解释。在黄金律稳定状态，资本-产出比率将是多少？要达到黄金律稳定状态，储蓄率必须是多少？

五、课程思政

【阅读材料 A】

为什么伟大的创新不能被计划（节选）①

万维钢

一

创新，是一件神奇的事情。一些取得伟大成就的发明家并非比同行更勤奋、更努力，而是因为他们经常能捡到意外的宝藏。

近期全球最令人瞩目的重大创新事件是生成式人工智能模型 ChatGPT 的诞生。它由 OpenAI（开放式人工智能公司）研发，但在最初并未得到特别关注。

OpenAI 的四位领导人都是三四十岁的年纪，首席执行官山姆·阿尔特曼在斯坦福大学学过计算机专业，中途退学；首席技术官米拉·穆拉蒂是一位年轻女性，父母是阿尔巴尼亚移民；总裁格雷格·布罗克曼上过哈佛大学和麻省理工学院，但最终都退学了；首席科学家伊利亚·苏茨科弗原本是俄罗斯人，小时候跟随父母先移民到以色列，后又移民到加拿大，最后来到美国。

---

① 肯尼斯·斯坦利. 为什么伟大不能被计划［M］. 彭相珍，译. 北京：中译出版社，2023.

两个没有学位的美国人和两位外国移民，领着几十位研发人员组成了一家小公司，采用了一个当初包括谷歌在内的大公司都不看好的技术路线，搞出了最震撼的科技。这样的事情是可以计划的吗？

二

为什么伟大的创新不能被计划？肯尼斯·斯坦利和乔尔·雷曼的《为什么伟大不能被计划》一书，算是把这个问题彻底讲明白了。

比如，你想要从一些简单的线条出发演化出好看的图片，或者让纸面上的机器人走出迷宫，又或者让一个三维空间中的机器人学会直立行走，你应该怎么做呢？

直觉上的做法是先设定AI算法的演化目标，在演化的每一步都进行筛选，接近目标就加分，否则就淘汰。但实践中这个做法的效果并不好。

肯尼斯和乔尔发明的算法叫作“新奇性搜索算法”。这种算法会随机生成一组解决方案，通过评估新奇性并保留新奇性比较高的方案，从而使方案像生物演化一样发生一定的变异，如此往复循环，直到达到预定的迭代次数或者将问题彻底解决。

这个算法在迭代过程中完全不考虑一个方案是否有利于接近目标，哪怕产出的方案再怪异、再不靠谱也没关系，只要是新奇的就保留。然而各种实验都证明，这种方法找出来的方案最能解决问题。它能生成最好看的图片，能以最快的速度找到走出迷宫的方法，能让机器人在最短时间学会直立行走。这是为什么呢？

三

一个原因便是，求新就意味着求复杂。简单的方案总是先出现，等你把简单的方案都尝试过之后还要新的，出来的就一定是更复杂的方案。复杂意味着掌握更多的信息，掌握信息多意味着更高级，也就更容易解决问题。

更重要的原因是，新方案是通往更新方案的“垫脚石”。这就如同你在一片沼泽地里寻宝，必须踩到更多的垫脚石才能探索更多的地方，你必须探索很多地方才更有可能找到好东西。

以教机器人直立行走为例。如果你一开始就聚焦于“直立行走”，你就会刻意避免让机器人摔倒的方案。可恰恰是这些让机器人摔倒的方案能教会机器人踢腿！学会踢腿，自然容易摔倒。可是不踢腿，怎么会行走呢？

对新奇性搜索算法来说，机器人从“不会摔倒”到“会摔倒”。绝对是一件大好事。机器人会的越多意味着越高级，就有更多机会将直立行走这项技能收入囊中。

求新确保了探索范围的宽广，好定西也会随之而来。考察科技发展史，好东西从来都不是按照某个目标刻意计划出来的，而是一个接一个自动发展出来的。

莱特兄弟发明飞机，最早依靠的是自行车技术——此前无数人想要发明飞机，谁也没想到首先飞上天的是“自行车制造商”；微波技术本来是用于驱动雷达磁控管的一项技术，意外成就了微波炉；第一台电子计算机用的是电子管，但电子管根本就不是为了计算机而发明的。

伟大不是目标指引的结果，因为通往伟大的路线从来都不是直线，很多时候慢就是快——每次只是选择下一块垫脚石，你反而能找到珍宝。

四

这可不是说人生就应该漫无目的、随波逐流。新奇性搜索算法虽然不预设具体目标，但是它有价值观的指引，这个价值观就是新奇和有趣。

比如一个孩子，一开始觉得电视很有趣，家长对此很不放心，认为是浪费时间。但是孩子很快就发现打游戏比看电视有趣多了，于是他会把精力转移到打游戏上来。只要眼界够高，他迟早会发现世界上还有很多比打游戏更新奇、更有趣的东西。

没错，真正能把追求新奇、有趣坚持到底的，都不是一般人。他们始终能看见下一块垫脚石，而成就和实用性早晚会随之而来。

如果你一开始就认准了想要得到一个什么样的珍宝，你反而很难得到这个珍宝；最终得到珍宝的人，只是一直在寻找下一块垫脚石，他们得到的都是意想不到的珍宝。

求新就是求好，出奇就是出色，有趣就是有戏。

请同学们仔细阅读《为什么伟大的创新不能被计划》，结合本章所学知识，思考并回答以下问题：

1. 什么是“新奇性搜索算法”？

2. 为什么“新奇性搜索算法”找出来的方案最能解决问题？

3. 作者用新奇性搜索算法说明“伟大的创新不能被计划”这一命题，其中，作者说的“计划”是指什么？

4. 通过本文的阅读，如何丰富了你对内生增长理论的理解？

【阅读材料 B】

加快从要素驱动、投资规模驱动发展为主向以创新驱动发展为主的转变①

（2014 年 6 月 9 日）

当前，全党全国各族人民正在为全面建成小康社会、实现中华民族伟大复兴的中国梦而团结奋斗。我们比以往任何时候都更加需要强大的科技创新力量。党的十八大作出了实施创新驱动发展战略的重大部署，强调科技创新是提高社会生产力和综合国力的战略支撑，必须摆在国家发展全局的核心位置。这是党中央综合分析国内外大势、立足我国发展全局作出的重大战略抉择。

进入 21 世纪以来，新一轮科技革命和产业变革正在孕育兴起，全球科技创新呈现出新的发展态势和特征。学科交叉融合加速，新兴学科不断涌现，前沿领域不断延伸，物质结构、宇宙演化、生命起源、意识本质等基础科学领域正在或有望取得重大突破性进展。信息技术、生物技术、新材料技术、新能源技术广泛渗透，带动几乎所有领域发生了以绿色、智能、泛在为特征的群体性技术革命。传统意义上的基础研究、应用研究、技术开发和产业化的边界日趋模糊，科技创新链条更加灵巧，技术更新和成果转化更加快捷，产业更新换代不断加快。科技创新活动不断突破地域、组织、技术的界限，演化为创新体系的竞争，创新战略竞争在综合国力竞争中的地位日益重要。科技创新，就像撬动地球的杠杆，总能创造令人意想不到的奇迹。当代科技发展历程充分证明了这个过程。

面对科技创新发展新趋势，世界主要国家都在寻找科技创新的突破口，抢占未来经济科技发展的先机。我们不能在这场科技创新的大赛场上落伍，必须迎头赶上、奋起直追、力争超越。

改革开放以来，我国经济社会发展取得了举世瞩目的成就，经济总量跃居世界第二，众多主要经济指标名列世界前列。同时，必须清醒地看到，我国经济规模很大、但依然大而不强，我国经济增速很快、但依然快而不优。主要依靠资源等要素投入推动经济增长和规模扩张的粗放型发展方式是不可持续的。现在，世界发达水平人口全部加起来是 10 亿人左右，而我国有 13 亿多人，全部进入现代化，那就意味着世界发达水平人口要翻一番多。不能想象我们能够以现有发达水平人口消耗资源的方式来生产生活，那全球现有资源都给我们也不够用！老路走不通，新路在哪里？就在科技创新上，就在

① 这是习近平在中国科学院第十七次院士大会、中国工程院第十二次院士大会上讲话的一部分，摘自：习近平. 习近平谈治国理政：第一卷［M］. 北京：外文出版社，2014.

加快从要素驱动、投资规模驱动发展为主向以创新驱动发展为主的转变上。

前几天，我看了一份材料，说“机器人革命”有望成为“第三次工业革命”的一个切入点和重要增长点，将影响全球制造业格局，而且我国将成为全球最大的机器人市场。国际机器人联合会预测，“机器人革命”将创造数万亿美元的市场。由于大数据、云计算、移动互联网等新一代信息技术同机器人技术相互融合步伐加快，3D打印、人工智能迅猛发展，制造机器人的软硬件技术日趋成熟，成本不断降低，性能不断提升，军用无人机、自动驾驶汽车、家政服务机器人已经成为现实，有的人工智能机器人已具有相当程度的自主思维和学习能力。国际上有舆论认为，机器人是“制造业皇冠顶端的明珠”，其研发、制造、应用是衡量一个国家科技创新和高端制造业水平的重要标志。机器人主要制造商和国家纷纷加紧布局，抢占技术和市场制高点。看到这里，我就在想，我国将成为机器人的最大市场，但我们的技术和制造能力能不能应对这场竞争？我们不仅要把我国机器人水平提高上去，而且要尽可能多地占领市场。这样的新技术新领域还很多，我们要审时度势、全盘考虑、抓紧谋划、扎实推进。

实施创新驱动发展战略，最根本的是要增强自主创新能力，最紧迫的是要破除体制机制障碍，最大限度解放和激发科技作为第一生产力所蕴藏的巨大潜能。面向未来，增强自主创新能力，最重要的就是要坚定不移走中国特色自主创新道路，坚持自主创新、重点跨越、支撑发展、引领未来的方针，加快创新型国家建设步伐。

经过多年努力，我国科技整体水平大幅提升，一些重要领域跻身世界先进行列，某些领域正由“跟跑者”向“并行者”、“领跑者”转变。我国进入了新型工业化、信息化、城镇化、农业现代化同步发展、并联发展、叠加发展的关键时期，给自主创新带来了广阔发展空间、提供了前所未有的强劲动力。

我多次讲过，中华民族伟大复兴绝不是轻轻松松就能实现的，我国越发展壮大，遇到的阻力和压力就会越大。从这个经验看，关键是时机和决断。历史的机遇往往稍纵即逝，我们正面对着推进科技创新的重要历史机遇，机不可失，时不再来，必须紧紧抓住。

我们有改革开放30多年来积累的坚实物质基础，有持续创新形成的系列成果，实施创新驱动发展战略具备良好条件。因此，要下好先手棋，打好主动仗，对国家和民族具有重大战略意义的科技决策，想好了、想定了就要决断，不然就可能与历史机遇失之交臂，甚至可能付出更大代价。

2013年3月，我在参加全国政协十二届一次会议科协、科技界委员联组讨论时讲过这样一个意思，就是从总体上看，我国科技创新基础还不牢，自主创新特别是原创力还不强，关键领域核心技术受制于人的格局没有从根本上改变。只有把核心技术掌握在自己手中，才能真正掌握竞争和发展的主动权，才能从根本上保障国家经济安全、国防安全和其他安全。不能总是用别人的昨天来装扮自己的明天。不能总是指望依赖他人的科技成果来提高自己的科技水平，更不能做其他国家的技术附庸，永远跟在别人的后面亦步亦趋。我们没有别的选择，非走自主创新道路不可。

实践告诉我们，自力更生是中华民族自立于世界民族之林的奋斗基点，自主创新是我们攀登世界科技高峰的必由之路。问题看到了，就要以时不我待的精神，快马加鞭改变这个局面。不能说了很多年，最后老是没有根本改变。当然，自主创新不是闭门造车，不是单打独斗，不是排斥学习先进，不是把自己封闭于世界之外。我们要更加积极地开展国际科技交流合作，用好国际国内两种科技资源。

科学技术是世界性的、时代性的，发展科学技术必须具有全球视野。当前，科技创新的重大突破和加快应用极有可能重塑全球经济结构，使产业和经济竞争的赛场发生转换。在传统国际发展赛场上，规则别人都制定好了，我们可以加入，但必须按照已经设定的规则来赛，没有更多主动权。抓住新一轮科技革命和产业变革的重大机遇，就是要在新赛场建设之初就加入其中，甚至主导一些赛场建设，从而使我们成为新的竞赛规则的重要制定者、新的竞赛场地的重要主导者。如果我们没有一招鲜、几招鲜，没有参与或主导新赛场建设的能力，那我们就缺少了机会。机会总是留给有准备的人的，也总是留给有思路、有志向、有韧劲的人们的。我国能否在未来发展中后来居上、弯道超车，主要就看我们能否在创新驱动发展上迈出实实在在的步伐。

李四光说过："科学的存在全靠它的新发现，如果没有新发现，科学便死了。"法国作家雨果说过："已经创造出来的东西比起有待创造的东西来说，是微不足道的。"我国科技发展的方向就是创新、创新、再创新。要高度重视原始性专业基础理论突破，加强科学基础设施建设，保证基础性、系统性、前沿性技术研究和技术研发持续推进，强化自主创新成果的源头供给。要积极主动整合和利用好全球创新资源，从我国现实需求、发展需求出发，有选择、有重点地参加国际大科学装置和科研基地及其中心建设和利用。要准确把握重点领域科技发展的战略机遇，选准关系全局和长远发展的战略必争领域和优先方向，通过高效合理配置，深入推进协同创新和开放创新，构建高效强大的共性关键技术供给体系，努力实现关键技术重大突破，把关键技术掌握在自己手里。

"聪者听于无声，明者见于未形。"科技创新永无止境。科技竞争就像短道速滑，我们在加速，人家也在加速，最后要看谁速度更快、谁的速度更能持续。荀子说：“骐骥一跃，不能十步；驽马十驾，功在不舍。锲而舍之，朽木不折；锲而不舍，金石可镂。”意思是，骏马一跃，也不会达到十步；劣马跑十天，也能跑得很远；雕刻东西，如果刻了一下就放下，朽木也不会刻断；如果不停刻下去，金属和石头都可以雕空。我国广大科技工作者要敢于担当、勇于超越、找准方向、扭住不放，牢固树立敢为天下先的志向和信心，敢于走别人没有走过的路，在攻坚克难中追求卓越，勇于创造引领世界潮流的科技成果。

实施创新驱动发展战略是一个系统工程。科技成果只有同国家需要、人民要求、市场需求相结合，完成从科学研究、实验开发、推广应用的三级跳，才能真正实现创新价值、实现创新驱动发展。

我一直在思考，为什么从明末清初开始，我国科技渐渐落伍了。有的学者研究表明，康熙曾经对西方科学技术很有兴趣，请了西方传教士给他讲西学，内容包括天文学、数学、地理学、动物学、解剖学、音乐，甚至包括哲学，光听讲解天文学的书就有 100 多本。是什么时候呢？学了多长时间呢？早期大概是 1670 年至 1682 年间，曾经连续两年零 5 个月不间断学习西学。时间不谓不早，学的不谓不多，但问题是当时虽然有人对西学感兴趣，也学了不少，却并没有让这些知识对我国经济社会发展起什么作用，大多是坐而论道、禁中清谈。1708 年，清朝政府组织传教士们绘制中国地图，后用 10 年时间绘制了科学水平空前的《皇舆全览图》，走在了世界前列。但是，这样一个重要成果长期被作为密件收藏内府，社会上根本看不见，没有对经济社会发展起到什么作用。反倒是参加测绘的西方传教士把资料带回了西方整理发表，使西方在相当长一个时期内对我国地理的了解要超过中国人。这说明了一个什么问题呢？就是科学技术必须同社会发展相结合，学得再多，束之高阁，只是一种猎奇，只是一种雅兴，甚至当作奇技淫巧，那就不可能对现实社会产生作用。

多年来，我国一直存在着科技成果向现实生产力转化不力、不顺、不畅的痼疾，其中一个重要症结就在于科技创新链条上存在着诸多体制机制关卡，创新和转化各个环节衔接不够紧密。就像接力赛一样，第一棒跑到了，下一棒没有人接，或者接了不知道往哪儿跑。

要解决这个问题，就必须深化科技体制改革，破除一切制约科技创新的思想障碍和制度藩篱，处理好政府和市场的关系，推动科技和经济社会发展深度融合，打通从科技强到产业强、经济强、国家强的通道，以改革释放创新活力，加快建立健全国家创新体系，让一切创新源泉充分涌流。

如果把科技创新比作我国发展的新引擎，那么改革就是点燃这个新引擎必不可少的点火系。我们要采取更加有效的措施完善点火系，把创新驱动的新引擎全速发动起来。

科技体制改革要紧紧扭住“硬骨头”攻坚克难，加快把党的十八届三中全会确定的科技体制改革各项任务落到实处。要着力把科技创新摆在国家发展全局的核心位置，加快制定创新驱动发展战略的顶层设计，对重大任务要有路线图和时间表。要着力从科技体制改革和经济社会领域改革两个方面同步发力，改革国家科技创新战略规划和资源配置体制机制，完善政绩考核体系和激励政策，深化产学研合作，加快解决制约科技成果转移转化的关键问题。要着力加强科技创新统筹协调，努力克服各领域、各部门、各方面科技创新活动中存在的分散封闭、交叉重复等碎片化现象，避免创新中的“孤岛”现象，加快建立健全各主体、各方面、各环节有机互动、协同高效的国家创新体系。要着力完善科技创新基础制度，加快建立健全国家科技报告制度、创新调查制度、国家科技管理信息系统，大幅提高科技资源开放共享水平。要着力围绕产业链部署创新链、围绕创新链完善资金链，聚焦国家战略目标，集中资源、形成合力，突破关系国计民生和经济命脉的重大关键科技问题。要着力加快完善基础研究体制机制，把基础前沿、关键共性、社会公益和战略高技术研究作为重大基础工程来抓，实施好国家重大科学计划和科学工程，加快在国际科学前沿领域抢占制高点。要着力以科技创新为核心，全方位推进产品创新、品牌创新、产业组织创新、商业模式创新，把创新驱动发展战略落实到现代化建设整个进程和各个方面。

在推进科技体制改革的过程中，我们要注意一个问题，就是我国社会主义制度能够集中力量办大事是我们成就事业的重要法宝。我国很多重大科技成果都是依靠这个法宝搞出来的，千万不能丢了！要让市场在资源配置中起决定性作用，同时要更好发挥政府作用，加强统筹协调，大力开展协同创新，集中力量办大事，抓重大、抓尖端、抓基本，形成推进自主创新的强大合力。

“盖有非常之功，必待非常之人。”人是科技创新最关键的因素。创新的事业呼唤创新的人才。尊重人才，是中华民族的悠久传统。“思皇多士，生此王国。王国克生，维周之桢；济济多士，文王以宁。”这是《诗经·大雅·文王》中的话，说的是周文王尊贤礼士，贤才济济，所以国势强盛。千秋基业，人才为先。实现中华民族伟大复兴，人才越多越好，本事越大越好。我国是一个人力资源大国，也是一个智力资源大国，我国13亿多人大脑中蕴藏的智慧资源是最可宝贵的。知识就是力量，人才就是未来。我国要在科技创新方面走在世界前列，必须在创新实践中发现人才、在创新活动中培育人才、在创新事业中凝聚人才，必须大力培养造就规模宏大、结构合理、素质优良的创新型科技人才。

我国科技队伍规模是世界上最大的，这是我们必须引以为豪的。但是，我们在科技队伍上也面对着严峻挑战，就是创新型科技人才结构性不足矛盾突出，世界级科技大师缺乏，领军人才、尖子人才不足，工程技术人才培养同生产和创新实践脱节。“一年之计，莫如树谷；十年之计，莫如树木；终身之计，莫如树人。”我们要把人才资源开发放在科技创新最优先的位置，改革人才培养、引进、使用等机制，努力造就一批世界水平的科学家、科技领军人才、工程师和高水平创新团队，注重培养一线创新人才和青年科技人才。

要按照人才成长规律改进人才培养机制，“顺木之天，以致其性”，避免急功近利、拔苗助长。要坚持竞争激励和崇尚合作相结合，促进人才资源合理有序流动。要广泛吸引海外优秀专家学者为我国科技创新事业服务。要在全社会积极营造鼓励大胆创新、勇于创新、包容创新的良好氛围，既要重视成功，更要宽容失败，完善好人才评价指挥棒作用，为人才发挥作用、施展才华提供更加广阔的天地。

未来总是属于年轻人的。拥有一大批创新型青年人才，是国家创新活力之所在，也是科技发展希望之所在。“我劝天公重抖擞，不拘一格降人才。”广大院士不仅要做科技创新的开拓者，更要做提携后学的领路人。希望广大院士肩负起培养青年科技人才的责任，甘为人梯，言传身教，慧眼识才，不断发现、培养、举荐人才，为拔尖创新人才脱颖而出铺路搭桥。广大青年科技人才要树立科学精神、培养创新思维、挖掘创新潜能、提高创新能力，在继承前人的基础上不断超越。

请同学们仔细阅读上述资料，结合经济增长理论，思考如下问题：

1. 何谓要素驱动、投资规模驱动为主？何谓创新驱动发展为主？

2. 你如何理解“党的十八大作出了实现创新驱动发展战略的重大部署，强调科技创新是提高社会生产力和综合国力的战略支撑，必须摆在国家发展全局的核心位置”。

3. 你如何理解“实施创新驱动发展战略，最根本的是要增强自主创新能力，最紧迫的是要破除体制机制障碍，最大限度解放和激发科技作为第一生产力所蕴藏的巨大潜力”。

参考答案

第一章习题演练答案及解析

（一）单选题

1. D。国内生产总值（GDP）是一个国家（或地区）在一定时期内所生产的全部最终产品（物品和劳务）的市场价值。一般来说，GDP 一年进行一次统计，所以选择 D。

2. B。出口到国外的货物，是当期所生产的产品，其价值应该计入 GDP；政府发放的救济金，属于政府转移支付，不应计入 GDP；房产中介为二手房买卖收取的一笔中介费，是其当期提供的劳务，应该计入 GDP；保险公司收到一笔家庭财产保险费，是保险公司当期提供的劳务，应该计入 GDP，所以选择 B。

3. B。以支出法衡量的 GDP 中，由家庭的消费支出 C、企业的投资支出 I、政府购买 G 和净出口（$X-M$）加总构成，税收不包含在其中，所以选择 B。

4. B。小米公司在印度新办分公司应计入印度的 GDP；购买包子计入国内 GDP；购买二手教材不计入当年 GDP；小张姑妈送西瓜给小张，不存在市场交易，不计入 GDP。所以选择 B。

5. A。市场价值是 GDP 的统计尺度，不仅包括了实物量，而且包括了价格，所以选择 A。

6. D。判断政府购买和政府转移支付的一个重要标准，就是看政府在付出货币时，是否获得了产品或者劳务。政府实行等价交换获得了产品和劳务，花费的支出计入政府购买；而无偿将货币转移给他人或企业，没有获得产品和劳务，花费的支出计入政府转移支付。政府提供给低收入者的住房补贴，没有获得相应的劳务，所以不属于政府购买。

7. D。奶茶店里的调味果汁属于奶茶的原材料，是中间产品。所以选择 D。

8. B。以支出法衡量的 GDP = $C+I+G+$（$X-M$），即 GDP = 4 000+700+500+(250−150) = 5 300（亿元），所以选择 B。

9. D。个人购买汉堡包和炸鸡属于消费支出，消费支出增加，并引起 GDP 增加，所以选择 D。

10. C。要素收入包括了工资、利息、利润、租金，公司对灾区的捐款属于转移支付，不属于要素收入。

11. D。投资是指企业在厂房、设备和存货上的支出和家庭在住宅上的支出之和，不包括企业购买债券。

12. A。生产法表现为通过加总各产业内所有企业生产的增加值来计算GDP，即选择中间产品的价值加总即可，小明购买的牛奶属于最终产品。

13. D。GDP 是指一个国家（或地区）在一定时期内（通常是一年）生产的所有最终产品和劳务的市场价值总和。该题生产的最终产品和劳务为22 000 元。

14. C。对于一个经济体来说，总收入总是等于总支出。这也使得收入法衡量的 GDP 与支出法衡量的 GDP 在理论上相等。

15. A。实际 GDP 是指用基年价格计算的全部最终产品和服务的市场价值，即实际 GDP 变化反映的是最终产品和劳务的数量的变动，所以选 A。

16. D。GDP 平减指数 = 名义 GDP÷实际 GDP×100，则（120×1 500）÷100 = 1 800。

17. D。通货膨胀率，是指从一个时期到另一个时期价格水平变动的百分比，即$\frac{123.26-100}{100}\times 100\% = 23.26\%$，所以选 D。

18. C。实际 GDP = 基年价格×当年商品的数量。如果 2021 年的实际 GDP 高于基年的实际 GDP，则说明 2021 年的商品数量增多了，所以选 C。

19. B。GNP = GDP+来自国外的要素报酬－支付给国外的要素报酬，当 GNP<GDP 时，说明该国公民收入小于其他国家公民在该国内取得的收入，所以选 B。

20. A。用于计算消费者物价指数的一篮子物品和劳务的数量即权重，一般而言，该权重在较长一段时间不改变，所以选 A。

21. B。CPI 的指标商品是以劳工统计局公布的消费者购买的典型商品和服务为准。

22. C。失业率为失业人数与劳动力总数比值的百分比，即 500÷（1 500+500）×100% = 25%，所以选 C。

23. B。摩擦性失业是指在生产过程中由于难以避免的摩擦而造成的短期、局部性失业。劳动力流动性不足、工种转换困难所引起的失业，也叫作求职性失业，所以选 B。

24. C。周期性失业，是指经济处于衰退或萧条时，因需求下降而造成的失业，所以选 C。

25. C。当只存在自然失业时，经济体实现了充分就业，因此自然失业率也是经济处于潜在产出水平时候的失业率，所以选 C。

26. B。在一个动态的经济社会中，当只存在摩擦性失业和结构性失业，而不存在周期性失业的时候，即实现了充分就业，所以选择 B。

27. A。奥肯定律说的是，实际失业率每高于自然失业率 1 个百分点，实际 GDP 将低于潜在 GDP 2 个百分点，所以选 A。

28. D。宏观经济学有两个任务，第一个任务是解释经济波动的原因和形成机制，并运用宏观经济政策来熨平经济波动，实现充分就业和物价稳定；第二个任务是解释潜在 GDP 的增长原因和路径，所以选 D。

29. B。GDP 核算的是生产出来的产品，而不是指售卖掉的产品。该图书无论何时交易均生产于 2022 年。

30. C。建造住宅或购买新房的支出则不属于消费支出，应属于投资支出。

31. B。总投资＝净投资+折旧＝（150－100）+10＝60（亿元）。

32. B。根据 NX（净出口）＝X（出口）－M（进口），当 NX<0 时，表示一国经济存在贸易赤字或贸易逆差。

33. B。收入法是以生产要素带来的收入来进行核算的，故应从收入的角度出发。

34. D。名义 GDP 中既包含了产出水平的增加，也没有剔除价格水平的影响。因此，次年比基年高可能是由两方面共同决定的。

35. D。GDP 平减指数和 CPI 都提供了衡量一般价格水平的方法，均可作为衡量价格水平变化的指标。

36. D。失业者属于劳动力群体中的一部分，劳动力包含：①一定年龄范围（满 16 周岁）；②有劳动能力③愿意工作的人。A、B、C 均不属于劳动力。失业者指一定年龄（如 16 岁以上），愿意接受现行工资条件，但是没有工作，又正在寻找工作的劳动力。D 选项满足。

37. C。实际 GDP 对潜在 GDP 偏离的百分比，叫作 GDP 缺口或产出缺口，当 GDP 缺口<0 时，叫作衰退缺口或通货紧缩缺口。

（二）辨析题

1. 错误。国内生产总值反映了一个国家的经济规模和经济实力。一般来说，国内生产总值增长速度越快，说明其经济的运行状况越好。但国内生产总值的高低并不能反映一国人民的贫富状况。这种贫富状况的衡量还取决于国内生产总值与人口数量的对比。

2. 正确。因为：①按照国民收入核算的基本原理，一个经济体在一定时期内的生产绩效是新增的价值总额，即附加值总额，但严格地讲，它并不全是新价值，因为其中包含固定资本的转移价值。可是，为什么要把它计算进去呢？这是因为，附加值总额恰好等于最终产品和劳务的价值总额，出于核算的方便，用支出法核算出来的 GDP 就包含了折旧的价值。能够真实反映经济绩效的指标应该是国内生产净值。②在按收入法核算 GDP 时，计入的是各种生产要素的报酬，折旧并不是要素的报酬，为了使收入法核算的结果与支出法核算的结果相一致，必须把折旧计入进去。同时，收入法又称为成本法，从成本的角度看，折旧是弥补资本损耗的成本。

3. 错误。因为转移支付是单方面的支出，并不发生商品和劳务的交换，不反映产品市场的生产情况。所以在按支出法核算国民收入时，只能计入购买商品和劳务的支出。在按收入法核算国民收入时，当计算个人收入时，政府转移支付使个人的收入增加，不计入转移支付就不能正确计量个人的收入。转移支付的实质是把取之于民的新价值还之于民。

4. 正确。国内生产总值是一国范围内生产的最终产品和劳务市场价值，采用国土原则；国民生产总值是某国公民所生产的最终产品和劳务的市场价值，采用国民原则。

5. 错误。GDP 无论用何种方法计算，均不能全面反映社会经济的绩效和福利。一个经济体的总体效率与福利主要看社会总剩余，即消费者剩余与生产者剩余，是微观经济学资源配置效率的概念范畴。

6. 错误。因为：①名义 GDP 是按报告期价格计算的 GDP，导致名义 GDP 增加的因素是各种产品的价格和产量。②名义 GDP 增加，意味着三种可能：可能产量未变，产品价格提高了；可能价格未变，产量提高了；可能价格和产量均提高了。所以说名义 GDP 增加了，就意味着实际产出和物价水平都提高了的命题是片面的，因而是错误的。

7. 错误。实际 GDP 是以基年价格计算的全部最终产品和服务的市场价值，只能由最终产品和劳务的数量变动引起。

8. 错误。在 CPI 中，商品和服务的权重取决于消费者购买每一种类所花费的支出。

9. 正确。CPI 和 GDP 平减指数有背离的时候，但是一般来说它们的方向是一致的。

10. 错误。自然失业只包括摩擦失业与结构性失业。

11. 错误。结构性失业是指由于技能与现有的事业岗位搭配不当而引起的失业，是一种错配性失业。

12. 正确。充分就业是指只有自然失业的情况，充分就业情况下的失业率即为自然失业率。

13. 错误。失业不可避免，因此自然失业率不会等于 0。

14. 错误。奥肯定律说明了实际 GDP 与失业率之间存在反向变动关系。

15. 正确。宏观经济学政策目标包括充分就业、物价稳定、经济增长和国际收支平衡。

16. 错误。国民收入核算的结果是实际投资恒等于实际储蓄，是会计结果，并不能说明经济运行中的投资一定等于储蓄。

17. 正确。收入法核算 GDP 公式：GDP = 所有要素收入之和 = 工资 + 利息 + 利润 + 租金 + 折旧 + 间接税 - 政府补助金。收入法考虑了折旧。

18. 错误。支出法中的投资支出是指一定时期（如一年）增加到资本存量上的资本流量。资本存量指在经济中生产性资本的物质总量，包括厂房、设备、工具、建筑设施、住宅等。而投资不包括购买债券或上市公司的股票等金融投资。

19. 错误。尽管衡量 GDP 的方法不同，但从理论上说，各种方法衡量结果应该相同。从支出、生产和收入三个方面计算的 GDP 一定相等，这个原则叫作三面等价原则。若结果不相等时，通常是由于统计误差造成的，这时以支出法计算结果为准。

20. 错误。根据一个经济体的总收入等于总支出（三面等价原则），不管经济是否处于充分就业、是否处于通货膨胀、是否处于均衡状态，储蓄和投资一定相等。

（三）简答题

1. 答：宏观经济学与微观经济学相对，是一种现代的经济分析方法。它以国民经济总体作为考察对象，研究经济生活中有关总量的决定与变动，解释失业、通货膨胀、经济增长与波动、国际收支与汇率的决定和变动等经济中的宏观整体问题，所以又被称为总量经济学。宏观经济学的中心和基础是总供给-总需求模型。具体来说，宏观经济学主要包括总需求理论、总供给理论、失业与通货膨胀理论、经济周期与经济增长理论、开放经济理论、宏观经济政策等内容。对宏观经济问题进行分析与研究的历史十分悠久，但现代意义上的宏观经济学直到 20 世纪 30 年代才得以形成和发展起来。宏观经济学诞生的标志是凯恩斯于 1936 年出版的《就业、利息和货币通论》。宏观经济学在 20 世纪 30 年代奠定基础，在第二次世界大战后逐步走向成熟并得到广泛应用。20 世纪 60 年代后的“滞胀”问题使凯恩斯主义的统治地位受到严重挑战并形成了货币主义、供给学派、理性预期学派对立争论的局面，20 世纪 90 年代新凯恩斯主义的形成又使国家干预思想占据主流。宏观经济学是当代发展最为迅猛，应用最为广泛，因而是最为重要的经济学学科之一。

2. 答：两者之间的区别包括四个方面。

（1）研究的对象不同。微观经济学研究组成整体经济的单个经济主体的最优化行为，而宏观经济学研究一国整体经济的运行规律和宏观经济政策。

（2）解决的问题不同。微观经济学要解决资源配置问题，而宏观经济学要解决资源利用问题。

（3）中心理论不同。微观经济学的中心理论是价格理论，所有的分析都是围绕价格机制的运行展开的；而宏观经济学的中心理论是国民收入（产出）理论，所有的分析都是围绕国民收入（产出）的决定展开的。

（4）研究方法不同。微观经济学采用的是个量分析方法，而宏观经济学采用的是总量分析方法。

两者之间的联系主要表现在：

（1）相互补充。经济学研究的目的是实现社会经济福利的最大化。为此，既要实现资源的最优配置，又要实现资源的充分利用。微观经济学是在假设资源得到充分利用的前提下，研究资源如何实现最优配置的问题，而宏观经济学是在假设资源已经实现最优配置的前提下，研究如何充分利用这些资源。它们共同构成经济学的基本框架。

（2）微观经济学和宏观经济学都以实证分析作为主要的分析和研究方法。

（3）微观经济学是宏观经济学的基础。当代宏观经济学越来越重视微观经济学基础的研究，即将宏观经济分析建立在微观经济主体行为分析的基础上。

微观经济学和宏观经济学分析问题的角度不同，分析方法也不同，因此有些经济活动从微观看是合理的、有效的，而从宏观看是不合理的、无效的。例如，在经济生活中，某个厂商降低工资，从该企业的角度看，成本降低了，市场竞争力强了，但是如果所有厂商都降低工资，则降低工资的那个厂商的竞争力就不会增强，而且职工整体工资收入降低以后，整个社会的消费以及有效需求也会降低。同样，一个人或者一个家庭实行节约，可以增加家庭财富，但是如果大家都节约，社会需求就会降低，生产和就业就会受到影响。

3. 答：GDP 是现代国际社会用来衡量各国经济发展水平的极为重要的标准。虽然 GDP 概念被普遍运用，但是它在衡量各国经济活动时，并非是一个完美无缺的标准。作为衡量一国经济水平的标准，GDP 有以下几个缺点：

（1）GDP 不能完全反映一个国家的真实生活水平。

因为 GDP 的统计数据基本是根据市场交换而获得的，对那些虽没有经过市场交换，但对人们生活水平有重大影响的经济活动就不能通过 GDP 反映出来。例如，在一个自给自足程度较高的经济社会，其 GDP 数据一定低估了人们的实际生活水平。所以，由于每个国家的经济社会结构不同，GDP

便不能作为一个精确的衡量标准加以比较。此外，人们的休息、娱乐也是生活水平的一个重要组成部分，GDP 对此却没有反映。假如 GDP 的下降幅度不至于严重影响人们的物质生活水平，而当减少劳动时间造成 GDP 下降时，人们可能会因获得更充足的休息时间而感到幸福。

（2）GDP 不能反映一个国家的产品和服务的结构。

比如，两个国家的 GDP 相同，其中一个国家的经济活动主要集中在制造导弹、武器等军用品；另外一个国家却主要集中在建立学校教育设施、文化体育中心以及公园等娱乐场所，则 GDP 无法对两者的差别做出反映。而这两个国家在产品和服务上结构的不同，对各自国家人民的生活影响很大。

（3）GDP 不能反映产品和服务的进步。

由于 GDP 的数据是根据产品和服务的市场价格统计而得，而生产技术水平的进步可能会降低产品和服务的市场价值，因此 GDP 不能反映技术水平的进步。比如，现在生产出来的汽车要比半个世纪以前生产的小汽车质量、性能都好得多，但由于社会生产力的提高，现在生产出来的汽车的成本可能比过去低得多，而 GDP 对此却无法反映出来。

（4）GDP 的统计有一定的误差。

GDP 数据是根据抽样调查得出来的，其中包含一定的误差。有些是根据人们的申报得出来的。由于种种原因，人们在申报时往往并不反映真实情况，因此统计出来的数字存在一定程度的虚假成分。此外，由于各国的情况不同，具体的政策规定不同，因此统计出来的 GDP 并不基于同样的标准。

鉴于以上的问题，西方经济学家从不同的角度加以修正，提出经济净福利、物质生活质量指数等计算方法和指标。近年来，经济学家试图采用“扩充国民收入账户”（augmented national accounts）来修正国民收入衡量的缺陷。其中一项加项为地下经济，但不是所有的地下经济都是加项；另一个减项为环境的破坏。

4. 答：（1）诺贝尔经济学奖得主萨缪尔森在《经济学》教科书中把 GDP 称作是 20 世纪最伟大的发明之一。GDP 代表一国或地区在一定时期内全部生产活动（包括产品和劳务）的最终成果，是社会总产品价值扣除了中间投入价值后的余额，也就是当期新创造财富（包括有形和无形）的价值总量。由于 GDP 是以一个国家或地区所有经济单位（包括住户）的生产成果为对象进行核算的，它的核算覆盖国民经济所有行业，并具有国际上通用的核算原则与方法，是衡量国家之间、地区之间经济活动总量的国际通用语言。因此，GDP 是全世界通用的最重要的宏观经济指标，是一个国家和地区总体经济实力的根本体现，是国民经济宏观调控的重要参数，尤其是在政府制定经济政策、实行宏观调控以及宏观经济分析等方面具有重要意义。

但是，GDP 具有局限性。GDP 不能反映经济发展对资源环境所造成的负面影响，不能准确地反映经济增长质量，不能准确地反映一个国家或地区的财富变化也不能反映某些重要的非市场经济活动，更不能反映一个国家和地区收入分配的差异和社会公平度，因此 GDP 不是万能的。

（2）1992 年里约会议之后，可持续发展观被世界各国政府广泛认同。人们普遍意识到需要对传统的国民经济核算体系进行修正，从传统意义上的 GDP 中扣除不属于真正财富积累的虚假部分，从而再现一个真实的、可行的、科学的指标，即“真实 GDP”，也就是人们所说的“绿色 GDP”，使其能更准确地说明增长与发展的数量表达和质量表达的对应关系。“绿色 GDP”这个指标实质上代表了国民经济增长的净的正效应。绿色 GDP 的比重越高，表明经济增长的正面效应越高，即为社会创造的财富越多；负面效应越低，即向生态环境索取资源、排放废物或破坏生态环境的情况越少，反之亦然。用绿色 GDP 替代传统的 GDP 可以较为真实地衡量经济发展的水平，衡量经济福利水平的提高程度，弥补传统 GDP 的不足。

5. 答：政府给公务员发工资要计入 GDP 是因为公务员提供了社会工作的服务，政府给他们的工资就是购买他们的服务，因此属于政府购买。而政府给灾区或困难人群发放的救济金不计入 GDP，并不是因为灾区或困难人群提供了服务，创造了收入，相反，是因为他们发生了经济困难，丧失了生活来源才给予其救济金的，因此这部分救济金属于政府转移支付。政府转移支付只是简单地通过税收（包括社会保险税）把收入从一个人或一个组织手中转移到另一个人或另一个组织手中，并没有相应的货物或劳务的交换发生。所以政府转移支付和政府购买虽都属于政府支出，但前者不计入 GDP 而后者计入 GDP。

6. 答：（1）虽然购买债券和股票对购买者而言可以称为一种“投资”，但经济学上规定的投资与我们通常意义上的投资不一样。经济学上的投资是指增加或更换资本资产（包括厂房、住宅、机械设备及存货）的支出。经济学上的投资是固定资产投资和存货投资。固定资产投资包括新厂房、新设备、新商业用房和新住宅的增加；存货投资是指存货价值的增加（也存在减少的可能性）。投资是一定时期内增加到资本中的资本流量。计算 GDP 时，采用的是总投资而不是净投资。人们购买债券和股票只是一种证券交易活动，并不是实际的生产经营活动。人们买了债券或股票，是一种产权转移活动，因此不属于经济学意义的投资活动，也不能计入 GNP。当公司从人们手里取得了出售债券或股票的货币资金再去购买厂房或机器设备时，才是投资活动。

（2）国民收入核算中核算的是运用生产要素所生产的全部最终产品的

市场价值。购买股票和债券的资金，在购买时还没有用于生产，不能产生最终产品，更谈不上价值。但是如果购买股票和债券时支付了一定的佣金和未来可能产生的股息和利息，则应该归入国民收入的核算。因为前者为经纪人的劳务，而后者则是资金利用后的增值。

7. 答：GDP 平减指数反映包括消费品和资本品在内的一般物价水平变动，它是同一年度的名义 GDP 与实际 GDP 之比。

GDP 平减指数和 CPI 都反映总体价格水平，但二者存在如下区别：①GDP平减指数涵盖的商品范围更广，不仅包括消费品，而且包括资本品。②计算 GDP 平减指数时不考虑进口消费品价格的变动，CPI 则包含了进口消费品价格的变动。③GDP 平减指数使用可变权数，CPI 则使用固定权数。在物价上涨时，前者常常低估物价上涨影响，后者则常常高估物价上涨影响。

8. 答：从我国近几年经济发展的实际情况来看，GDP 增长虽快，但是城乡居民可支配收入增长却落后于 GDP 的增长，构成 GDP 增长和居民可支配收入增长的矛盾。出现这种情况的原因可以从以下几个方面解释：

（1）生产要素报酬意义上的国民收入并不会全部成为个人的收入。例如，利润收入中的一部分要给政府缴纳公司所得税，公司还要留下一部分利润，只有一部分利润才会以红利和股息形式分给个人。职工收入中也有一部分要以社会保险费的形式上缴有关机构。同时，人们也会以各种形式从政府那里得到转移支付，如退伍军人津贴、工人失业救济金、职工养老金、职工困难补助等。因此，从国民收入中减去公司未分配利润、公司所得税及社会保险税（费），加上政府给个人的转移支付，大体上就得到个人收入。

个人收入不能全归个人支配，因为要缴纳个人所得税。个人可支配收入，即人们可用来消费或储蓄的收入。税后的个人收入才是个人可支配收入（DPI）。可见，个人可支配收入与国内生产总值的关系如下：

国内生产总值=个人可支配收入+个人所得税+公司未分配利润+公司所得税+社会保险税-转移支付

从这个公式分析，在个人可支配收入增长缓慢的情况下，个人所得税、公司未分配利润、公司所得税和社会保险税的快速增长，完全有可能导致国内生产总值的快速增长。

（2）从我国实际情况看，GDP 快速增长而居民可支配收入却增长缓慢的原因主要是国内消费需求不足。经济增长是靠国债和外贸两个外力支撑的结果，从而表现出固定资产投资比重超常规增长，居民可支配收入和消费支出增长缓慢，最终导致居民可支配收入增长缓慢，GDP 仍获得快速增长。体现在支出法计算 GDP 的公式：$GDP=C+I+G+(X-M)$，在消费 C 增长缓慢的情况下，*GDP* 的快速增长源于投资 *I* 和净出口（*X*−*M*）的快速增长。

积极的财政政策所筹集来的国债资金主要用于投资，其政策导向是积极地扩大固定资产投资来拉动国民经济的适度快速增长。固定资产投资的快速增长已经成为扩大内需的主要因素，但我们必须注意到，随着连续多年在国民收入的分配中，固定资产投资的增长速度超过了 GDP 的增长速度，投资占 GDP 的比例已经达到了相当高的水平，以至于我们应该注意国民收入分配关系中的消费与积累的适度平衡问题了。在制定“十五”计划时，人们认为 30%左右的投资率可能是合适的。而 21 世纪之后，我国的投资占 GDP 的比例已经达到了将近 40%的水平。在实施积极的财政政策之前，我国的投资占 GDP 的比例处于逐渐攀升的状态，而实施积极的财政政策之后，这种比例上升的趋势明显加强。保持投资与消费比例关系的适度平衡，是宏观经济管理工作的一个重要内容，千万不可忽视。

投资占 GDP 的比例的明显攀升必然造成消费占 GDP 的比例的逐步下降。而消费下降的主要原因是居民收入增长的缓慢。连续多年我国居民的人均收入增长速度明显低于 GDP 的增长速度，这也是国民收入分配中存在的一个不容忽视的问题。20 世纪 90 年代后期出现了农村居民和城市低收入群体收入增长近乎停滞的情况，这更需要我国政府认真解决问题。消费领域主要存在两方面的问题：一是消费需求增长相对不足，2001 年上半年消费增长对 GDP 增长的贡献率不足 40%，低于 2000 年；二是不同收入阶层之间的收入差距进一步拉大。这两个问题的存在十分不利于中长期有效需求的扩大。

9. 答：在 A、B 两国产出不变的前提下，将两国合并为一个国家，合并前后的 GNP 总和保持不变。这一结论的核心原因在于 GNP（国民生产总值）的统计口径——以“国民（常住单位）”为边界，而非“地理领土”，合并仅改变地理边界，不影响要素所有权归属，因此总和不受影响。

假设 A、B 两国合并为新国家 C，合并前后两国的产出（即所有要素创造的价值）不变，仅地理边界从“两国”变为“一国”。

（1）合并前：A、B 两国的 GNP 总和

A 国 GNP＝A 国要素在 A 国境内创造的价值（记为 A_1）+A 国要素在 B 国境内创造的价值（记为 A_2）。

B 国 GNP＝B 国要素在 B 国境内创造的价值（记为 B_1）+B 国要素在 A 国境内创造的价值（记为 B_2）。

总和＝（A_1+A_2）+（B_1+B_2）。

（2）合并后：新国家 C 的 GNP

合并后，A、B 两国的要素均成为 C 国的“常住单位要素”，地理上的

“国内/国外”边界消失，原A、B境内的产出均视为C国“国内”产出。

C国GNP：C国要素在原A国境内创造的价值（A_1+B_2，即A国要素在A国的价值+B国要素在A国的价值）+C国要素在原B国境内创造的价值（B_1+A，即B国要素在B国的价值+A国要素在B国的价值）。

总和=（A_1+B_2）+（B_1+A_2）=（A_1+A_2）+（B_1+B_2）。

结论：合并前后的GNP总和完全相等。

10. 答：剔除中间产品，是为了避免GDP的重复计算。如果中间产品被计算在内，则会出现严重的重复计算。为了避免重复，可用生产法来计算，即通过加总各产业内所有企业生产的增加值来计算GDP。

11. 答：（1）失业率=失业人数÷劳动力人数×100%。

（2）失业率是衡量经济健康程度的一个指示器。当失业率过高时，意味着该国将有许多人不能养活自己，并且许多劳动者不能为国家的产出做贡献。

（3）失业率指标还可以用来衡量企业雇佣劳动者时面临的困难程度。这一程度被称为劳动力市场紧张程度。

（4）高失业率将导致社会福利支出增加，并且影响社会安定。

12. 答：产出是指GDP的生产，即新创造的价值，而不是各经济部门的产品价值总和。假设某纺纱厂1年产出成品（纱）价值20万元，其中包括消费棉花价值15万元，则创造的价值只有5万元，而不是20万元。

为什么产出等于收入呢？如果我们暂不考虑折旧和间接税，那么新创造的这5万元价值就被认为是生产纱所投入的生产要素（劳动、土地、资本及企业家管理才能）共同创造的，因而要将其转化为这些要素的报酬，即工资、地租、利息和利润。其中，利润是产品卖价20万元扣除原材料价格、工资、利息和地租后的余额。假设工资是2万元，利息是1.5万元，地租是0.5万元，则利润就是1万元。因此，总产出等于总收入。

总产出等于总支出是指就全社会来看，总产出等于购买最终产品的支出。例如，假设一件上衣卖500元，就意味着消费者购买时支出500元，而这500元又是许多与之有关的生产经营者（如棉农、纱厂、织布厂、制衣厂、售衣商等）创造的价值，即产出。上衣是如此，千千万万最终产品也是如此，因此从全社会来看，总产出就等于购买最终产品的总支出。

13. 在采用支出法核算GDP时，总投资可以采用以下两种方法计算：

①总投资指一定时期（如一年）增加到资本存量上的资本流量，分为重置投资和净投资。故总投资=净投资+折旧（或重置资本），而净投资=当年年终资本存量-上年年终资本存量=总投资-折旧。这里折旧是指重置资本，就是用来补偿资本消耗的投资。净投资是总投资减去重置投资或折旧后

余下的部分。

②总投资包括固定投资和存货投资。当年的总投资（I）= 当年固定投资+当年存货投资。

（四）应用题

1. 解：（1）按收入法计算 GDP。

GDP＝工资+利息+租金+利润+间接税减津贴＝100+10+30+20+10＝170（亿元）

（2）按支出法计算 GDP。

GDP＝消费+投资+政府支出+（出口-进口）＝90+60+30+（60-70）＝170（亿元）

（3）计算进出口盈亏。

进出口盈亏＝出口-进口＝60-70＝-10（亿元）

2. 解：（1）国内生产总值＝消费+总投资+政府购买+净出口

＝500+（125+50）+200+15

＝890（亿元）

（2）国内生产净值＝国内生产总值-资本折旧

＝890-50

＝840（亿元）

（3）国民收入＝国内生产净值-企业间接税

＝840-75

＝765（亿元）

（4）个人收入＝国民收入-公司未分配利润-公司所得税-社会保险金+政府转移支付

＝765-100-50-130+120

＝605（亿元）

（5）个人可支配收入＝个人收入-个人所得税

＝605-80

＝525（亿元）

3. 解：

①家庭新购入一台冰箱　（C）

②谢老师购买了一栋房子　（I）

③巴南区政府出资为工作人员建宿舍楼　（I）

④小明早餐买的豆浆油条　（C）

⑤西渝高铁修建　（G）

⑥比亚迪汽车在重庆修建新厂　（ I ）

⑦美国人购买中国华为手机　（ NX ）

⑧中国减少进口美国的大豆　（ NX ）

4. 解：（1）支出法即对国内生产的最终产品和服务的总支出进行加总，题目中最终产品为项链，售价为 40 万美元，故 GDP 为 40 万美元。

（2）生产法也为增值法，找到各阶段的增加值加总即可。

第一阶段增值：10-0＝10（万美元）

第二阶段增值：40-10＝30（万美元）

合计为：40 万美元。

（3）收入法即从收入角度衡量的 GDP。从题目中可以找到相应主体的工资和利润：

采矿业和金饰品制造业的工资总和为 7.5+5＝12.5（万美元）

利润总和为（10-7.5）+（40-10-5）＝27.5（万美元）

所以 GDP＝12.5+27.5＝40（万美元）

5. 解：（1）2018 年名义国内生产总值＝1.5×25+7.5×50+6×40+5×30+2×60＝922.5（元）

2020 年名义国内生产总值＝1.6×30+8×60+7×50+5.5×35+2.5×70＝1 245.5（元）。

（2）2020 年的实际国内生产总值＝1.5×30+7.5×60+6×50+5×35+2×70＝1 110（元）

（3）2018—2020 年的国内生产总值折算指数为 1 245.5/1 110 ≈ 112.2%，可见 2020 年价格比 2018 年价格上升了 12.2%。

6. 解：（1）支出法 GDP＝消费+投资+政府购买+净出口。

显然，该地区的净出口增加了 2 000 万元，而其他项没有变化，所以该地区的 GDP 增加了 2 000 万元。

（2）产生同样的结果，因为此做法相当于增加了 2 000 万元的政府购买，而其他项没有变，所以最终该地区的 GDP 仍然增加了 2 000 万元。

（3）增加，但增加的幅度会比较小，因为这 2 000 万元是以补贴的形式出现的，并不能计入 GDP，而当居民拿到这 2 000 万元后，会将其中的 60% 存起来，其余的 40% 用于投资或消费。因为居民只会将其中的 40% 用于消费或投资，即只能使 GDP 增加 800 万元。相对（1）来说，显然这种做法对 GDP 的贡献比较小。

7. 解：（1）由于 1997 年的价格＝1947 年的价格×（1997 年的物价水平-1947 年的物价水平）。

因此，1997 年爱荷华大学的学费 = 130×637% = 828.1（美元）

1997 年一加仑汽油的价格 = 0.23×637% = 1.465 1（美元）

1997 年从纽约到洛杉矶的三分钟电话价格 = 205×637% = 1 305.85（美元）

1997 年住一天特护病房的价格 = 35×637% = 222.95（美元）

1997 年麦当劳汉堡包的价格 = 0.15×637% = 0.955 5（美元）

（2）根据通货膨胀调整后，一加仑汽油、从纽约到洛杉矶的三分钟电话和麦当劳汉堡包的费用小于 1947 年。1997 年爱荷华大学的学费最高。

8. 解：（1）每年每种蔬菜的价格如表 1 所示。

表 1　2010 年和 2011 年每种蔬菜的价格　　单位：美元

年份	花菜	西蓝花	胡萝卜
2010 年	2	1.5	0.1
2011 年	3	1.5	0.2

（2）2010 年一篮子费用：2×100+1.5×50+0.1×500 = 325（美元）

2011 年一篮子费用：3×100+1.5×50+0.2×500 = 475（美元）

如果把 2010 年作为基年，那么：

2010 年的 CPI 为 325/325×100 = 100。

2011 年的 CPI 为 475/325×100 ≈ 146。

（3）2011 年的通货膨胀率 =（146−100）÷100×100% = 46%。

9. 解：（1）劳动力参与率 =（劳动力人数÷劳动年龄人口数量）×100%

= [（10 000−4 000）÷10 000] ×100% = 60%。

（2）失业率 =（失业人数÷劳动力人数）×100%

= [300÷（10 000−4 000）] ×100% = 5%。

10. 解：（1）由 $Y_d = C+S$ 可知 $S = Y_d - C = 5\ 100 - 3\ 800 = 1\ 300$（元）

（2）由 $I+G+(X-M) = S+T$ 可知：

$I = S+(T-G)+(M-X)$

$= 1\ 300-200+100 = 1\ 200$（元）

（3）由 $Y_d = Y+T_r-T$ 可知：

$T_r - T = 5\ 100-6\ 000 = -900$

由 $G+T_r-T = 200$，得 $G = 1\ 100$（元）

★★课程思政

【阅读材料 A】

答：1. GDP 是现代国际社会用来衡量各国经济发展水平的极为重要的标准。虽然 GDP 概念被普遍运用，但是它在衡量各国经济活动时，并非是一个完美无缺的标准。特别是在新冠疫情大背景下，“世界经济衰退已成定局，我们受到的影响有多大、有多深，还有很多不确定性”。做好“六稳”“六保”，贯彻新发展理念，保证经济增长的质量，才能更好地实现广大人民群众的幸福美好生活。

2. 经过多年高速发展，中国的经济体量和基数已经很大，潜在增长率在下降，再考虑到资源、环境的承载能力以及解决高速发展过程中累积的诸多深层次矛盾和问题，继续一味追求两位数的快速发展已不现实。把增速换到合适的“挡位”，符合经济发展客观规律。但不简单以 GDP 增长率论英雄，并不是意味着经济增长不重要，相反，我国经济增长要的是实实在在、没有水分的速度，是经济发展质量和效益得到提高又不会带来后遗症的速度。

【阅读材料 B】

答：1. 不是。尽管许多国家的 GNP 与 GDP 数值差异较小（约 1%），但二者在经济学意义上不能完全等价。GNP 以国民为统计范围，强调本国公民在全球范围内的产出；GDP 则以领土为统计范围，强调一国境内所有经济主体的产出。虽然数量差异可能不大，但这一差异反映了跨国经济活动的规模（如外资企业贡献、海外本国公民收入等）。在全球经济一体化背景下，GDP 更能体现一国实际经济活动和资源利用效率，因此联合国 1993 年以 GDP 为统一标准，并非仅因数值接近，而是因其更符合全球化生产的统计需求。

2. 答：GDP 取代 GNP 反映了全球经济一体化的趋势体现在以下几个方面：

首先是生产的国际化。现代产业链跨国分布（如福特汽车案例），传统“民族工业”概念难以界定，而 GDP 通过统计境内所有生产活动，更贴合“境内工业”的现实。其次是资本与人才的流动方面，外资企业成为各国经济的重要组成部分，GDP 包含其贡献，体现开放经济下的合作共赢。最后也具有一定的政策导向性。GDP 强调领土内经济总量，鼓励国家优化营商环境吸引外资，与全球化“要素自由流动”理念一致。

总而言之，这种转变不仅是统计方式的调整，更是对民族经济封闭观念的突破，强调融入全球价值链的重要性。

3. 答：结合我国国情，对“国货”的理性认识可以从以下几个方面入手：

首先是产业链的全球化。国产商品（如华为手机、比亚迪汽车）依赖全球供应链，关键部件可能进口，但设计、品牌与核心技术自主化体现国家竞争力。

其次是重构对“国货”的标准。“国货”应定义为由中国企业主导价值创造（研发、品牌等）、符合中国市场需求的产品，而非100%国产化。例如，小米整合全球供应链但仍属中国品牌。

最后是对政策与实践的启示。中国通过“双循环”战略，既扩大开放引进外资（如特斯拉上海工厂），又扶持本土创新，二者共同推动经济高质量发展。消费者支持“国货”应聚焦于对国内产业升级的认可，而非排斥国际合作（注：仅供参考，言之有理均可）。

【阅读材料C】

1. “这种巨大贡献”不是真的“一文不值”。造成这种现象的实质在于母亲的贡献并非真正无价值，而是其劳动在传统经济统计体系（如GDP或GNP）中被忽略。家务劳动、育儿等无偿工作未被纳入市场交易，因此无法体现在国民经济核算中，导致其“隐形化”。

这反映了GDP与GNP的局限性。GDP仅统计市场交易产生的价值，而忽视非市场化的家庭劳动（如育儿、家务），导致对社会真实财富创造的片面衡量。例如，母亲培养的“人力资本”（如孩子的教育、健康）是经济长期增长的核心，却因无法直接量化而被排除在GDP之外。

2. 对材料的认识可以从以下方面考虑：

首先是母亲的无偿劳动被剥削，体现了一定的经济悖论。“无偿女性关爱是经济重心”体现了家庭内部的育儿、家务劳动支撑了市场经济的运行（如培养劳动力、维持劳动者再生产），却因无偿性被贬低。这种“免费搭车”现象使全球经济依赖女性牺牲，却拒绝给予对等回报，也体现出一定的阶级与性别的不公正，当牺牲（如放弃职业发展）仅由女性承担时，母爱从美德变为“下等阶级的戳记”。社会将母亲的角色神圣化，实则掩盖了其劳动被剥削的实质。

其次是经济理论与现实的经济问题存在一定的脱节。一方面，经济学家承认人力资本是主要财富来源（如萨默斯所言），却将创造人力资本的母亲劳动视为“经验萎缩”，暴露了传统经济学对非市场劳动的漠视，这正体现了人力资本理论的矛盾。另一方面，在经济指标的统计中包含了一定的统计盲区与社会偏见。主流经济指标（如GDP）的缺陷强化了对“母亲无经济价值”的偏见，导致政策忽视对家庭劳动的支持（如育儿补贴、职业保护）。

最后应当针对以上问题不断更新解决方案，努力实现社会对“主妇工资”的全面认可，不仅需经济补偿（如计算母亲劳动的市场等价报酬），更需结构性改革。消除“母亲惩罚”（如职场歧视）；在政策方面，尝试将家庭劳动纳入社会保障体系（如育儿假、养老金权益）；在传统文化方面，努力破除“母爱天生无偿”的观念，推动男性共同承担养育责任（注：仅供参考，言之有理均可。）。

第二章习题演练答案及解析

（一）单选题

1. A。宏观经济学将价格水平不变的总需求叫作总支出，用 AE 表示。凯恩斯定律认为，一个国家的国民收入，将由一个国家的总支出决定，即由一个国家的不变价格水平下的总需求决定。

2. C。凯恩斯在 1936 年出版的《就业、利息和货币通论》，奠定了现代宏观经济分析的基本框架。

3. D。凯恩斯定律认为：一个国家的国民收入，将由一个国家的总支出决定，可表示为 y= AE。两部门、三部门、四部门经济的总支出分别等于 $c+i$、$c+i+g$、$c+i+g+$（$x-m$），所以 A、B、C 三个选项分别代表在两部门、三部门、四部门经济时一个国家的均衡国民收入等式。

4. B。根据 $y=AE=c+i+g+nx$，企业投资 i 的增加首先会直接引起国民收入的增加；接着，国民收入 y 的增加，又会通过消费函数 $c=c$（y）或 $c=\alpha+\beta y$ 引起消费 c 的增加，进而再次引起国民收入的增加。因此，企业投资的增加会通过投资乘数 k_i 成倍地引起国民收入的增加，同时也会引起消费水平的提高。

5. A。根据凯恩斯消费函数 $c=\alpha+\beta y$，由题意可知：当 $y=0$ 时，$c=2\ 000$；当 $y=6\ 000$ 时，$c=6\ 000$。将两组数据代入消费函数，求解可得：$c=2\ 000+\frac{2}{3}\times y$，MPC $=\frac{2}{3}$。

6. D。根据凯恩斯消费理论，影响家庭消费支出的因素有很多，我们重点关注六个因素：现期的实际可支配收入的绝对水平、价格水平、利率、消费者对未来经济走向的预期、家庭财富和信贷的可得性。

7. A。凯恩斯认为，在影响家庭消费支出的六个主要因素之中，现期的实际可支配收入的绝对水平（当前实际可支配收入），是决定消费支出的主要因素。因此，凯恩斯的消费函数理论也叫作绝对收入假说。

8. B。根据凯恩斯消费函数和储蓄函数：$y=c+s$ 可知，平均消费倾向 APC $=\frac{c}{y}$，平均储蓄倾向 APS $=\frac{s}{y}$，边际消费倾向表示为 MPC $=\frac{\Delta c}{\Delta y}=\frac{dc}{dy}$，边

际储蓄倾向表示为 $MPS=\frac{\Delta s}{\Delta y}=\frac{ds}{dy}$，由此可知 $APC+APS=\frac{c}{y}+\frac{s}{y}=\frac{c+s}{y}=1$，$MPC+MPS=\frac{\Delta c}{\Delta y}+\frac{\Delta s}{\Delta y}=\frac{\Delta c+\Delta s}{\Delta y}=1$。

9. D。根据两部门经济均衡国民收入等式：$y_E=\frac{1}{1-\beta}(\alpha+i)$，代入 $\alpha=800$，$\beta=0.6$，$i=400$，可得：$y_E=\frac{1}{1-0.6}\times(800+400)=3\ 000$。

10. D。根据两部门经济均衡国民收入等式：$y_E=\frac{1}{1-\beta}(\alpha+i)$，由题意可知 $\alpha=200$，$i=500$，边际储蓄倾向 $1-\beta=0.2$，代入两部门经济均衡国民收入等式可得：$y_E=\frac{1}{0.2}(200+500)=3\ 500$（亿元）。

11. D。存货调整机制是指，当实际国民收入大于总支出，即 $y>AE$，非自愿存货 $IU>0$ 时，产品市场的总供给便大于总需求，企业将减少生产，直到实际国民收入与总支出相等，即 $y=AE$，或者说，国民收入实现均衡为止；反之，当实际国民收入小于总支出，即 $y<AE$，非自愿存货 $IU<0$ 时，产品市场的总供给便小于总需求，企业将增加生产，直到实际国民收入与总支出相等，即 $y=AE$，或者说，国民收入实现均衡为止；只有当实际国民收入等于总支出时，即 $y=AE$，非自愿存货 $IU=0$ 时，产品市场的总供给等于总需求，企业才既没有减少生产的动力，也没有增加生产的动力，实际国民收入才处于稳定状态。

12. B。据题意可知，在两部门经济中，实际国民收入 $y=5\ 000$ 亿元，计划总支出 $AE=c+i=3\ 900+1\ 200=5\ 100$，因此 $y<AE$。根据存货调整机制，$y<AE$，非自愿存货 $IU<0$ 时，产品市场的总供给便小于总需求，国民收入不在均衡水平上，企业将增加生产，直到实际国民收入上升到与总支出相等为止。

13. B。投资乘数 $k_i=\frac{\Delta y}{\Delta i}=\frac{1}{1-MPC}=\frac{1}{MPS}=\frac{1}{1-\beta}$，所以是收入的变化量除以投资的变化量。

14. C。根据两部门经济中投资乘数的一般表达式：$k_i=\frac{1}{1-\beta}$，代入 $\beta=0.8$，可得：$k_i=\frac{1}{1-0.8}=5$。

15. A。边际消费倾向 $0<MPC=\frac{\Delta c}{\Delta y}<1$，意味着随着当前可支配收入的增加，消费支出也在增加，但它增加的幅度小于可支配收入的增加幅度。

16. C。根据两部门经济中投资乘数的一般表达式：$k_i=\frac{1}{1-\beta}$，代入 $\beta=0.8$，可得：$k_i=\frac{1}{1-0.8}=5$。

17. C。根据两部门经济中投资乘数的一般表达式：$k_i=\frac{1}{1-\beta}$，代入 $\beta=0.9$，可得：$k_i=\frac{1}{1-0.9}=10$。均衡国民收入的增加量 $\Delta y=\Delta i\times k_i=150\times10=$ 1 500（亿元）。

18. A。根据题意可知，$\text{APC}=\frac{c}{y}=\frac{\alpha}{y}+\beta$，$\text{MPC}=\frac{\Delta c}{\Delta y}=\beta$，所以 APC>MPC。

19. C。政府购买性支出是指政府对产品和劳务的购买，如购买军火、购买机关办公用品、支付政府雇员报酬、建设公共项目工程所需要的支出等，支付公务员工资即支付政府雇员报酬。

20. D。在均衡产出水平上，计划支出等于计划储蓄，非自愿存货投资为零，国民收入没有变动的趋势。

21. B。根据三部门经济乘数可知，政府购买乘数为$k_g=\frac{\Delta y}{\Delta g}=\frac{1}{1-\beta(1-t)}$，政府转移性支付乘数为$k_{tr}=\frac{\Delta y}{\Delta \text{tr}}=\frac{\beta}{1-\beta(1-t)}$。$0<\beta<1$，所以 $k_g>k_{\text{tr}}$。

22. A。根据三部门经济乘数可知，政府购买乘数为$k_g=\frac{\Delta y}{\Delta g}=\frac{1}{1-\beta(1-t)}$，税收乘数为 $k_T=\frac{\Delta y}{\Delta T}=-\frac{\beta}{1-\beta(1-t)}$，政府转移性支付乘数为 $k_{tr}=\frac{\Delta y}{\Delta \text{tr}}=\frac{\beta}{1-\beta(1-t)}$，由于 $0<\beta<1$，所以 $k_g>k_T$，$k_g>k_{\text{tr}}$，A 选项为增加政府购买性支出 300 亿元，B 选项为减税 300 亿元，C 选项为增加政府转移支付 300 亿元，由于 k_g 乘数最大，增加的国民收入 Δy 等于增加的类别 Δx 乘以对应的乘数 k，所以 A 选项使国民收入增加最多。

23. D。根据三部门经济中政府购买支出乘数公式：$k_g=\frac{1}{1-\beta(1-t)}$，代入比例税税率 $t=0$，$\beta=0.8$，可得$k_g=\frac{1}{1-0.8}=5$。

24. C。根据三部门经济中政府转移支付乘数公式：$k_{\text{tr}}=\frac{\beta}{1-\beta(1-t)}$，代入比例税税率 $t=0$，$\beta=0.8$，可得$k_{\text{tr}}=\frac{0.8}{1-0.8}=4$。

25. C。根据三部门经济中税收乘数公式：$k_T=-\frac{\beta}{1-\beta\ (1-t)}$，代入比例税税率 $t=0$，$\beta=0.8$，可得$k_g=-\frac{0.8}{1-0.8}=-4$。

26. A。根据三部门经济中政府税收乘数公式：$k_T=-\frac{\beta}{1-\beta\ (1-t)}$，代入 $\beta=0.4$，$t=0.5$，可得$k_T=-\frac{0.4}{1-0.4(1-0.5)}=-0.5$。

27. C。根据三部门经济中税收乘数公式：$k_T=-\frac{\beta}{1-\beta\ (1-t)}$，代入比例税税率 $t=0$，$\beta=0.8$，可得$k_g=-\frac{0.8}{1-0.8}=-4$。因此，如果税收减少 200，则国民收入会反向增加 200×4=800。

28. B。根据三部门经济中政府转移支付乘数公式：$k_{tr}=\frac{\beta}{1-\beta\ (1-t)}$，代入比例税税率 $t=0$，$\beta=0.75$，可得$k_{tr}=\frac{0.75}{1-0.75}=3$。因此，如果政府转移支付减少 200，国民收入会同向减少 200×3=600。

29. A。因为政府购买支出乘数大于税收乘数，所以变化同样多绝对值的政府购买支出和税收时，政府购买支出变动对 GDP 的影响程度更大。

30. C。政府转移支付乘数和税收乘数互为相反数，所以该题意对 GDP 的影响程度一样。

31. C。两部门经济中的投资支出乘数为$k_i=\frac{1}{1-\beta}$，三部门经济中投资支出乘数为$k_i=\frac{1}{1-\beta\ (1-t)}$，当税收只按定量税征收（无比例税）时，意味着比例税率 $t=0$，因此两部门经济和三部门经济的投资支出乘数相同，不发生变化。

32. C。四部门经济的均衡国民收入 $y=\text{AE}$。在产品市场引入国外部门以后，一个国家面临的总支出将由四个部分组成，它们分别是：家庭的消费支出 c、企业的投资支出 i、政府购买 g 和净出口 nx，即 $\text{AE}=c+i+g+\text{nx}$，因此四部门经济的均衡国民收入由 c、i、g、nx 共同决定。

33. D。均衡国民收入由总支出决定，即 $y=\text{AE}=c+i+g+\text{nx}$，因此 c、i、g、nx 的增加均会直接导致 y 的增加。在其他条件不变的情况下，A、B、C 选项分别是出口增加导致的 nx 增加、国防开支增加即政府购买支出 g 增加、消费者娱乐支出增加即消费 c 增加，因此都会引起均衡国民收入的增加。而债券、股票等的变化并不是实际支出的变化，不会引起实际 GDP 发生改变。

34. C。当消费函数是一条直线时，此时为线性消费函数，如 $c=\alpha+\beta y$，斜率 β 就是边际消费倾向，且为常数不变；平均消费倾向 $APC=c/y=\alpha/y+\beta$，随着 y 的增加，APC 会越来越小。

35. C。四部门经济的投资乘数为 $k_i=\dfrac{\Delta y}{\Delta i}=\dfrac{1}{1-\beta(1-t)+\gamma}$，三部门经济的投资乘数为 $k_i=\dfrac{\Delta y}{\Delta i}=\dfrac{1}{1-\beta(1-t)}$，因此当存在 $\gamma\neq 0$ 时，即有对外贸易时，四部门经济的投资乘数小于三部门经济的投资乘数。

36. A。出口乘数 $k_x=\dfrac{1}{1-\beta(1-t)+\gamma}=\dfrac{1}{1-0.8+0.2}=2.5$。

37. A。净出口 $nx=100-0.1\times 800=20$。

38. C。四部门经济中，投资乘数 $k_i=\dfrac{1}{1-\beta(1-t)+\gamma}$，因为存在进口倾向 γ 的原因，将导致投资乘数缩小。

39. C。边际进口倾向越大，乘数越小，因此增加进口倾向，会导致政府支出乘数降低，降低财政政策的有效性。

40. A。根据 $y=AE=c+i+g+nx$，$yd=y-T+tr$，代入数据可得四部门经济均衡国民收入 $y=2\ 400$。

（二）辨析题

1. 正确。凯恩斯定律是凯恩斯在他 1936 年出版的《就业、利息和货币通论》一书中，提出来的一个基本假说。这个基本假说的内容是，社会总需求的变动，只会引起产出和收入的变动，不会引起价格水平的变动。

2. 正确。根据凯恩斯消费函数随着收入的增加，消费支出也在增加，但它增加的幅度将越来越少。换言之，家庭消费支出的增加量在收入增加量中所占的比例，将随着收入的增加而以递减的速度增加。这个特征叫作边际消费倾向递减规律。

3. 错误。根据凯恩斯消费函数可知，平均消费倾向表示为 $APC=\dfrac{c}{y}$，边际消费倾向表示为 $MPC=\dfrac{\Delta c}{\Delta y}=\dfrac{dc}{dy}$，以线性消费函数为例，即 $c=\alpha+\beta y$，则 $APC=\dfrac{c}{y}=\dfrac{\alpha}{y}+\beta$，$MPC=\beta$，由于 $\alpha>0$、$y>0$，所以在每一个收入水平上，平均消费倾向大于边际消费倾向，即 APC>MPC。

4. 错误。根据凯恩斯消费函数和储蓄函数特征，MPC 随着收入增加而递减，且 APC>MPC；APS 和 MPS 都随收入增加而递增，且 APS<MPS。

5. 正确。两部门经济的均衡国民收入是指，与家庭的消费支出和企业的投资支出之和相等的国民收入，用公式表示为 $y=\text{AE}=c+i$。

6. 正确。在均衡国民收入水平上，$\text{IU}=0$，即企业的非意愿存货投资等于零，企业既没有减少生产的动力，也没有增加生产的动力，国民收入实现了均衡。

7. 错误。在均衡国民收入水平上，$\text{IU}=0$，即企业的非意愿存货投资等于零，企业既没有减少生产的动力，也没有增加生产的动力，国民收入实现了均衡。

8. 正确。投资是指企业增加资本品的行为，分为固定投资和存货投资。企业的存货投资分为计划存货投资和非计划存货投资。

9. 错误。边际消费倾向与边际储蓄倾向之和等于 1，通常 MPC 和 MPS 均大于 0 且小于 1。

10. 正确。根据三部门经济乘数可知，政府购买乘数为 $k_g=\dfrac{\Delta y}{\Delta g}=\dfrac{1}{1-\beta(1-t)}$，税收乘数为 $k_T=\dfrac{\Delta y}{\Delta T}=-\dfrac{\beta}{1-\beta(1-t)}$，政府转移性支付乘数为 $k_{\text{tr}}=\dfrac{\Delta y}{\Delta \text{tr}}=\dfrac{\beta}{1-\beta(1-t)}$，由于 $0<\beta<1$，所以 $k_g>k_T$，$k_g>k_{\text{tr}}$。

11. 正确。政府转移支付是指政府在社会福利保险、贫困救济和补助等方面的支出，用 tr 表示。

12. 正确。这是均衡产出的条件。

13. 错误。消费函数的斜率是边际消费倾向，储蓄函数的斜率是边际储蓄倾向，两者之和等于 1，通常两者均大于 0 且小于 1。

14. 错误。平衡预算乘数是指政府购买支出和定额税同时以相同的数量增加或减少时，国民收入变动与政府收支变动的比率，用公式表示为 $k_b=\dfrac{1-\beta}{1-\beta(1-t)}$，只有当比例税率 $t=0$ 时，平衡预算乘数才等于 1。

15. 正确。均衡国民收入等于总支出，当增加政府购买性支出 g 和政府转移支付 tr 时，则总支出 AE 增加，所以均衡国民收入也会增加。

16. 正确。净出口是出口减进口的差额，用 nx 表示。当 nx 大于零时，表示出现贸易顺差；当 nx 等于零时，表示出现贸易平衡；当 nx 小于零时，表示出现贸易逆差。

17. 错误。收入变动不是影响消费的全部原因，利率、价格水平、消费者对未来经济走向的预期、家庭财富、信贷的可得性等因素都会影响消费行为。

18. 错误。根据边际消费倾向递减规律，随着收入的增加，消费也相应增加，但是增加的幅度会越来越小于收入增加的幅度。因此，高收入家庭的边际消费倾向要小于低收入家庭的边际消费倾向。

19. 正确。政府购买是指政府购买产品和劳务的支出，会直接影响总需求，但税收和政府转移支付则是通过它们对私人消费和投资的影响来间接影响总需求。

20. 错误。人们的全部消费实际上可以分为自发性消费和引致性消费两部分。自发性消费是由于人有基本需求决定的最必需的消费，它不取决于收入。引致性消费取决于收入和边际消费倾向。

21. 正确。投资乘数与边际储蓄倾向是反向关系，因此边际储蓄倾向越大，投资乘数越小。

22. 正确。消费函数是实际可支配收入的函数，可能是线性的，也可能是非线性的。

23. 正确。根据出口乘数，出口的增加会通过出口乘数放大其带来的影响。

（三）简答题

1. 答：凯恩斯的交叉线模型亦称“45°线模型”，是对凯恩斯收入决定理论的最简单描述。凯恩斯交叉线模型的核心在于需求决定供给，支出决定收入。该模型的基本假设是：①没有供给限制，也就意味着经济体的总产量取决于总需求而不是总供给，总产出水平由总需求决定，总供给可以适应总需求的增加而增加。②价格水平保持不变，或者说价格黏性。经济体能以不变的价格提供需求的供给量。③投资是外生变量，即不随利率和产量而变动，实际上就是将货币市场对总需求的影响放在一边，只讨论产品和劳务市场上影响总支出的因素。

2. 答：（1）在国民收入核算体系中，储蓄—投资恒等式完全是根据储蓄和投资的定义得出的。根据定义，国内生产总值总等于消费加投资，国民总收入则等于消费加储蓄，国内生产总值又总等于国民总收入，这样才有了储蓄恒等于投资的关系。这种恒等关系就是两部门经济的总供给（$C+S$）和总需求（$C+I$）的恒等关系。只要遵循储蓄和投资的这些定义，储蓄和投资一定相等，而不管经济是否实现充分就业或处于通货膨胀状态，即是否均衡。

（2）但这一恒等式并不意味着宏观经济实现了均衡，即并不意味着人们意愿的或者说事前计划的储蓄总会等于企业想要有的投资。在实际经济生活中，储蓄和投资的主体及动机都不一样，储蓄主要由居民进行，而投资主要由企业进行，个人的储蓄动机和企业的投资动机不一样，这才会导致计划储蓄和计划投资的不一致，从而引起经济的扩张或收缩。分析宏观经济均衡时所讲的投资要等于储蓄，是指只有计划投资等于计划储蓄时，或事前储蓄等于事前投资，才能形成经济的均衡状态。这与国民收入核算中的实际发生的投资总等于实际发生的储蓄这种恒等关系并不是一回事。

可见，在国民经济核算时，储蓄等于投资是指从国民收入的会计角度出发，事后的储蓄等于事后的投资；在宏观经济实现均衡时，储蓄等于投资是指计划投资等于计划储蓄时，或事前储蓄等于事前投资。

3. 答：在两部门经济中，国民收入的均衡条件是：有效需求决定均衡水平，均衡产出为价格水平不变条件下的总支出，即 $y=\mathrm{AE}$，其中 $\mathrm{AE}=c+i$。通过总支出分析，代入消费函数 $c=\alpha+\beta y$，可得两部门经济均衡产出是：$y_E=\frac{1}{1-\beta}$（$\alpha+i$）。通过投资-储蓄分析，可得 $y=c+s$，$\mathrm{AE}=c+i$，$y=\mathrm{AE}$，所以 $s=i$，代入储蓄函数后，仍可得两部门经济均衡产出是：$y_E=\frac{1}{1-\beta}$（$\alpha+i$）。

4. 答：投资乘数是指投资变动量所引起的均衡国民收入变动量的倍数，用公式表示为$k_i=\frac{\Delta y}{\Delta i}=\frac{1}{1-\beta}$，两部门经济投资乘数也可表示为$k_i=\frac{\Delta y}{\Delta i}=\frac{1}{1-\beta}$。投资乘数发挥作用的过程如下：支出的初始变化，将导致产出（如 GDP）变化等同于收入变化；收入变化将导致消费支出变化，后者又使得产出再次变化……如此一轮一轮地循环下去。最终，收入变化总量是每一轮乘数过程中收入变化的加总。

5. 解：（1）根据只存在定额税的三部门经济均衡条件 $y=\mathrm{AE}=c+i+g$ 或 $y_E=\frac{1}{1-\beta}$（$\alpha+i+g-\beta T+\beta tr$），在这里我们直接用第一个均衡等式，代入 $c=500+0.8y_d$，$y_d=y-\mathrm{T}+\mathrm{tr}=y-100+80$，$i=120$，$g=200$，可得均衡国民收入：$y=500+0.8\times y-16+120+200$，经整理得 $y=4\ 020$（亿元）；

（2）根据题意可知：$\beta=0.8$，因此

政府购买支出乘数：$k_g=\frac{1}{1-\beta}=\frac{1}{1-0.8}=5$

政府转移性支付乘数：$k_{tr}=\frac{\beta}{1-\beta}=\frac{0.8}{1-0.8}=4$

政府税收乘数：$k_t=\frac{-\beta}{1-\beta}=\frac{-0.8}{1-0.8}=-4$

政府平衡预算乘数：$k_b=1$；

（3）当政府购买支出增加到 150 亿元时，则：$\Delta g=150-100=50$（亿元）。

根据政府购买支出变动与国民收入变化之间的关系 $\Delta y=\Delta g\times k_g$ 可得：

$\Delta y=\Delta g\times k_g=50\times5=250$（亿元），因此国民收入会增加 250 亿元，新的均衡国民收入为：$y_2=4\ 020+250=4\ 270$（亿元）。

6. 答：他们的理由是，富有者的消费倾向较低，储蓄倾向较高，而贫穷者的消费倾向较高（因为贫穷者收入低，为维持基本生活水平，他们的消费支出在收入中的比重必然大于富有者），因此将一部分国民收入从富有者转给贫穷者，可以提高整个社会的消费倾向，从而提高整个社会总消费支出水平，于是总收入水平就会随之提高。

7. 解：（1）根据三部门经济均衡条件 $y=\mathrm{AE}=c+i+g$ 或 $y_E=\dfrac{1}{1-\beta\ (1-t)}(\alpha+i+g-\beta T+\beta \mathrm{tr})$，在这里我们直接用第一个均衡等式，代入 $c=100+0.6y_d$，$y_d=y-T+\mathrm{tr}=y-50+40$，$i=100$，$g=80$，可得均衡国民收入：$y=100+0.6\times y-6+100+80$，经整理得 $y=685$（亿元）；

（2）根据题意可知：$\beta=0.6$，因此

政府购买支出乘数：$k_g=\dfrac{1}{1-\beta}=\dfrac{1}{1-0.6}=2.5$

政府转移性支付乘数：$k_{tr}=\dfrac{\beta}{1-\beta}=\dfrac{0.6}{1-0.6}=1.5$

政府税收乘数：$k_t=\dfrac{-\beta}{1-\beta}=\dfrac{-0.6}{1-0.6}=-1.5$

政府平衡预算乘数：$k_b=1$；

（3）若比例税率 $t=0.2$，根据三部门经济均衡条件 $y=\mathrm{AE}=c+i+g$ 或 $y_E=\dfrac{1}{1-\beta(1-t)}(\alpha+i+g-\beta T+\beta \mathrm{tr})$，代入后，可得均衡国民收入：$y2\approx584.62$（亿元）。

8. 答：总需求由消费支出、投资支出、政府购买支出和净出口组成。

税收并不直接影响总需求，它通过改变人们的可支配收入，从而影响消费支出，再影响总需求。税收的变化与总需求的变化是反方向的。当税收增加（税率上升或税收基数增加）时，人们的可支配收入减少，从而消费减少，总需求减少。总需求的减少量通过税收乘数的作用，将小于税收的增加量，反之亦然。

政府购买支出直接影响总需求，两者的变化是同方向的。总需求的变化量也数倍于政府购买支出的变化量，这个倍数就是政府购买支出乘数。

政府转移支付对总需求的影响方式类似于税收，可以间接影响总需求，通过改变人们的可支配收入，从而影响消费支出及总需求；并且政府转移支付乘数和税收乘数的绝对值一样大。但与税收不同的是，政府转移支付与政府购买支出是同方向变化的，但政府转移支付乘数小于政府购买支出乘数。

税收、政府购买支出和政府转移支付都是政府可以控制的变量，控制这些变量的政策称为财政政策。政府可以通过财政政策来调控经济运行。

9. 答：在封闭经济中，投资和政府支出增加，国民收入增加的倍数是 $\frac{\beta}{1-\beta\ (1-t)}$，而有了对外贸易后，这一倍数变成了 $\frac{\beta}{1-\beta(1-t)+\gamma}$（这里的 β、t 和 γ 分别代表边际消费倾向、税率和边际进口倾向），显然乘数变小了，这主要是因为增加的收入的一部分被用到购买进口商品中去了，造成了财富的漏出。

（四）应用题

1. 解：（1）$APC=\frac{c}{y}=\frac{80}{100}=0.8$。

（2）$APS=\frac{s}{y}=\frac{y-c}{y}=\frac{100-80}{100}=\frac{20}{100}=0.2$。

（3）$MPC=\frac{\Delta c}{\Delta y}=\frac{90-80}{120-100}=\frac{10}{20}=0.5$。

（4）$MPS=\frac{\Delta s}{\Delta y}=\frac{(120-90)-(100-80)}{120-100}=\frac{30-20}{120-100}=\frac{10}{20}=0.5$。

2. 解：根据上题可知，投资乘数：$k_i=\frac{1}{1-MPC}=\frac{1}{1-0.5}=2$。因此，根据投资变动与国民收入变化之间的关系 $\Delta y=\Delta i\times k_i$

（1）当投资增加 5 亿元时，$\Delta i=5$，代入上式可得：$\Delta y=\Delta i\times k_i=5\times2=10$（亿元），因此国民收入会增加 10 亿元，从 100 亿元变成 110 亿元。

（2）当投资减少 4 亿元时，$\Delta i=-4$，代入上式可得：$\Delta y=\Delta i\times k_i=-4\times2=-8$（亿元），因此国民收入会减少 8 亿元，从 100 亿元变成 92 亿元。

3. 解：投资乘数：$k_i=\frac{1}{1-MPC}=\frac{1}{MPS}=\frac{1}{0.2}=5$。

因此，根据投资变动与国民收入变化之间的关系 $\Delta y=\Delta i\times k_i$，$\Delta i=80$，可得：国民收入的变化为 $\Delta y=\Delta i\times k_i=80\times5=400$，所以国民收入增加 400 亿元。

根据边际消费倾向公式 $MPC=\frac{\Delta c}{\Delta y}$，求得消费的变化：$\Delta c=\Delta y\times MPC=400\times(1-0.2)=320$（亿元），所以消费增加 320 亿元。

4. 解：（1）根据均衡条件 $y=AE=c+i=100+0.8y+50$，经整理可得均衡国民收入 $y=750$（亿元），$c=100+0.8\times750=700$，$s=y-c=750-700=50$。

（2）根据 $IU=y-AE=800-750=50$（亿元），因此企业非自愿存货投资为 50 亿元。

（3）根据均衡条件 $y=\mathrm{AE}=c+i=100+0.8y+100$，经整理可得均衡国民收入 $y=1\,000$（亿元），比原来增加了 $\Delta y=1\,000-750=250$（亿元）。

（4）消费函数变化后，因为 $y=c+i=100+0.9y+50$，经整理可得均衡国民收入 $y=1\,500$（亿元），比原来增加了 $\Delta y=1\,500-750=750$（亿元）。

（5）原消费函数下，投资乘数：$k_{i1}=\dfrac{1}{1-\beta}=\dfrac{1}{1-0.8}=5$。

消费函数变化后，投资乘数：$k_{i2}=\dfrac{1}{1-\beta}=\dfrac{1}{1-0.9}=10$，可见乘数比变化前增大了 1 倍。

5. 解：（1）根据三部门经济均衡条件 $y=\mathrm{AE}=c+i+g$ 或 $y_E=\dfrac{1}{1-\beta(1-t)}(\alpha+i+g-\beta T+\beta \mathrm{tr})$，在这里我们直接用第一个均衡等式，代入 $c=500+0.8y_d$，$y_d=y-T=y-0.2y=0.8y$，$i=120$，$g=100$，可得均衡国民收入：$y=500+0.8\times 0.8y+120+100$，经整理得 $y=2\,000$（亿元）。

（2）根据题意可知：$\beta=0.8$，税率 $t=0.2$，因此政府购买支出乘数：$k_g=\dfrac{1}{1-\beta(1-t)}=\dfrac{1}{1-0.8(1-0.2)}\approx 2.78$。

（3）当政府购买支出增加到 150 亿元时，则：$\Delta g=150-100=50$（亿元）。

根据政府购买支出变动与国民收入变化之间的关系 $\Delta y=\Delta g\times k_g$，可得：$\Delta y=\Delta g\times k_g=50\times 2.78=139$（亿元），因此国民收入会增加 139 亿元，新的均衡国民收入为 $Y=2\,000+139=2\,139$（亿元）。

6. 解：（1）根据三部门经济均衡条件 $y=\mathrm{AE}=c+i+g$，代入 $c=50+0.8y_d$，$y_d=y-T+\mathrm{tr}$，可得：$y=50+0.8y_d+150+200$，所以 $y=50+0.8$（$y-0.35y+100$）$+150+200$，所以均衡国民收入：$y=1\,000$（亿元）。

（2）根据政府预算盈余公式计算可得：$\mathrm{BS}=T-g-\mathrm{tr}=\mathrm{ty}-g-\mathrm{tr}=0.35\times 1\,000-200-100=50$（亿元）。

（3）根据三部门经济均衡条件 $y=\mathrm{AE}=c+i+g$，代入 $c=50+0.8y_d$，$y_d=y-T+\mathrm{tr}$，可得：$y=50+0.8y_d+150+200$，所以 $y=50+0.8$（$y-0.15y+100$）$+150+200$，均衡国民收入 $y=1\,500$（亿元）。

（4）当边际消费倾向变为 0.9 时，根据三部门经济均衡条件 $y=\mathrm{AE}=c+i+g$，代入 $c=50+0.9y_d$，$y_d=y-T+\mathrm{tr}$，可得：$y=50+0.9y_d+150+200$，经整理：

$y=50+0.9$（$y-0.35y+100$）$+150+200$，

所以均衡国民收入：$y=1\,180.72$（亿元），

预算盈余：$\mathrm{BS}=T-g-\mathrm{tr}=\mathrm{ty}-g-\mathrm{tr}=0.35\times 1\,180.72-200-100=113.25$（亿元），

预算盈余的变化：$\triangle \mathrm{BS}=113.25-50=63.25$（亿元），

因此，相比变化前预算盈余增加了，增加量为 63.25 亿元。

7. 解：(1) 根据四部门经济均衡条件 $y=AE=c+i+g+(x-m)$，$y_d=y-T=y-50$，代入后：$y=100+0.8(y-50)+100+60+80-(20+0.05y)$

经整理可得均衡国民收入 $y=1\ 120$（亿元）。

(2) 净出口 $nx=x-m=80-(20+0.05y)=80-20-0.05\times1\ 120=4$（亿元）。

(3) 政府购买支出乘数：$k_g=\dfrac{1}{1-\beta(1-t)+\gamma}=\dfrac{1}{1-0.8(1-0)+0.05}=4$。

8. 解：(1) 根据两部门经济均衡条件 $y=AE$ 或者 $i=s$，或者直接运用两部门经济均衡国民收入的表达$y_E=\dfrac{1}{1-\beta}(\alpha+i)$求解均衡国民收入。

消费函数 $c=100+0.8y_d$，因此自发性消费支出 $\alpha=100$，边际消费倾向 $\beta=0.8$，将它们与自发性投资 $i=50$ 一起，代入$y_E=\dfrac{1}{1-\beta}(\alpha+i)$，得到该经济体的均衡国民收入为

$$y_E=\frac{1}{1-0.8}(100+50)=750\text{（亿元）}$$

投资乘数：$k_i=\dfrac{\Delta y}{\Delta i}=\dfrac{1}{1-\beta}=\dfrac{1}{1-0.8}=5$

(2) 当政府支出 $g=200$，定量税收 $T_0=60$，比例税税率 $t=0.25$ 时，进入了三部门经济。因此，只需要将相关数字代入三部门经济的均衡国民收入表达式：

$$y_E=\frac{1}{1-\beta(1-t)}(\alpha+i+g-\beta T+\beta tr)$$

便可以得到均衡国民收入：

$$y_E=\frac{1}{1-0.8(1-0.25)}(100+50+200-0.8\times60+0.8\times0)=755\text{（亿元）}$$

政府购买乘数：$k_g=\dfrac{\Delta y}{\Delta g}=\dfrac{1}{1-\beta(1-t)}=\dfrac{1}{1-0.8(1-0.25)}=2.5$

税收乘数：$k_T=\dfrac{\Delta y}{\Delta T}=-\dfrac{\beta}{1-\beta(1-t)}=-\dfrac{0.8}{1-0.8(1-0.25)}=-2$

平衡预算乘数：$k_g+k_T=2.5-2=0.5$

(3) 引入 $nx=50-0.1y$ 时，就进入了四部门经济。根据 $nx=50-0.1y$，可知 $x-m_0=50$，边际进口倾向 $\gamma=0.1$，将这些数字与前面的其他数字一起，代入四部门经济均衡国民收入表达式：

$$y_E=\frac{1}{1-\beta(1-t)+\gamma}(\alpha+i+g-\beta T_0+\beta tr+x-m_o),$$

便得到均衡国民收入：

$$y_E=\frac{1}{1-0.8(1-0.25)+0.1}(100+50+200-0.8\times60+0.8\times0+50)=704\text{（亿元）},$$

外贸乘数包括：

出口乘数：$k_x=\frac{\Delta y}{\Delta x}=\frac{1}{1-\beta(1-t)+\gamma}=\frac{1}{1-0.8(1-0.25)+0.1}=2$，

进口乘数：$k_m=\frac{\Delta y}{\Delta m}=-\frac{1}{1-\beta(1-t)+\gamma}=-\frac{1}{1-0.8(1-0.25)+0.1}=-2$。

★★课程思政

【阅读材料 A】

答：1. 不是。乘数效应说明一笔新增支出可能引发多轮收入和支出的连锁反应，从而放大其对国民收入的影响。但这并不等于“破坏带来繁荣”。例如，商店橱窗被砸所带来的支出只是替代性支出（原本可用于新增投资或消费的资金被迫用于修复），并未创造新增财富。而“9·11”事件的损失更巨大，虽然救灾和重建支出有乘数效应，但原本可创造更多价值的人力与资本被摧毁，社会净财富减少，机会成本巨大。因此，乘数效应不能脱离支出的性质与背景来孤立理解。

2. 答：支出乘数的理论基础是“一个人的支出是另一个人的收入”。乘数的放大机制依赖于消费倾向的持续传导，但在现实中有三个边界：①边际消费倾向不为 1，意味着每轮支出中一部分变为储蓄，逐轮减少；②进口、税收与价格调整：部分支出流向国外（开放经济），或被政府征税，削弱乘数效应；③资源约束与供给能力：当经济接近充分就业，新增需求可能引发通货膨胀而非产出增加。因此，乘数效应在现实中有边界和条件，不能无限放大。

3. 答：不同类型的财政支出具有不同的乘数效应与外部性。从“高质量发展”的角度看，以下支出类型具有更强放大效应和长期收益：①教育与科技支出：提升人力资本与技术进步，带来持续的生产率提升。②基础设施建设：改善营商环境与交通物流效率，是带动区域经济协调发展的关键。③绿色转型支出：如新能源与环保产业投资，不仅刺激当前产出，也服务于可持续发展目标（注：仅供参考，言之有理均可）。

【阅读材料 B】

答：1. 文中提到了消费需求、投资需求和出口需求，这三大需求分别是家庭、企业、国际部门所对应的需求，是总需求的重要组成部分。

2. （1）消费是总需求的重要组成部分，消费需求在推动我国经济发展中发挥了基础作用。我国有 13 亿多人口，消费是每个个体都会有的行为，因此，采取正确的消费政策，释放消费潜力，使消费继续在推动经济发展中发挥基础作用十分重要。

（2）企业部门的投资需求，对拉动经济发展至关重要，在我国经济发展中发挥关键作用。

（3）出口需求对接国际市场，在推动我国经济发展中发挥支撑作用。

3. 请同学们自行思考作答（答题思路：可从影响消费、投资、出口的因素方面，结合我国实际情况进行思考）。

第三章习题演练答案及解析

（一）单选题

1. D。根据不同的经济政策目标，我们可以把经济政策分为宏观经济政策与微观经济政策。

2. C。微观经济政策的目标是实现经济效率。

3. D。宏观经济政策的目标是实现经济稳定和经济增长。

4. A。需求管理政策的主要手段和措施是财政政策和货币政策，供给管理政策的主要手段和措施是人力政策和收入政策等。

5. C。需求管理政策的主要手段和措施是财政政策和货币政策，供给管理政策的主要手段和措施是人力政策和收入政策等。

6. B。当经济出现衰退缺口时，政府通过增加政府购买 g 和政府转移支付 tr，降低税率 t 或减少税收 T 的措施，以刺激总需求的政策，属于扩张性财政政策。

7. D。紧缩性财政政策是指当经济出现通货膨胀缺口时，政府通过削减政府开支（减少政府购买 g 和政府转移支付 tr）或增加税收（即提高税率 t 或增加税收 T）以抑制总需求的政策。

8. A。财政政策是指政府变动税收和支出以便影响总需求进而影响就业和国民收入的政策。

9. B。货币政策是指货币当局（也就是中央银行）通过银行体系变动货币供给量来调节总需求的政策。

10. D。斟酌使用的财政政策，也称权衡性财政政策，或相机抉择（或积极）的财政政策，是指政府根据一定时期的经济社会状况，为实现宏观经济政策目标，审时度势地或主动灵活地选择不同类型的反映经济周期的财政政策。

11. B。当实际总支出 y_E 小于充分就业时的国民收入 y_f（潜在 GDP）时，就出现了衰退缺口，这会导致经济收缩或周期性失业率的上升。

12. A。当经济中出现通货紧缩缺口时，政府可以采取扩张性财政政策，提高总支出水平，消除通货紧缩缺口，实现充分就业。扩张性财政政策的内容包括：增加政府购买、增加政府转移支付、减税，或者在增加政府支出的同时减税。

13. A。当实际总支出 y_E 大于充分就业时的国民收入 y_f（潜在 GDP）时，就出现了通货膨胀缺口，这会导致通货膨胀或周期性失业率的下降。

14. B。该信息意味着全球经济在短期内由于疫情原因将出现衰退缺口，因此相关政府部门可审时度势，根据各国疫情影响，采取一定程度的扩张性财政政策，缓解衰退缺口，稳定经济。

15. D。当经济中出现通货膨胀缺口时，政府可以采取紧缩性财政政策，降低总支出水平，消除通货膨胀缺口，实现充分就业。紧缩性财政政策的内容包括：减少政府购买、减少政府转移支付、增税，或者在减少政府支出的同时增税。

16. D。自动稳定器是指经济系统本身存在的一种会减少各种干扰对国民收入的冲击的机制，能够在经济繁荣时期自动抑制通货膨胀（减少预算赤字或增加预算盈余），无须政府采取任何行动。

17. D。政府财政的构成包括政府收入项目和政府支出项目，政府收入项目主要是税收 T，支出项目主要是政府购买性支出 g 和政府转移支付 tr。斟酌使用的财政政策分为扩张性财政政策和紧缩性财政政策。扩张性财政政策是指当经济出现衰退缺口时，政府通过增加政府购买 g 和政府转移支付 tr，降低税率 t 或减少税收 T 的措施，以刺激总需求的政策。紧缩性财政政策是指当经济出现通货膨胀缺口时，政府通过增加税收或削减政府开支以抑制总需求的政策。

18. B。假设宏观经济均衡时的国民收入是 1 500，充分就业时的国民收入是 2 000，则表明均衡国民收入小于充分就业时的国民收入，存在−500（1 500−2 000）的衰退缺口，政府应采取扩张性财政政策，增加总支出，稳定经济。

19. C。假设宏观经济均衡时的国民收入是 2 000，充分就业时的国民收入是 1 800，则表明均衡国民收入大于充分就业时的国民收入，存在 200（2 000−1 800）的通货膨胀缺口，政府应采取紧缩性财政政策，减少总支出，稳定经济。

20. D。政府财政的构成包括政府收入项目和政府支出项目，政府收入

项目主要是税收 T，支出项目主要是政府购买性支出 g 和政府转移性支付 tr，财政政策工具主要包括政府购买性支出 g、政府转移性支付 tr 和税收 T。

21. C。当经济低于充分就业水平时，就存在衰退缺口。要使经济更接近于充分就业状态，政府可以采取扩张性财政政策，增加政府支出或减少税收。

22. A。价格水平不变的社会总需求，即总支出 $\mathrm{AE}=c+i+g+\mathrm{nx}=1\,000+400+100+200=1\,700$（亿元），充分就业 GDP $=1\,200<\mathrm{AE}$，因此存在通货膨胀缺口，应采取紧缩性财政政策，如提高税率并减少政府支出，促进经济恢复到充分就业水平。

23. C。自动稳定器能部分抵消经济波动带来的影响，但是其作用效果没有改变政府支出的效果好。

24. B。税收制度是内在稳定器三种制度之一。

25. A。自动稳定器的功能是经济系统通过一些制度自动地减少周期性的经济波动，从而减少经济波动带来的影响。

26. C。提高基础设施支出、发放消费券均属于增加政府支出，是扩张性财政政策的具体实施措施，因此属于扩张性财政政策。

27. C。属于自动稳定器中的税收制度带来的效应。

28. D。该项同时减少政府支出并提高税负，有助于压缩总需求，应对通胀。

（二）辨析题

1. 正确。在宏观经济学中，宏观经济政策的目标有四个：充分就业、物价稳定、经济持续均衡增长和国际收支平衡。其中，主要目标是充分就业和物价稳定，二者合称为经济稳定。

2. 正确。经济政策是指国家或政府为了增进社会福利而制定的解决经济问题的指导原则和措施。它是政府为了达到一定的经济目的而对经济活动进行有意识的干预。

3. 错误。财政政策和货币政策都属于需求管理政策。

4. 错误。宏观经济政策分为需求管理政策与供给管理政策。其中，需求管理政策的主要手段和措施是财政政策和货币政策，供给管理政策的主要手段和措施是人力政策和收入政策等。因此，财政政策和货币政策属于宏观经济需求管理政策的主要手段和措施。

5. 错误。政府购买支出属于政府支出项目，而税收属于政府收入项目，因此政府购买性支出 g 增加 100 亿元，税收 T 增加 100 亿元，则表明政府支出项目增加了 100 亿元和政府收入项目增加了 100 亿元。

6. 正确。斟酌使用的财政政策是指政府有意识地采取的反周期的相机抉择的财政政策，被称为主动调节政策，分为扩张性财政政策和紧缩性财政政策。

7. 正确。斟酌使用的财政政策通常是在经济衰退时采用扩张性财政政策，在通货膨胀时采用紧缩性财政政策。因此，斟酌使用的财政政策也被称为补偿性财政政策或逆经济风向调控。

8. 错误。当政府收支的目的纯粹是实现无通货膨胀的充分就业时，这种财政也被称为功能财政。功能财政是斟酌使用的财政政策的指导思想，而斟酌使用的财政政策是功能财政思想的实现和贯彻。与功能财政相对的是平衡财政，后者又进一步分为年度平衡预算和周期平衡预算两种类型。

9. 正确。自动稳定器是经济系统本身存在的一种内生机制，一旦国民经济总产值发生了某种变动，这种机制就能自动产生一种抵消变动的力量，因此自动稳定器本身有着自动抑制经济波动的作用。

10. 正确。财政政策的自动稳定经济的功能主要通过政府税收、政府转移支付的自动变化、农产品价格维持三种制度得到发挥。

11. 错误。自动稳定器是指经济系统本身存在的一种会减少各种干扰对国民收入的冲击的机制，能够在经济衰退时期自动减轻萧条（增加预算赤字或减少预算盈余），无须政府采取任何行动。

12. 正确。失业保险保障金在经济繁荣时支出减少，在经济萧条时支出增加，可以基本保持失业者收入稳定，避免消费的大幅度降低严重减少国民收入。

13. 错误。自动稳定器能够进行反向调整，而消费水平与收入通常是正相关的。

（三）简答题

1. 答：宏观经济政策目标主要有四个：充分就业、物价稳定、经济增长和国际收支平衡。

（1）充分就业。充分就业的本义是指所有资源得到充分利用，目前主要用人力资源作为充分就业的标准；充分就业不是指 100%的就业，一般充分就业允许的失业率为 4%。

（2）物价稳定，即把通货膨胀率维持在低而稳定的水平上。物价稳定是指一般物价水平即总物价水平的稳定；物价稳定并不是指通货膨胀率为零的状态，而是维持一种能为社会所接受的低而稳定的通货膨胀率的经济状态。通货膨胀率一般为 10%以下。

（3）经济增长，即保持合理的经济增长率。经济增长是指单纯的生产增长，经济增长率并不是越高越好，经济增长的同时必须带来经济发展；经济增长率一般是用实际国民生产总值的年平均增长率来衡量的。

（4）国际收支平衡，是指国际收支既无赤字又无盈余的状态。国际收支平衡是一个对外经济目标，必须注意和国内目标的配合使用；正确处理国内目标与国际目标的矛盾。

2. 答：财政政策的工具包括政府收入和政府支出两个方面，其中政府收入包括税收和公债（我们主要从税收工具来看），政府支出包括政府购买和政府转移支付。

（1）税收。具体做法是：在经济萧条（或存在衰退缺口）时，政府降低税率，使个人和企业的可支配收入增加，消费与投资增加，总需求与国民收入扩张，消除衰退；在通货膨胀严重（或存在通货膨胀缺口）时，政府提高税率，使个人和企业的可支配收入减少，消费与投资减少，总需求与国民收入收缩，消除通货膨胀。

（2）政府购买支出。具体做法是：在经济萧条（或存在衰退缺口）时，政府增加政府购买，消费与投资增加，总需求与国民收入扩张，消除衰退；在通货膨胀严重（或存在通货膨胀缺口）时，政府减少政府购买，消费与投资减少，总需求与国民收入收缩，消除通货膨胀。

（3）政府转移支付。具体做法是：在经济萧条（或存在衰退缺口）时，政府增加转移支付，使个人和企业的可支配收入增加，消费与投资增加，总需求与国民收入扩张，消除衰退；在通货膨胀严重（或存在通货膨胀缺口）时，政府减少转移支付，使个人和企业的可支配收入减少，消费与投资减少，总需求与国民收入收缩，消除通货膨胀。

3. 答：平衡预算的财政思想是指财政收入与支出相平衡，财政预算盈余等于零的财政思想。平衡预算思想按其历史发展阶段有三种含义。一是年度平衡预算，这是一种量入为出的每年预算均须平衡的思想。二是周期平衡预算，是指政府财政在一个经济周期中保持平衡，在经济繁荣时期采用财政盈余措施，在萧条时期采取预算赤字政策，以前者的盈余弥补后者的赤字，以求整个经济周期盈亏相抵，预算盈余为零的平衡预算。三是充分就业平衡预算，这种思想认为，政府应当使支出保持在充分就业条件下所能达到的净税收水平。这三种平衡预算思想的发展表明，平衡预算已由以往的每年度收支相抵的思想逐步发展至以一定的经济目标为前提的平衡预算思想，在一定周期内（或某年度）可以有一定的财政盈余或赤字，但是这类平衡预算思想的本质仍旧是机械地追求收支平衡，是一种消极的财政预算思想。

功能财政政策是一种积极的权衡性财政政策或补偿性财政政策。这种政策思想强调，财政预算的功能是为了实现经济稳定发展，预算既可以盈余，也可以赤字，因此称为功能性财政。平衡预算财政与功能财政的思想的区别在于前者强调财政收支平衡，以此作为预算目标，或者说政策的目的，而后者则强调财政预算的平衡、盈余或赤字都只是手段，目的是追求无通货膨胀的充分就业和经济的稳定增长。

4. 答：政府购买支出是指政府对产品和劳务的购买，如购买军火、购买机关办公用品、支付政府雇员报酬、建设公共项目工程所需要的支出等。政府转移支付是指政府在社会福利保险、贫困救济和补助等方面的支出。

政府购买支出对总需求变动的影响较大。从乘数来看，政府购买支出乘数 k_g 大于政府转移支付乘数 k_{tr}，就等量的政府购买支出和政府转移支付变动额而言，政府购买支出对经济的影响比政府转移支付对经济的影响大。另一种解释就是，政府购买支出是直接的支出，支出多少就增加多少社会需求，是一种确定的经济拉动力；而政府转移支付被转移给其他对象（个人、企业或团体），接受转移支付的人员和组织不一定把所有接受的转移支付都消费掉，或消费比例较低，因此政府转移支付对经济的拉动力是相对弱的、不确定的。

无论是政府购买支出还是政府转移支付，其变动对总需求、经济增长的影响都是同向的，即 g 或 tr 增加，则总需求增加；g 或 tr 减少，总需求减少。

5. 答：自动稳定器，也称内在稳定器，是指经济系统本身存在的一种会减少各种干扰对国民收入的冲击的机制，能够在经济繁荣时期自动抑制通货膨胀（增加预算盈余或减少预算赤字），在经济衰退时期自动减轻萧条（增加预算赤字或减少预算盈余），无须政府采取任何行动，财政政策的自动稳定经济的功能主要通过政府税收、政府转移支付的自动变化、农产品价格维持三种制度得到发挥。

财政政策的自动稳定经济的功能主要通过三种制度得到发挥（任意说明下面一种制度的作用过程即可）。

一是政府税收的自动变动（如比例税）。当经济衰退时，国民收入水平下降，个人收入减少。在税率不变的情况下，个人收入的减少会导致政府税收自动减少，因此，留给人们的可支配收入会自动地少减少一些，从而使消费和需求也自动地少下降一些。比如，在实行累进税的情况下，经济衰退会使纳税人的收入自动进入较低纳税档次，政府税收下降的幅度会超过个人收入下降的幅度，从而可起到抑制衰退的作用；反之，当经济繁荣时，失业率下降，人们的收入自动增加，纳税人的收入自动进入较高的纳税档次，政府税收上升的幅度会超过个人收入上升的幅度，从而起到抑制通货膨胀的作用。因此西方经济学者认为，税收的这种因经济变动而自动发生变化的内在机动性和伸缩性是一种有助于减轻经济波动的自动稳定因素。

二是政府支出，尤其是政府转移支付的自动变动。政府转移支付的自动变动，包括政府的失业救济和其他社会福利支出。当经济出现衰退与萧条时，失业人数增加，符合救济条件的人数增多，失业救济和其他社会福利开支就会相应增加，这可以抑制人们收入特别是可支配收入的下降，进而抑制消费需求的下降。当经济繁荣时，失业人数减少，失业救济和其他福利费支出也会自然减少，从而抑制可支配收入和消费的增长。

三是农产品价格维持制度。当经济萧条时，国民收入下降，农产品价格下降，政府根据农产品价格维持制度，按照农产品支持价格收购农产品，这可以使农民收入和消费维持在一定水平上。当经济繁荣时，国民收入水平上升，农产品价格上升，这时政府减少对农产品的收购并抛售农产品，限制农产品价格的上升，也就抑制了农民收入的增长，从而减少了总需求的增加量。

（四）应用题

1. 解：（1）因为 $c=100+0.8y_d$，$y_d=y-T+\text{tr}$，

因此根据三部门经济均衡条件 $y=\text{AE}=c+i+g$，经整理可得：

$y=100+0.8y_d+50+200$，

所以 $y=100+0.8(y-250+62.5)+50+200$，

所以均衡国民收入 $y=1\ 000$（亿元）。

（2）根据题意可知，税收为定额税，因此：

投资乘数：$k_i=\dfrac{1}{1-\beta}=\dfrac{1}{1-0.8}=5$。

政府购买乘数：$k_g=\dfrac{1}{1-\beta}=\dfrac{1}{1-0.8}=5$。

政府转移支付乘数：$k_{\text{tr}}=\dfrac{\beta}{1-\beta}=\dfrac{0.8}{1-0.8}=4$。

税收乘数：$k_T=\dfrac{-\beta}{1-\beta}=\dfrac{-0.8}{1-0.8}=-4$。

平衡预算乘数：$k_b=k_g+k_T=5+(-4)=1$。

（3）原来均衡收入为 1 000，现在需要达到 1 200，则产出缺口 $\Delta y=1\ 200-1\ 000=200$，即需要增加 200 的产出水平，才能达到充分就业时的产出水平。根据乘数原理，可知：

①政府购买支出的变化与产出变化是同方向关系，因此需要增加政府购买支出：$\Delta g=\dfrac{\Delta y}{k_g}=\dfrac{200}{5}=40$（亿元）。

②税收变化与产出变化是反方向关系，因此需减少税收：$\Delta T=\left|\frac{\Delta y}{k_T}\right|=\left|\frac{200}{-4}\right|=50$（亿元）。

③如果增加的政府购买和税收是同一数额，则表明此时政府购买和定额税同时以相同的数量变化，即通过平衡预算的变化来实现充分就业。因此，我们可用平衡预算乘数求出变化量：$\Delta g=\Delta T=\frac{\Delta y}{k_g+k_T}=\frac{200}{1}=200$（亿元），即同时增加政府购买和税收200亿元就能实现充分就业。

2. 解：财政支出减少后均衡国民收入的变化为 $\Delta y=\Delta g\times k_g=-200\times\frac{1}{1-0.8(1-0.25)}=-500$（亿元），因此减少政府购买支出200亿元引起的政府预算变化为 BS = ty − g − tr = 0.25×（−500）−（−200）−0 = 75（亿元），即会带来75亿元的盈余。

由于当前政府预算赤字为75亿元，因此与减少政府购买支出带来的75亿元盈余相抵，政府支出的减少最终使得政府预算盈余 BS = −75+75 = 0（亿元），刚好消灭赤字，预算达到平衡。

3. 答：（1）题干表明，2020年经济遭受严重衰退，此时总需求或总支出减少，低于充分就业时的水平，经济中出现通货紧缩缺口，在凯恩斯交叉线模型中表现为如图1所示的区域。

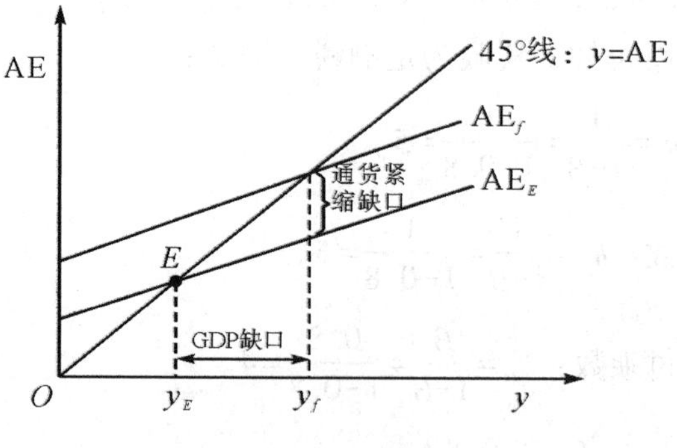

图1　通货紧缩缺口

（2）当出现通货紧缩缺口时，政府可以采取扩张性财政政策来应对新冠疫情造成的损失，如政府采取减税、增加政府购买支出、增加政府转移支付等措施，从而提高总支出水平，推动计划支出向上移动至 AE_f，消除通货紧缩缺口，不断接近或实现充分就业。

4. 答：（1）题干表明，2017年A国实际GDP高于潜在GDP水平，A国正在经历通货膨胀缺口。在凯恩斯交叉线模型中如图2所示。

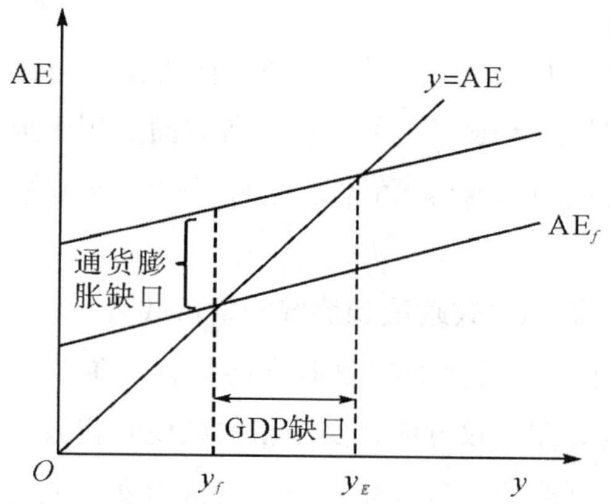

图 2　通货膨胀缺口

（2）当 A 国经济出现通货膨胀缺口时，政府可以采取紧缩性财政政策来应对，如政府采取增加税收、减少政府购买性支出、减少政府转移支付等措施，降低总支出水平 AE_E，推动计划总支出 AE_E 向下移动至 AE_f，消除通货膨胀缺口，不断接近或实现充分就业。

★★课程思政

【阅读材料 A】

答：1. 公众的愤怒源自对税收常识的缺乏，尤其是增值税的隐性特性使得纳税负担不易被察觉。这种现象揭示了税收政策的普及和透明度不足，公众对于税负的理解和监督权利未能得到有效保障。根据本章内容，财政政策的透明化可以通过公开税收来源、税负明细以及财政支出用途来提高公众的税收认知，减少误解，增强民众的参与感和责任感。

2. “公开不等于透明”意味着信息公开虽然让公众知道了数字，但没有详细解读或便于理解的方式，可能并不会有效提升民众的理解和信任。政府应通过税收明细展示、易懂的图表和定期报告，公众能够清楚理解税款的来源、用途及其对社会福利的影响。此外，政府还可以通过设立公开平台和公民咨询机制，让民众有更多渠道参与财政决策，提升政策的透明度和公众的参与感。

3. 税负重往往会使低收入群体承受较大压力，因此，税收政策应更加注重公平性，可以通过税制改革，如实行累进税率、提高基本免税额等措施，减轻低收入群体的税负。同时，财政政策可以通过转移支付等手段对贫困群体进行补偿，进而提高社会福利，减少贫富差距。在促进经济发展方面，政府可通过增加公共支出、支持基础设施建设等措施刺激总需求，推动经济增长（注：仅供参考，言之有理均可）。

【阅读材料 B】

答：1. 原文中明确提出，“明年经济工作要稳字当头、稳中求进，各地区各部门要担负起稳定宏观经济的责任，各方面要积极推出有利于经济稳定的政策，政策发力适当靠前”。可见，对明年的经济工作，我国仍以稳定经济为主要目标。

2. 继续实施积极的财政政策和稳健的货币政策。

（1）积极的财政政策。①在政府支出方面，加大政府财政政策强度，并加快支出进度。②在税收方面，实施新的减税降费政策，强化对中小微企业、个体工商户、制造业、风险化解等的支持力度，适度超前开展基础设施投资。③在债务方面，坚决遏制新增地方政府隐性债务。

（2）稳健的货币政策。重点引导金融机构加大对实体经济特别是小微企业、科技创新、绿色发展的支持。

3. 积极的财政政策，通过扩大政府支出和减少税收等具体的政策工具发挥作用，具体作用过程如下：一是扩大政府购买支出将直接增加国民收入，而增加政府转移支付和减少税收将通过影响消费和投资间接影响国民收入；二是扩大政府购买支出、增加政府转移支付和减少税收会通过政府购买乘数、转移支付乘数、税收乘数促进国民收入的增加；三是这样的扩张性财政政策，会促进总需求增加，在凯恩斯交叉线模型中，将影响 AE 曲线向右上方移动，缩减衰退缺口，促进经济稳定。

第四章习题演练答案及解析

（一）单选题

1. C。根据投资的定义，我们知道在宏观经济学中，投资是指企业增加或更换资本品的支出。资本品（capital goods），是指由企业生产出来又重新用于生产其他商品的耐用品，包括厂房、机器设备和企业存货。公司债券、国债和消费品都不属于资本品，而办公楼属于资本品，因此答案是 C。

2. A。投资的边际效率随着投资量的增加而递减，因此，企业最佳的投资量是在资本的边际效率等于市场利率时。当资本的边际效率低于市场利率，表明投资已经过多，因此答案是 A。

3. B。根据投资函数我们知道，投资量与市场利率成反比，因此，当市场利率上升时，投资量将下降。

4. B。投资决策原则是比较投资预期收益与成本，其中，投资预期收益为资本的边际效率，受资本重置成本与预期收益影响，不易确定；投资成本就是利率，相对明确，因此答案是 B。

5. C。根据货币供给层次的划分可知，企业和居民持有的现金以及他们在商业银行的活期存款和定期存款，都属于 M2 的范畴，但是商业的库存现金由于尚未投入流通，没有发挥货币的任何职能，不属于货币的范畴，因此答案是 C。

6. A。通货是各国货币供应量中无须背书的部分，包括纸币、硬币，不包括货币的存储功能以及其他支付手段。

7. B。根据凯恩斯的货币需求理论，只有货币的投机性需求受利率影响，与利率呈反比。因此当利率降低时，投机性货币需求增加，答案是 B。

8. A。根据凯恩斯的货币需求理论，货币的交易性需求与收入呈正比，货币的投机需求与利率呈反比。因此当人们的收入增加时，货币的交易性需求也将增加，答案是 A。

9. D。根据凯恩斯的货币需求理论，人们的货币需求主要受收入 y 和利率 r 的影响，因此答案是 D。

10. A。根据凯恩斯的货币需求理论，当流动性偏好曲线即货币需求接近水平状态时，表明即将处于流动性陷阱区域，这时，利率稍有变动，货币需求就会大幅变动，因此答案是 A。

11. B。在债券市场上，债券价格与利率呈反比，利率越高，债券价格越低，人们就会预期债券价格回涨可能性越大，越愿意购买更多债券，减少持有货币，因此答案是 B。

12. B。当利率降得很低时，债券的价格很高，债券降价的风险大，因此答案是 B。

13. C。货币交易需求和预防需求增加，但是货币供给不变，意味着该货币市场存在供不应求的情形，人们将手中债券抛出换为货币，这将导致债券价格下降，相应的市场利率上升；随着市场利率上升，人们对货币的投机需求减少，因此答案是 C。

14. B。货币市场均衡利率由货币供给与货币需求共同决定。

15. B。根据本章所学的货币市场均衡理论，在非凯恩斯区域，货币需求与利率呈反比。因此，当货币供给增加，即货币供给曲线（垂直于横轴的直线）右移时，货币市场均衡利率将下降，因此答案是 B。

16. C。凯恩斯陷阱所对应的货币需求曲线为水平线，货币供给增加对市场利率无影响，因此答案是 C。

17. A。货币供给和价格水平保持不变，表明实际货币供给量不变。根据凯恩斯的货币需求理论，货币需求与收入呈正比，与利率呈反比，当收入增加时，货币需求增加，而实际货币供给不变，利率上升，因此答案是A。

18. A。根据凯恩斯的货币需求理论，预防性需求增加将导致货币的总需求增加，在货币供给不变的情况，货币市场的均衡利率将上升，因此答案是A。

19. D。*IS* 曲线表示产品市场均衡时的国民收入与利率之间关系的曲线。当产品市场均衡时，意味着产品市场的总供给等于总需求，也就意味着计划投资等于计划储蓄，也就意味着企业销售产品的收入等于购买者的支出，因此答案是D。*

20. D。本题只需要把几个利率和收入组合分别代入 *IS* 曲线公式。如果组合能使等式两边相等，该组合就在 *IS* 曲线上，否则就不在 *IS* 曲线上。经过计算可知，只有D中的组合不能使得 *IS* 曲线等式两边相等，因此答案是D。*

21. D。根据 *IS* 曲线公式 $r=\frac{\alpha+e}{d}-\frac{1-\beta}{d}y$，投资对利率变动的反应程度 d 出现在 *IS* 曲线的斜率上，当 d 增加时，斜率的绝对值下降，因此 *IS* 曲线会变得更加平坦，答案D是正确的。另外，我们知道，当投资对利率变动的反应程度提高时，相同单位的利率变化将导致更多的投资增加，也将导致国民收入更多地增加，表现在 *IS* 曲线上：*IS* 曲线变得更加平坦，因此答案是D。*

22. B。根据三部门经济的 *IS* 曲线公式 $r=\frac{(\alpha+i+g-\beta T+\beta \mathrm{tr})}{d}-\frac{1-\beta}{d}y$ 可知，自发性投资支出 e 将影响 *IS* 曲线的截距，自发性投资自发增加一个单位，将导致国民收入增加 $1/d$ 个单位，即增加一个支出乘数的大小，那么自发支出增加10亿美元，将使得 *IS* 曲线右移，支出乘数乘以10亿美元。*

23. B。根据三部门经济的 *IS* 曲线方程 $r=\frac{(\alpha+i+g-\beta T+\beta \mathrm{tr})}{d}-\frac{1-\beta}{d}y$，当政府支出 g 增加时，*IS* 曲线的截距变大，而斜率不变，表现为 *IS* 曲线向右平移。*

24. D。根据 *LM* 曲线的公式 $r_E=-\frac{m}{h}+\frac{k}{h}y$，货币的投机性需求对利率的反应程度 h 提高时，*LM* 曲线的斜率将变小，因此，曲线将变得更加平坦，答案是D。*

25. A。根据LM曲线的公式 $r_E=-\frac{m}{h}+\frac{k}{h}y$，水平的 *LM* 曲线表明投机性货币需求对利率的敏感性 h 是无限大，对应的就是货币需求曲线上的流动性陷阱，这时利率稍有变动就会导致货币需求的无限变化，因此答案是 A。*

26. B。IS 曲线是产品市场的均衡点，LM 曲线是货币市场的均衡点，产品市场和货币市场同时均衡意味着处于 IS 曲线与 LM 曲线的交点，而交点只有一个，因此答案是 B。*

27. A。在 IS-LM 模型中，如果经济处于 LM 曲线的中间区域，此时 LM 曲线是向右上方倾斜的曲线。投资增加会导致 IS 曲线向右平移，因此 IS 曲线与 LM 曲线的交点即均衡点也将沿着 LM 曲线向右上方移动，均衡点对应的均衡利率提高，均衡国民收入将增加。*

28. A。位于 IS 曲线下方的点，与该点相同国民收入的 IS 曲线上的均衡点（后面该均衡点简称对应点）相比，该点对应的利率小于 IS 曲线上对应点的均衡利率。又因为投资与利率呈反比，因此位于 IS 曲线下方的点的投资大于 IS 曲线上对应点的均衡投资。IS 曲线上的每一点都有投资等于储蓄，而位于 IS 曲线下方的点的储蓄和 IS 曲线上对应点的储蓄相等（储蓄由收入决定，两点收入相等，因此储蓄相等），因此位于 IS 曲线下方的点的投资大于储蓄。位于 LM 曲线下方的点，其利率低于与其国民收入相同的 LM 曲线上的均衡点的利率，因为货币需求与利率呈反比，因此位于 LM 曲线下方的点的货币需求大于 LM 曲线上对应均衡点的货币需求。又因为 LM 曲线上的每一点都有货币需求等于货币供给，货币供给是外生变量，不受利率和国民收入的影响，因此位于 LM 曲线下方的点的货币需求大于货币供给。综合上面的分析可知，答案是 A。*

29. A。均衡利率和均衡国民收入是产品市场和货币市场同时实现均衡时对应的利率和国民收入。将本题中的 IS 曲线的方程和 LM 曲线的方程联立解方程组，可得 $r=0.05$，$y=1\ 500$，因此答案是 A。*

30. C。挤出效应是指政府的支出增加导致国民收入提高，国民收入提高导致货币需求增加，当货币供给不变时又会推高市场利率，利率提高会导致私人投资下降，因此答案是 C。*

31. A。政府增加税收，将导致私人部门投资的收益下降，从而导致私人投资下降，国民收入降低，而国民收入的下降又会导致货币需求下降，利率下降，故答案是 A。*

32. D。政府增加税收将会减少私人投资，IS 曲线向左下方平移，产生利率下降的压力，同时货币供给的减少将会导致 LM 曲线向左上方平移，又会产生利率上升的压力。因此，两条曲线均向左平移，它们的交点对应的均衡国民收入必然下降，而利率的变动无法确定，因此答案是 D。*

33. B。当经济处于凯恩斯陷阱中时，LM 曲线是水平线，此时通过财政政策移动 IS 曲线将导致均衡国民收入的变动，因此财政政策有效；而通过货币供给变动不会导致 LM 曲线发生变化，因此货币政策无效，答案是 B。*

（二）辨析题

1. 正确。资本的边际效率随着投资量的增加而不断递减。在短期，随着企业投资量的增加，资本品价格将上涨，在其他条件不变的情况下，资本的边际效率下降；在长期，随着企业投资量的增加，企业数量或规模将扩大，产品市场价格下降，企业预期收益将下降，在其他条件不变的情况下，资本的边际效率下降。

2. 正确。根据投资决策原则，利率等于资本边际效率时的投资量为最优投资量。当利率上升，意味着投资成本高于投资收益，将减少投资量；反之，将增加投资量。因此，利率与投资量呈反比。

3. 正确。当人们以货币形式持有金融资产，获取了货币在具体使用上灵活性（或流动性）的便利，也就因此牺牲了将其配置在其他金融资产上（在凯恩斯理论中指债券）可获得的收益。

4. 错误。统计一个国家货币供给的口径有 M1、M2 和 M3。在我国，M1 是指硬币、纸币和银行活期存款的总和，被称作狭义的货币供给；M2 是在 M1 的基础上加上定期存款，被称作广义的货币供给；M3 是在 M2 的基础上，再加上个人和企业所持有的政府债券等流动资产或“货币近似物”，是更广泛的货币供给。不管是狭义口径的 M1 还是广义口径的 M2，该居民的行为都不影响货币供给量。

5. 正确。在我国，中国人民银行控制货币供给。

6. 错误。货币在所有金融资产中，具有强流动性、低风险、低收益率的特征。相比债券、股票、存款等其他金融资产，货币的流动性最高，对货币的需求也被称为“流动性偏好”。

7. 错误。货币需求包括交易需求、预防需求、投机需求，前两者与收入正相关，后者与利率负相关。

8. 正确。当人们购入一份债券，假设是一张一年期面值为 100 元的国库券，持有债券的收益，就是债券面值 100 元与购买价格 P_B（B 表示债券 bond）的差额。持有债券 1 年的收益率，即债券的利率 $r=(100-P_B)\div P_B$，显然与债券价格呈反向变动关系。

9. 正确。货币市场是指从事短期货币借贷活动的市场。均衡利率，则是货币市场实现均衡的利率。其中，货币市场实现均衡的条件是：货币供给等于货币需求。

10. 正确。当货币供给大于货币需求，人们将多余的货币用于购买债券，债券价格将上升，相应的市场利率下降。

11. 正确。在货币供给不变的情况下，实际货币需求增加，人们不得不变卖债券，债券价格将下降，相应的市场利率上升。

12. 错误。如果人们突然在每一利率水平下更多地持有货币，将导致货币需求曲线将向右移动，在货币供给不变时，利率上升，投资下降，收入下降。

13. 错误。LM 曲线是表示货币市场达到均衡时的曲线，是均衡利率的决定曲线，探讨的是实际国民收入的变化如何影响均衡利率的变化。*

14. 错误。根据 LM 曲线的定义，LM 曲线的每一点都是货币需求和货币供给相等的均衡点，因此，LM 曲线上存在货币需求和货币供给均衡的收入和利率的组合点有无数个，而不是只有一个。*

（三）简答题

1. 答：凯恩斯认为：①企业投资水平取决于资本的边际效率与市场利率的对比。在资本边际效率一定时，投资随着利率的下降而增加，随着利率的上升而减少；②随着投资的增加，资本的边际效率呈递减规律；③由于货币的流动偏好的作用，利率的下降是有限度的；④资本的边际效率的递减和利率的下降受阻，导致投资需求不足。

2. 答：本题可从机会成本的角度进行解释。假设市场上只有债券这一种金融资产，企业自有资金可用于投资和购买债券，持有货币的机会成本就是持有债券的收益。因为债券价格与利率呈反比，利率很高就意味着债券价格较低，人们就会预期将来债券的价格只会升不会跌，这时候企业持有债券有利，当企业预期当前持有债券的收益将会大于同样的金额用于投资的预期收益时，就会增加债券购买数量，减少投资金额。虽然企业通常利用自有资金进行投资，不需要借贷，但是较高利率使得企业购买债券的预期收益大于投资的预期收益，那么较高的利率同样会使企业的投资减少。

3. 答：货币需求是指公众愿意以货币形式持有其金融资产的一种需求，包括交易需求、预防需求及投机需求。交易需求与预防需求的主要决定因素是实际收入水平，投机需求的主要决定因素是利率。

（1）实际收入水平。一般而言，人们的实际收入越高，需要用于日常交易的货币也就越多，因此实际收入水平会影响货币需求，与货币需求呈正比。

（2）利率。一般而言，利率越高，人们愿意以货币形式持有财产的需求就越低，人们总是希望获取更多的收益。当市场利率高时，证券价格低，人们会愿意把手中的货币换成证券，以获得更多的收益。因此市场利率与货币需求呈反比。

4. 答：（1）投机动机；（2）交易动机；（3）预防动机；（4）预防动机；（5）交易动机；（6）交易动机。

5. 答：流动性偏好陷阱，又称凯恩斯陷阱（keynes trap），是指当利率极低时，人们会认为这种利率不大可能再降，或者说有价证券市场价格不大可能上升而只会跌落时，人们不管有多少货币都愿意持有在手中的情况。

6. 答：（1）均衡利率的决定。

均衡利率，是指货币市场实现均衡的利率。其中，货币市场实现均衡的条件是：货币供给等于货币需求。

当货币需求小于货币供给，货币市场偏离均衡点时，人们不会将超过需求的货币持有在手中，而是用于债券的购买。人们对债券的需求增加，将导致债券价格上升，相应的市场利率下降；随着市场利率下降，出于投机动机的货币需求 $L2$ 会增加，直到货币需求（$L=L1+L2$）等于货币供给，货币市场实现均衡。

当货币需求大于货币供给时，人们会卖出债券换成货币以满足需要。这样，债券价格将下降，市场利率将上升；随着市场利率上升，出于投机动机的货币需求 $L2$ 减少，直到货币需求（$L=L1+L2$）等于货币供给，货币市场均衡。

（2）均衡利率的变动。

均衡利率的变动或是由于货币供给的变动，或是由于货币需求的变动。

货币供给增加，将导致均衡利率下降；货币供给减少，将导致均衡利率增加。

当国民收入增加时，交易性货币需求增加，将导致均衡利率上升；当国民收入减少时，交易性货币需求减少，将导致均衡利率下降。

7. 答：IS 曲线是从左上方向右下方倾斜，即在产品市场实现均衡时，利率与均衡国民收入呈反方向变动。其原因如下：

（1）投资函数的特征是投资与利率呈反向变动关系，即利率越高，投资量越低；反之则相反。

（2）均衡国民收入是与总支出相等的国民收入，在两部门经济中，总支出等于消费支出与投资支出之和，因此均衡国民收入与投资量之间存在同方变动关系。

在上述两个条件下，如果利率上升，投资将下降，下降的投资又通过乘数效应导致均衡国民收入的下降，因此利率上升最终将导致均衡国民收入下降；反之，如果利率下降，均衡国民收入将上升。所以，利率与均衡国民收入呈反方向变动关系，即 IS 曲线是从左上方向右下方倾斜的。*

8. 答：LM 曲线从左下方向右上方倾斜，表明在货币市场达到均衡时，均衡利率与国民收入呈同方向变动关系，即国民收入提高，均衡利率也提高；反之，当国民收入下降，均衡利率也下降。究其原因：国民收入增加，将导致货币需求增加，在货币供给不变的情况，均衡利率上升；反之，国民收入下降，将导致货币需求下降，在货币供给不变的情况下，均衡利率下降。*

9. 答：IS-LM 模型是说明产品市场与货币市场同时均衡时国民收入与利率决定的模型。*

IS 曲线上的任何一点都是商品市场的均衡，即 $i=s$ 时，国民收入与利率之间的组合点的运动轨迹。产品市场均衡的 IS 曲线方程说明：利率上升能够减少投资支出，从而降低总需求，所以 IS 曲线是向下倾斜的。

LM 曲线上的任何一点都是货币市场的均衡，即 $L=m$ 时，均衡国民收入与利率之间组合点的连线。货币市场均衡 LM 曲线方程为 $r=\frac{m}{h}+\frac{k}{h}y$。由于货币实际需求随收入上升而增加，随利率上升而减少，当货币供给量给定时，LM 曲线是向上倾斜的。两条曲线的交点即为均衡点。

IS-LM 模型是宏观经济政策分析的理论基础，用此模型可以分析财政政策和货币政策对国民收入的影响。

10. 答：（1）货币供给增加，LM 曲线向右下方移动，利率下降，从而投资增加，收入增加，消费增加。

（2）政府购买增加，IS 曲线向右上方移动，利率上升，投资减少，收入增加，消费增加。

（3）政府增加税收，IS 曲线向左下方移动，利率下降，投资减少，收入减少，消费减少。

11. 答：两个市场同时均衡的收入不一定就是充分就业时的国民收入。这是因为 IS 和 LM 都只是表示产品市场上供求相等和货币市场上供求相等的收入和利率组合。因此，两条曲线的交点所形成的利率和收入也只表示两个市场同时达到均衡时的利率和收入，并不能说明这就是充分就业点的利率和收入。当整个社会的有效需求不足时，即使利率再低，企业投资意愿也较低，这会使得较低的收入和较低的利率相结合，从而达到产品市场均衡。*

12. 答：LM 曲线的斜率取决于以下两个因素：

（1）交易需求敏感程度 k。当投机需求函数一定时，如果货币的交易需求对收入的变动很敏感，即 k 值越大，则利率变动一定幅度，收入只需变动较小幅度，就可保持货币市场均衡，因此 LM 曲线较陡峭，其斜率也较大；反之，LM 曲线较平缓，其斜率也较小。

（2）投机需求敏感程度 h。当货币交易需求函数一定时，如果投机需求对利率的变化越灵敏，即 h 值越大，则利率变动一定幅度，$L2$ 变动的幅度就越大，因此LM曲线越平缓，其斜率也越小；反之，投机需求曲线越陡峭，LM曲线也越陡峭，其斜率也越大。*

13. 答：LM曲线上斜率的三个区域分别指LM曲线从左到右所经历的水平线、向右上倾斜线和垂直线三个阶段。LM曲线这三个区域分别被称为凯恩斯区域、中间区域和古典区域。凯恩斯区域对应于经济萧条时期，经济在远低于充分就业的水平运行。古典区域对应于经济繁荣时期，经济在充分就业的水平运行。中间区域介于二者之间。*

在古典区域，利率r已经上升到一定高度，人们手持的货币均为交易所需，货币的投机需求量将为0，LM的斜率趋向无穷大，呈现为直线状态。在凯恩斯区域，由于利率r已经很低而债券价格很高，人们觉得用货币购买债券风险极大，人们宁可持有货币，此时货币投机需求无限大，即出现所谓流动性陷阱，LM曲线是一条水平线。介于上述两个区域中间的为中间区域。

14. 答：我们推导产品市场供求平衡时，实际上是假设总需求函数是给定的，即消费函数、投资函数以及政府开支和税收等是给定的。如果若利息率已知，则市场机制的作用将会给出一个相应的总供给与总需求达到均衡状态时的国民收入，利息率越低，相应的国民收入就越多，二者是反方向变动的。*

在推导货币市场平衡的LM曲线时，我们假定货币总需求函数是给定的，并假定货币供给量固定不变。如果国民收入已知，在货币市场上，人们会适应利率的变化而调整其投机性货币需求（交易动机货币需求取决于国民收入的大小，不随利率的变化而变化）。货币市场上会有一个利率，在该利率下，人们自愿持有的货币恰好等于既定的货币供给量。国民收入越高，相应的利率越高，两者呈同方向变化。

上述事实意味着，为了求得产品市场供求平衡时的均衡国民收入，必须假定货币市场均衡的利息率为已知；同时，为了求得货币市场供求平衡时的均衡利息率，又必须假定产品市场总供给等于总需求的国民收入为已知。这样，为了求解利率的均衡值和国民收入均衡值，对于以上论述在逻辑推理中出现的循环推理的矛盾，我们实际上可以借助IS-LM模型，通过产品市场和货币市场的均衡的相互作用，得出两个市场同时达到均衡状态时的国民收入和利率。

15. 答：产品市场供过于求是指储蓄大于投资的情况，在IS曲线右上方的任何收入和利率的组合点之所以都表明储蓄大于投资，是因为相对于一定收入而言，利率过高会使该收入提供的储蓄超过了该利率所引致的投资，或者说相对于一定利率而言，收入太高使得该利率引致的投资水平低于该收入所提供的储蓄。*

（四）应用题

1. 解：根据现金流量折现分析法，当净收益折现值大于零时，就应投资该项目；反之，就不应投资。

（1）当利率为5%时，该项目的净收益折现值$=-500+390\div(1+0.05)+200\div(1+0.05)^2=52.83$（万元）。因为该项目净现值大于零，所以厂商应投资这一项目。

（2）当利率为10%时，该项目的净收益折现值$=-500+390\div(1+0.1)+200\div(1+0.1)^2=19.83$（万元）。因为该项目净现值大于零，所以厂商应投资这一项目。

（3）当利率为15%时，该项目的净收益折现值$=-500+390\div(1+0.15)+200\div(1+0.15)^2=-9.64$（万元）。因为该项目净现值小于零，所以厂商不应投资这一项目。

2. 解：（1）根据投资函数$i=250-5r$，当$r=10$时，$i=250-5\times10=200$；当$r=8$时，$i=250-5\times8=210$；$r=6$时，$i=250-5\times6=220$。

（2）若投资函数变为$i=250-10r$，则当$r=10$时，投资$i=250-10\times10=150$。当$r=8$时，$i=250-10\times8=170$；当$r=6$时，$i=250-10\times6=190$。

（3）e的增加将使投资在每一利率水平都增加，即导致投资曲线右移。

（4）当投资函数变为$i=200-5r$时，投资曲线的斜率与（1）相同，但大于（2）；在纵横轴上的截距比（1）小，但比（2）大。

3. 解：（1）$L=L1+L2=0.2y+2\,000-500r$。

（2）由$2\,500=0.2\times10\,000+2\,000-500r$，得$r=3\%$。

4. 解：（1）由$Y=C+I+G$，得$Y=0.8(1-0.25)Y+900-50r+800$，化简后，可得$IS$曲线为：$Y=4\,250-125r$。

（2）由$M=L$,得$0.25Y-62.5r=500$，化简后可得LM曲线为：$Y=2\,000+250r$。

（3）用IS曲线和LM曲线联立，解方程得均衡利率$r=6$，均衡收入$Y=3\,500$。

5. 解：（1）$Y_d=Y-T=Y-tY=(1-t)Y$，

在三部门经济中，$Y=C+I+G=100+0.8Y_d+200-500r+300+0.2Y_d$，

把上述两式结合，可得IS曲线：$Y=3\,000-2\,500r$。

（2）$L=M$，$P=1$，$0.8Y-2\,000r=900$，可得LM曲线：$Y=1\,125+2\,500r$。

（3）联立IS曲线方程$Y=3\,000-2\,500r$和LM曲线方程$Y=1\,125+2\,500r$。

求解得：$r=0.375$，$Y=2\,062.5$。

（4）产品市场和货币市场均衡时，

$C=100+0.8\times(1-t)Y=100+0.8\times(1-0.2)\times 2\,062.5=1\,420$，

$I=200-500r=200-500\times 0.375=12.5$，

$G=300+0.2Y_d==300+0.2\times(1-t)Y=300+0.2\times 0.8\times 2\,062.5=630$。*

6. 解：（1）令 $Y=C+i=100+0.6Y+520-r$，解得 *IS* 曲线：$Y=1\,550-5r$。

（2）令 $M=L$，则有：$120=0.2Y-4r$，解得 *LM* 曲线：$Y=600+20r$。

（3）解联立方程组：$Y=1\,550-5r$ 和 $Y=600+20r$，得：$Y=1\,360r=38$。

7. 解：（1）由 $Y=C+I$ 分别求出：

（1）$Y=1\,000-25r$，$r=40-Y/25$

（2）$Y=1\,000-5Or$，$=20-Y/50$

（3）$Y=2\,000-50r$，$r=40-Y/50$。

（4）$Y=1\,500-25r$，$r=60-Y/25$。

（5）$Y=1\,500-25r$，$r=60-Y/25$。

（2）由①与②的比较，我们可知②的投资行为对利率更为敏感，而由①和②的 *IS* 曲线方程比较可以知道②的曲线斜率要小于①的曲线斜率。这说明在其他条件不变的情况下，投资对利率越敏感，即 d 越大时，*IS* 曲线的斜率（绝对值）越小。

（3）由①与③的比较，我们可知③的边际消费倾向较大。由①和③所得 *IS* 曲线，*IS* 曲线的斜率①大于③。这说明在其他条件不变的情况下，边际消费倾向越大，斜率越小。

（4）由①与④的比较，我们可知④的自发性支出较大，而由两个 *IS* 曲线方程比较可以知道④的截距较大。这说明在其他条件不变的情况下，自发性支出越大，截距越大。

（5）由①与⑤的比较，我们可以得知⑤的自发性投资较大，而由两个 *IS* 曲线方程比较可以知道⑤的截距较大。这说明在其他条件不变的情况下，自发性投资越大，截距越大。

8. 解：令 $100-5r=40+0.25y$，得到 *IS* 曲线为 $y=560-20r$。*

★★课程思政

【阅读材料 A】

答：1. 不是。你的劳动和付出换取的“钱”，叫（工资）收入，在扣除所得税，加上政府转移支付后，叫可支配收入；可支配收入中用于生计的“钱”，叫消费支出；比维持生计所需要的更多的“钱”，即相对于消费支出

的钱，叫储蓄（saving）；变成储蓄（savings）① 或者积累财富的“钱”，叫资产（assets），即公众拥有的具有货币价值的物品或财产。它有三大类：实物资产（physical assets），如厂房、设备、土地、耐用消费品（汽车、洗衣机等）；金融资产（financial assets），如货币、银行存款、股票和债券；无形资产（intangible assets），如品牌名称、技术诀窍和商誉②。

2. 不同意。（1）作者在文章中所说的“理财”，在经济学中叫做资产需求（assets demand），即财富持有人愿意在其资产组合中持有的每种具体资产的数量，或称资产组合的配置决策（assets portfolio allocation decision）。例如，表 1 显示了美国家庭在 2006 年第四季度和 2009 年第一季度的资产组合。

表 1 美国家庭的资产组合

资产	万亿美元		总资产百分比	
	2006 年第四季度	2009 年第一季度	2006 年第四季度	2009 年第一季度
房地产	24. 3	19. 9	31. 6	30. 5
消费者耐用品	4. 3	4. 6	5. 6	7. 0
现金和支票账户存款	0. 2	0. 2	0. 3	0. 4
小额定期账户、储蓄账户和其他存款	6. 5	7. 6	8. 5	11. 7
债券	4. 2	5. 2	5. 5	8. 0
股票	13. 9	8. 4	18. 1	12. 9
业主对非公司企业的投资	8. 7	7. 3	11. 3	11. 1
退休基金	12. 7	9. 9	16. 5	15. 2
其他资产	2. 0	2. 2	2. 6	3. 3
总资产	76. 7	65. 2	100. 0	100. 0

资料来源：安德鲁 · B. 亚伯，本 · S. 伯南克，迪安 · 克劳肖：《宏观经济学》，中国人民大学出版社，2011 年，第 245 页。

---

① 值得注意的是，在英语中，表示“储蓄”有两个单词：saving 和 savings。saving 是指“你不必要使用或花费的某种东西，诸如时间或金钱的数量（an amount of sth such as time or money that you do not need to use or spend）”，被译作“节省物、节省、节约”；savings 是指“你节省的，尤其指存放在银行等地方的金钱（money that you have saved, especially in bank, etc）”，被译作“储蓄金，存款”（《牛津高阶英汉双解词典》（第六版），商务印书馆，牛津大学出版社，1997 年，第 1543 页）。无独有偶，我国的古汉语和现代汉语也正好对应着这两个含义：“储蓄 ①积储备用。《后汉书 · 章帝纪》：‘故古者急耕稼之业，致耒耜之勤，节用储蓄，以备凶灾。’亦指积存的钱或物。李翱《杨烈妇传》：‘储蓄山积，货财自若。’②指居民把暂时不用的钱存入银行、信用合作社等信用机构。”《辞海》第六版（缩印本），上海辞书出版社，2010 年，第 255 页。

② 克里斯托夫 · 帕斯，布赖恩 · 洛斯 莱斯利 · 戴维斯. 科林斯经济学辞典［M］. 罗汉，译. 上海：上海财经大学出版社，2008.

（2）影响资产需求的因素，是资产的四个特征：①预期收益率是指资产的价值在单位时间内的增长率。在其他特征相同的情况下，资产的预期收益率越高，对公众就越具有吸引力。②风险是指一项资产所获得收益的不确定性。在其他特征相同的情况下，资产的风险性越低，对公众就越具有吸引力。因为，绝大多数公众都是风险回避者。③流动性（liquidity）。资产快速且完全地转化为货币（纸币和硬币）并以此作为一种支付手段的程度[①]。在其他特征相同的情况下，资产的流动性越高，对公众就越具有吸引力。④期限（time to maturity）是指金融证券到期、投资者拿回本金所需要的时间。

（3）资产需求的精髓在于确定哪种资产组合可以满足公众想要的预期收益率、安全性、流动性和期限的综合要求。因此，理财不是游戏，而是有关不同资产预期收益率、安全性、流动性和期限等因素的深思熟虑的计算。

【阅读材料 B】

答：1. “双轨制”是中国经济体制改革的产物。在原来的计划经济体制下，价格都是由国家统一制定的。改革开放后，市场在定价机制中逐渐发挥作用，形成了市场价格。在特定时间段，市场价格和官定价格并存，这就是“双轨制”。

利率也是一种价格，现在存在双轨制，有官定利率和市场利率两种。其中官定利率的存贷款基准利率由央行公布；市场利率已实现市场化，商业银行以及同业之间可自由定价进行拆借。市场改革的方向是让这两个轨道的利率逐渐统一。

2. 利率市场化的实质是市场取代货币当局成为利率定价主体的过程。之所以进行利率市场化改革，是因为金融资源稀缺性同样要求通过价格机制甄别需求、提高资源配置效率，于是利率市场化改革和利率调控方式转变逐步进入决策者视野。文中也具体谈到，比如人民币贷款利率市场化部分，由政府替代银行进行风险定价的管制利率弊端日益凸显……管制利率将批发价格和零售价格一刀切，造成银行没有积极性给中小企业贷款。

（另外，可参考微观经济学中市场机制中价格决定收入分配、提供信息、发挥激励的作用）

3. 中国利率市场化改革的路径主要包括两方面内容：一是放松利率管制，推动金融机构自主定价，实现“贷款利率管下限，存款利率管上限”的阶段性改革目标；二是发展和完善市场利率体系，初步建立以 SHIBOR 为代表的短期基准利率和以国债收益率曲线为代表的中长期基准利率体系。

---

① 克里斯托夫·帕斯，布赖恩·洛斯 莱斯利·戴维斯. 科林斯经济学辞典［M］. 罗汉，译. 上海：上海财经大学出版社，2008.

第五章习题演练答案及解析

（一）单选题

1. C。货币供给增加，将导致货币市场供过于求，利率下降；投资与利率变化成反比，因此投资增加，通过投资的乘数效应，将导致产量增加。

2. C。货币政策的手段包括法定准备金、再贴现率、公开市场业务、道义劝告。其中，最经常使用和最灵活有效的货币政策手段是公开市场业务，所以选 C。

3. D。货币政策主要经过货币市场、投资函数和产品市场进行传导，不会直接经过艺术品市场。

4. B。当中央银行施行紧缩货币政策时，货币供给减少，导致利率上升，投资减少，进而使得均衡国民收入减少，所以选 B。

5. B。货币影响总需求是通过利率实现的，当货币供给增加，货币供给曲线向右移动，导致利率下降，投资增加，总需求增加，所以选 B。

6. D。因为银行的存款为 110 000 元，已有准备金是 27 000 元，贷款是 87 000元，根据法定准备金率是 20%，可计算得到该银行必须缴纳的法定准备金是 22 000 元，超额准备金是 27 000－22 000＝5 000（元），所以还可再增加 5000 元的贷款。

7. A。货币政策是指中央银行为实现既定的经济目标，运用各种工具调节货币供给，影响利率的一种金融政策和措施，所以选 A。

8. B。当中央银行提高法定存款准备金率时，商业银行的超额准备金减少，可贷资金减少，商业银行的存款创造能力下降；同时货币乘数减小，货币供应量下降。

9. D。公开市场业务是指中央银行在金融市场上买卖政府债券或央行票据。中央银行不能买卖企业的股票，也无权指定股票交易的保证金。而中央银行向商业银行提供贷款属于再贴现业务。

10. C。中央银行在公开市场卖出政府债券，会导致公众手中持有的货币减少，手中持有的债券增加，所以选 C。

11. B。中央银行降低再贴现率政策可以起到告示效应，影响市场预期；但政策的主动权在商业银行手中，中央银行只能通过商业银行的再贷款行为间接影响货币供应量，效果不显著。但相比法定存款准备金率政策，再贴现率可以随时变动，调整更为灵活。

12. B。商业银行按照中央银行的要求缴纳法定准备金，但无权干涉商业银行留取的超额准备金的数额。

13. B。中央银行影响商业银行从中央银行贷款数量的传统货币政策手段是再贴现率，所以选 B。

14. D。中央银行有多种职能，包括制定货币政策、为商业银行保存储备金、发行货币，所以选 D。

15. B。根据法定准备金率为 20%，法定准备金为 20 000 元，超额准备金为实际准备金减去法定准备金为 15 000 元，根据已知条件，银行系统增加的货币供给为选项 B。

16. B。商业银行吸收一笔活期存款，根据 25%法定准备金率的要求，法定准备金为 20 000 元，全部准备金等于法定准备金加上超额准备金 4 000 元，所以选 B。

17. B。货币政策工具包括公开市场操作、法定准备金率、再贴现率，但是税率不属于货币政策工具，所以选 B。

18. A。商业银行 5 000 元的超额准备金，法定准备金率为 30%，则银行拥有 90 000 元存款负债和 32 000 元的准备金，所以选 A。

19. A。再贴现率是联邦储备银行向商业银行提供贷款时使用的利息率，所以选 A。

20. C。中央银行要求商业银行缴纳法定准备金的主要目的是保证商业银行的资金流动性和清偿能力，避免商业银行因准备金不足而陷入流动性危机。

（二）辨析题

1. 正确。中央银行是一个国家最高金融当局，通过实施货币政策来影响经济。

2. 错误。超额准备金是指商业银行在中央银行存款账户上的实际准备金超过法定准备金的部分。

3. 正确。增加货币供给属于扩张性货币政策。

4. 正确。美联储买入或卖出政府债券，增加或减少商业银行手中的准备金数额，通过货币乘数效应增加或降低货币供给。

5. 错误。公众从中央银行手中购买证券，会减少流通中的货币量，货币供给减少。

6. 错误。抑制通货膨胀需要实施紧缩性的货币政策。

7. 正确。超额准备金加上法定准备金就是实际准备金。

8. 错误。紧缩性货币政策会使得利率上升。

9. 正确。法定准备金是指法律规定的商业银行准备金率的最低限度。

10. 正确。货币供给 M1 是指一定时点上，公众实际持有的现金和活期存款的总和。

11. 错误。公众手中的货币量减少，相当于货币供给减少。

12. 正确。法定准备金率越高，商业银行用于贷款的部分越少。

13. 正确。负债业务、资产业务和中间业务是商业银行的主要业务。

14. 错误。整个银行系统可以提供几倍于其超额准备金的贷款是因为货币乘数效应。

（三）简答题

1. 答：（1）管制银行并确保银行体系的正常运转，这一职能的主要承担者是地区联邦储备银行，它又可以进一步分解为

①发行的银行。发行的银行垄断通货（或称联邦储备券，也就是美国货币体系中使用的纸币）。

②银行的银行。银行的银行设定法定准备金率并接受存款机构缴纳的存款准备金；以票据贴现的方式对商业银行和储蓄机构发放贷款并收取利率（再贴现率）；承担金融机构之间的票据交换和结算业务；为金融机构提供金融信息；监督银行的运营。

③国家的银行。国家的银行经办政府的收支，管理国家的外汇，买卖政府债券。

（2）控制经济中可以得到的货币量，即货币供给，这一任务主要由联邦公开市场委员会来完成。

2. 答：理解商业银行创造货币的关键是理解法定准备金制度。法定准备金制度，是指由法律规定商业银行准备金率（存款准备金占存款的比例）的最低限度。法定准备金制度的设立一方面出于对整个银行系统安全性的考虑，另一方面有利于中央银行对货币供给量进行控制。法定准备金制度为商业银行创造货币提供了可能。

3. 答：商业银行是通过负债业务、资产业务和中间业务赚取利润的企业。负债业务主要包括吸收存款，即活期存款、定期存款和储蓄存款。资产业务主要包括放款业务和投资业务，前者主要是为企业提供短期贷款，包括票据贴现、抵押贷款等；后者是指购买有价证券以获得利息收入。中间业务是指为客户办理支付事项和其他委托事项，从中收取手续费的业务。

4. 答：货币政策是指中央银行通过控制货币供给量以及货币供应量来调节利率进而影响投资和整个经济以达到一定经济目标的行为。在这里，我

们将货币政策做一个分类，即如果中央银行增加货币供给，我们就把它叫作扩张性货币政策；反之，如果中央银行减少货币供给，我们就把它叫作紧缩性货币政策。

5. 答：公开市场业务是指美联储通过向公众（包括商业银行）买卖政府债券来改变货币供给量的方法。它的具体操作是：美联储买入或卖出政府债券，增加或减少商业银行手中的准备金数额，通过货币乘数效应增加或降低货币供给。

6. 答：货币政策发挥作用的过程，是一个通过货币市场、投资函数和产品市场共同发挥作用的传导过程。

货币政策的传递机制，假设均衡国民收入低于充分就业的国民收入，即在经济出现失业和衰退情况时。为了实现充分就业，中央银行将实施扩张性货币政策，即增加货币供给量，进而将使得货币供给增加，货币市场中，货币供给增加将导致均衡利率下降，从而使得企业投资增加，总支出增加，最后将使得均衡的国民收入增加。

反之，当经济出现通货膨胀时，中央银行将采取紧缩性货币政策，即减少货币供给，进而导致货币市场利率上升，因为投资函数呈现企业投资和利率之间的负向相关关系，从而企业投资下降，总支出下降，最终使得通货膨胀下降。

（四）应用题

1. 解：（1）如果法定准备金率是 10%，这会引起的最大可能货币供给增加是 1 亿美元。如果银行除保留法定准备金外，其余的资金全部以贷款的形式贷出，并且在贷款过程中，每家银行都只保留法定准备并且没有发生现金漏损，那么货币乘数就是法定准备金率的倒数，为 10，所以美联储在公开市场上买进 1 000 万美元债券，使基础货币增加 1 000 万美元，货币供给增加 1 亿美元。

（2）最小可能增加 0 美元。美联储在公开市场上买进 1 000 万美元债券，使商业银行的超额准备金增加 1 000 万美元。如果这 1 000 万美元不被银行用于放贷，只作为商业银行的超额准备金持有，那么经济系统中增加的流通中的现金和活期存款都是 0，因此货币最小增加是 0 美元。

2. 解：（1）最初，如同活期存款一样，银行准备金减少 400 美元。最初的货币供应量没有发生变化；流通中的通货增加 400 美元但活期存款减少 400 美元。

资产		负债	
准备金	-400	活期存款	-400

（2）假设银行还有其他的活期存款，银行所持有的准备金将会不足。在400美元的存款中银行将会拿出40美元作为准备金存款；然而，剩余的360美元将被作为其他存款的准备金持有。银行系统不得不减少3 600美元的存款（-400/0.1+400）以减少所需要的360美元（3 600×10%）的准备金存款。这将迫使银行收回部分贷款以减少其存款。

（3）货币供应量将会缩水3 600美元（-400/0.1+400）。活期存款减少4 000美元。

（4）货币供给量将会减少1 600美元（-400/0.2+400）。活期存款减少2 000美元。

3. 解：（1）储蓄合同金额为2 800美元，但提出的700美元将变为公众所持有的通货。因此，货币供给量收缩到2 100美元。

（2）储蓄合同额为14 000美元，提出的700美元转化为公众持有的通货。货币供应量为13 300美元。

（3）存款扩张3 750美元，但流通中的通货减少750美元。货币供应量扩张3 000美元。

（4）存款扩张6 000美元，但流通中的通货减少600美元。货币供应量扩张5 400美元。

4. 解：（1）当法定准备金率下降到5%时，阿尔波尼亚的商业银行将拥有5 000万美元的超额准备金。由于该国的商业银行采取不留超额准备金的做法，银行将通过举债来扩张存款。在存款准备金率为5%的情况下，1亿美元的存款准备金将能够支持20亿美元的存款。银行的负债和存款扩张10亿美元；货币供应量增加10亿美元。

（2）当法定准备金率上升到25%时，阿尔波尼亚的商业银行所拥有的存款准备金将不足以支撑10亿美元的存款。银行的存款准备金仅能够维持4亿美元的存款。商业银行将不得不减少6亿美元的负债和存款；从而货币供应量将减少6亿美元。

5. 解：（1）当经济出现失业和衰退时，中央银行将施行扩张的货币政策，增加总需求。

（2）当施行扩张的货币政策时，其传导机制如下：

对于货币政策发挥作用的过程，我们可以通过图3进行说明。在图3中，（a）、（b）、（c）分别表示货币市场、投资函数和产品市场。其中，在图3（a）中，当货币供给为m_2时，货币市场的均衡点为E_0，对应的均衡利

率为 r_0；在图3（b）中，当市场利率为 r_0 时，投资量为 i_0；在图3（c）中，当投资为 i_0 时，产品市场的均衡点为 E_0，对应的均衡国民收入为 y_0。

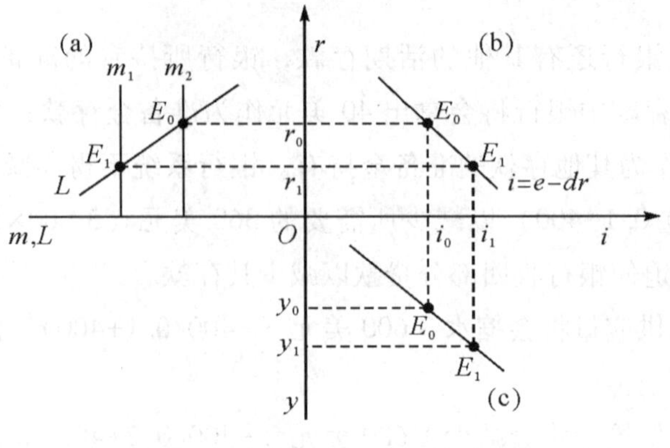

图3　货币政策发挥作用的过程

如果我们假设均衡国民收入 y_0 低于充分就业的国民收入 y_1，即出现失业和衰退。为了实现充分就业，中央银行实施扩张性货币政策，即在增加货币供给量，在图2（a）中表现为将货币供给从 m_2 增加到 m_1，形成新的货币市场均衡点 E_1，导致均衡利率从 r_0 下降到 r_1，使得图2（b）中的企业投资从 i_0 增加到 i_1，图2（c）中产品市场的均衡点从 E_0 移动到 E_1，均衡国民收入从 y_0 增加 y_1。

6. 解：（1）两部门经济的均衡国民收入：$y=\frac{\alpha+i}{1-\beta}=\frac{100+200-3r}{1-0.7}$。

经整理，可得产品市场均衡为

$y=1\ 000-10r$

货币市场均衡时，有 $L=m$，即 $0.2y-2r=100$，经整理得：

$y=500+10r$

因此，当产品市场和货币市场同时实现均衡时，可得均衡国民收入 y 和均衡利率 r，即：

$y=750$

$r=25$

（2）因为均衡国民收入 $y=750<y_f=1\ 000$，因此该经济体存在衰退缺口，政府应该采取扩张性货币政策，如买入政府债券、降低法定准备金率、降低再贴现率等。采取扩张性货币政策后，中央银行通过买入政府债券、降低再贴现率增加了商业银行存款准备金；通过降低法定准备金率扩大了货币乘数。因此，货币供给 m 将增加，货币供给曲线将右移，从而导致均衡利率下降，引起产品市场的投资支出和消费支出增加。因此，均衡国民收入将增加，衰退缺口将不存在，从而实现充分就业。

7. 答：（1）中国人民银行于2025年5月7日实施的降准降息政策，是应对国内外复杂经济形势、落实中央“适度宽松货币政策”导向的综合性举措。此次政策调整的背景和目的可从以下三个维度深入分析：

第一，国内经济下行压力与需求疲软的双重挑战。当前国内经济面临需求收缩、供给冲击和预期转弱三重压力。2024年四季度以来，企业中长期贷款连续同比少增，反映出实体经济融资意愿低迷。房地产市场尚未触底，2024年房地产投资同比下降10.6%，拖累消费和投资循环，导致社会消费品零售总额增速降至3.5%，较2023年下降3.7个百分点。此外，2025年一季度，消费对GDP的拉动较2023年下降2.1个百分点，显示内需恢复仍不稳固。

第二，外部环境变化与全球政策周期的协同调整。主要经济体增长放缓，美国进入降息周期，中美利差倒挂压力缓解，为国内货币政策腾出空间。然而，美国加征关税等贸易保护主义措施加剧了外部不确定性，降准降息可对冲出口冲击，稳定国内产业链和市场预期。

第三，协同财政政策与防范金融风险的多重考量。2025年地方政府专项债发行规模扩大，货币政策需提供流动性支持以避免市场资金紧张。降准释放的长期资金可平滑债务置换带来的紧缩效应，降低地方债务风险。此外，通过优化证券基金互换便利、股票回购增持再贷款等工具（总额8 000亿元），引导长期资金入市，稳定资本市场预期。

（2）对企业的影响：贷款利率降低能降低企业融资的成本，特别是资金密集型企业，如房地产、有色金属等。此外，低成本的资金促使企业加大技术和研发的投入，努力去拓展市场份额，提升企业的价值。企业盈利能力提升会增强投资者对企业未来发展的信心，反向推动股价上涨。

（3）对居民的影响：对有房贷的人来说，降息会使贷款利率降低，减少还贷压力。存款利率降低，老百姓存在银行的利息变少了，一部分人会把钱拿出来去消费，或者把钱转移到其他收益更高的地方，如股市、债券、基金等。同时，降准降息还能够刺激经济发展，企业有了钱会扩大生产，增加就业岗位，老百姓找工作容易了，工作、生活稳定，反过来会促进消费，这在企业和老百姓之间形成良性循环。

（4）此次降准降息政策，央行下调个人住房公积金贷款利率，会直接降低购房者的贷款成本，提高其购房支付能力，刺激购房需求。在供给端，房地产开发企业融资环境改善，能缓解资金压力，稳定房地产开发投资，增加市场供给，进而促进房地产市场供需平衡，推动房价稳定，有利于房地产市场的平稳发展。

而对于消费与养老领域，央行设立的服务消费与养老再贷款，为相关行业提供了低成本的专项资金支持。金融机构可借此以较低利率向消费、养老相关企业或项目提供贷款，鼓励企业扩大消费领域的生产、销售或服务规模，推动消费市场繁荣。在养老方面，助力养老服务设施建设与运营、养老产品研发等，增加养老服务供给，满足老龄化社会的养老需求，促进养老产业的经济增长。这些措施能有效助力消费、养老领域的供需平衡与产业扩张，推动相关领域经济增长。

★★课程思政

【阅读材料 A】

答：1. 当纽约联储通过公开市场操作来抵消经济中其他因素的影响，并将利率维持在 FOMC 设定的水平时，这些行动被称为“防御性公开市场操作”（Defensive OMOs）。“动态公开市场操作”（Dynamic OMOs）是指根据 FOMC 的指令增加或减少货币供应量并调整利率。它们之间的一致性是，无论是通过动态公开市场操作还是防御性公开市场操作，都会通过贯穿整个经济体系的银行和金融系统对经济产生影响。它们之间的差异性是，御性公开市场操作将利率维持在 FOMC 设定的水平时，动态公开市场操作是指根据 FOMC 的指令增加或减少货币供应量并调整利率。

2. FOMC 所针对的具体利率是联邦基金利率（the federal funds rate），它是商业银行之间相互收取隔夜贷款的利率。例如，如果一家银行在美联储的存款超过了必要的水平，而另一家银行需要在美联储存入更多资金（如为了维持法定准备金），这两家银行可以安排隔夜贷款。借入资金的银行将向贷款银行支付联邦基金利率作为贷款利息。如果联邦基金利率发生变化，则意味着从其他银行借款的银行的借款成本发生变化。银行借款成本的变化最终将导致经济体中其他利率的变化。当银行必须支付更高的利率来借入资金时，他们反过来也会向客户提供更高的贷款利率。

【阅读材料 B】

答：1. 首先央行的外汇占款下降导致银行流动性不足，核心原因在于基础货币投放减少和银行准备金收缩。外汇占款是央行收购外汇时向市场投放的人民币，是基础货币的重要组成部分。当外汇占款下降（如资本外流、贸易顺差收窄），央行通过外汇渠道投放的人民币减少，直接导致银行体系的初始资金减少。银行的流动性依赖于在央行的超额准备金（用于日常支付和放贷的“备用金”）。外汇占款下降会减少银行的超额准备金，使其可用于发放贷款、满足客户提款或同业拆借的资金减少。同时，基础货币的收缩会通过货币乘数效应放大，导致广义货币（如存款）增长放缓，进一步加剧银行的资金紧张，推高同业拆借成本，中小银行更易面临“借钱难”问题，最终引发流动性分层和整体紧张。

商业银行的表外资产表内化是指将原本不纳入资产负债表核算的表外业务（如信托贷款、理财投资等）转回表内。此前这些业务依赖同业拆借、理财资金等非存款负债支持，表内化后需按监管要求计提资本充足率、拨备等，直接占用银行资本金和存款准备金。同时，表外资产多为期限长、流动性低的资产（如非标债权），转回表内后需匹配表内负债（如存款），而存款增长通常较慢，导致资金来源与运用的错配加剧。此外，表外业务表内核算会增加银行对稳定负债（如存款）的需求，若存款吸收不足，银行需通过同业拆借等成本更高的方式融资，进一步挤压流动性空间，最终导致资金紧张。

2. 商业银行的流动性是指银行能够迅速变现以满足日常运营、支付和短期债务偿还的资金能力，主要包括现金、在央行的准备金、短期可变现资产等；商业银行的同业存放是银行之间因业务合作而产生的资金存放行为，属于银行间短期资金融通。

M1 是狭义货币，包括流通中的现金与非银行公众持有的活期存款；M2 是广义货币，包括 M1 和准货币（非银行公众持有的定期存款和储蓄存款等）。

因此，银行的流动本质上属于银行的超额准备金性质，不纳入货币的统计口径，不属于 M1 或者 M2 的范畴。而银行之间的同业往来存款不计入货币范畴，因其属于金融体系内部资金划转，不直接对应社会公众或实体部门的购买力。

3. 央行短期风险的核心逻辑链：央行强硬态度→商业银行的流动性紧张→市场资金供不应求+银行惜贷→实体贷款利率被迫走高→企业投资/居民消费被抑制+债务负担加重→本就乏力的经济陷入“紧缩-衰退”循环。

在经济内生动力不足时，政策引发的流动性紧缩会通过“融资成本上升”和“信心冲击”双重渠道，对实体部门形成“超预期”的负面冲击。

第六章习题演练答案及解析

（一）单选题

1. D。总需求曲线是指在没有供给限制的情况下，货币市场和产品市场同时实现均衡时，价格水平与均衡国民收入之间的反方向变动关系。

2. D。引起总需求曲线移动的因素主要包括自发性支出的变动和财政政策变量。其中，自发性支出的增加，如名义货币供给量 M、自发性消费支出 α 和自发性投资支出的变动 e；扩张性财政政策，如增加政府购买或减低税收等因素将使得总需求曲线右移动。

3. A。总需求曲线是指在没有供给限制的情况下，货币市场和产品市场同时实现均衡时，价格水平与均衡国民收入之间的反方向变动关系，是一条向右下方倾斜的曲线。

4. D。总需求曲线之所以从左上方向右下方倾斜，原因在于凯恩斯效应或利率效应，即其他条件不变时，价格水平上升，使实际货币供给减少，导致货币市场均衡利率上升，产品市场投资减少，总支出减少，均衡国民收入减少。同时，价格水平的上升还导致人们的财富和劳动工作实际收入水平下降以及本国出口产品相对价格的提高，从而使人们的消费需求下降，本国的出口和国外需求都会减少，进口增加。这样，随着价格水平的上升，总需求水平就会下降。

5. D。自发性支出的增加或扩张性政策均会导致总需求曲线向右移动，因此 D 是正确的。

6. D。根据货币工资与物价水平是否具有伸缩性，我们可以将总供给曲线分为三个类型，即短期总供给曲线、长期总供给曲线或者古典总供给曲线和凯恩斯总供给曲线。

7. D。在长期，由于货币工资具有伸缩性，货币工资会随着市场价格自动调整劳动力市场的供给与需求，从而使得劳动力市场出清，为此，长期总供给曲线始终是位于充分就业的 GDP 的一条垂线。

8. C。宏观经济学根据货币工资的伸缩性，把总供给曲线区分为短期总供给曲线和长期总供给曲线。货币工资伸缩性是指在劳动市场上，货币工资在长期可根据物价水平的变化作出相应的调整。

9. B。在其他条件不变的情况下，减税会使得总需求曲线向右移动，经济实现充分就业，总供给曲线是垂直线，总供给曲线不变，总需求增加，将导致价格上涨，实际产出不变。

10. D。实际产出接近充分就业的水平，也就意味着当前产出接近潜在产出水平，一国产出增长需要更长时间才能完成，总需求的增加将会使总需求曲线向右移动，总需求曲线和总供给曲线形成的新的均衡点向右上方移动，从而导致价格上涨，产出变化不大。

11. D。根据影响总需求曲线的因素，自发性支出和名义货币供给量的变动，均会导致总需求曲线的位置产生平行移动。具体地讲，自发性支出或名义货币供给量增加，将导致总需求增加，总需求曲线向右移动。

12. A。根据影响总需求曲线的因素，扩张性的财政政策会使得总需求曲线向右移动，即同一价格水平对应的总需求增加。

13. C。根据影响总需求曲线的因素，扩张性货币政策会使得总需求曲线向右移动，即同一价格水平对应的总需求增加。

14. D。长期供给曲线是一条与横轴垂直的直线。

15. B。长期供给曲线是一条位于经济潜在产量水平上的垂直线，此时经济中的资源已得到充分利用。

16. C。短期总供给曲线的总供给与价格水平同方向变动。

17. D。在总需求和总供给的短期均衡中，在总供给不变的情况下，总需求的减少会引起国民收入减少，价格水平下降。

18. B。在总需求不变时，短期总供给的增加会引起国民收入增加，价格水平下降。

19. A。在总需求-总供给模型中，如果总供给曲线为一条垂线，即长期总供给曲线，那么总需求的变动只会引起价格水平的变动，不会引起收入变动。

20. B。本题考察宏观经济政策的目标。宏观经济政策的四个目标，即充分就业、物价稳定、经济增长和国际收支平衡。A、C、D 选项说法均存在不妥或过于绝对的地方。

21. D。本题考查学生是否理解资本主义经济社会的滞胀状态。根据 AD-AS 模型，在总需求不变的情况下，总供给的减少引发了短期总供给曲线向上（左）移动，最终导致物价水平上升和总产出减少。宏观经济学将这种经济停滞和通货膨胀并存的现象叫作滞胀。

22. B。在其他几个部门需求不变的情况下，家庭部门的消费需求过度增加，会引起总需求增加，导致需求拉动的通货膨胀。

23. C。在没有超额需求的情况下，由于供给方面成本的提高所引起的总供给减少，价格水平持续显著上涨，宏观经济学将其称作成本推动的通货膨胀。其主要原因包括货币工资增加或者大宗商品涨价等。选项 A、B、D 项是影响总需求的原因。

24. B。在没有超额需求的情况下，由于供给方面成本的提高所引起的总供给减少，价格水平持续显著上涨，宏观经济学将其称作成本推动的通货膨胀。工会力量要求提高工资，会引起总供给减少，最终引发成本推动的通货膨胀。

25. A。需求拉动的通货膨胀是指总需求超过总供给所引起的价格水平的持续显著上涨，这种现在还可以被解释为“过多的货币追求过少的商品”，因此可以通过控制货币供应量来抑制该种类型的通货膨胀。

26. C。本题考查财政政策中的收入工具。政府财政收入工具中最主要的是税收。税收的变化可以影响消费者的收入水平，进而影响消费支出。

27. A。在出现通货膨胀时，政府应该采取紧缩性的财政政策，因此只有 A 选项符合条件。

28. C。对于滞胀的经济问题，政府应该采用影响总供给的政策，通过减税增加总供给从而调控经济。

29. D。总需求曲线与总供给曲线的交点，叫作均衡点，它所对应的国民收入是均衡国民收入，它所对应的价格水平是均衡价格水平。

30. A。如果均衡国民收入低于充分就业的国民收入，这个经济社会就存在失业。此时，总需求增加，会使总需求曲线右移动，则价格水平和实际国民收入都会增加。

31. C。限制工资增长需要干预劳动力市场，这会影响收入分配，属于收入政策。

32. C。需求拉动的通货膨胀主要是由于超额需求的存在，因此要采用抑制总需求的政策，即实行紧缩性的总需求政策，选项 A、B 都属于供给管理政策。

33. A。供给管理政策是指通过移动总供给曲线来实现宏观经济政策目标的政策，主要包括收入政策、人力政策和指数化政策。货币政策属于需求管理政策。

34. D。在战争时期自然灾害发生或者严重通货膨胀时期，政府会用法律手段禁止工资与物价上升，或者规定工资与物价的增加必须得到负责工资和价格管理部门的批准。

35. B。税收指数化是指在通货膨胀、支出水平以及工资福利水平随经济发展而变动的情况下，对税制的某些要素进行相应调整，以避免名义减除标准或税率档次爬升的问题。

36. C。提高失业率，通过菲利普斯曲线可以直接得出结论。

（二）辨析题

1. 正确。货币工资率上升将导致边际成本曲线向上移动，从而导致短期总供给曲线向上移动。

2. 正确。根据总需求曲线的推导，在没有供给限制的情况下，产品市场和货币市场同时实现均衡，价格水平与国民收入之间存在反方向变动关系。该曲线上的每一点都对应了产品市场和货币市场同时实现均衡。

3. 错误。总需求曲线是反映总需求和价格之间关系的曲线。

4. 正确。在短期，由于价格水平具有伸缩性而货币工资具有刚性，利润最大化条件要求价格水平与总供给量同方向变动。

5. 正确。自发性支出或名义货币供给量增加，将导致总需求增加，总需求曲线向右移动。

6. 错误。大宗商品的价格上涨就像货币工资上涨一样，将导致边际成本曲线向上移动，短期总供给曲线向上移动。

7. 正确。短期总供给曲线向右上方倾斜。

8. 错误。在价格为纵坐标、收入为横坐标的坐标系中，水平的直线被称为凯恩斯总供给曲线。

9. 正确。用总需求-总供给曲线模型可以直接决定价格水平。

10. 错误。在总需求与总供给的长期均衡中，总需求增加会引起国民收入不变，价格水平上升。

11. 错误。在总需求-总供给曲线模型中，总供给减少会使国民收入减少，这种情形的总供给曲线可以是长期总供给曲线和短期总供给曲线。

12. 正确。总需求不变时，常规总供给的增加会引起国民收入增加，价格水平下降。

13. 错误。需求管理政策是指通过移动总需求曲线来实现宏观经济政策目标的政策，财政政策和货币政策都属于需求管理政策。

14. 错误。政府可以通过扩张性的财政政策来拉动经济增长。

15. 正确。提高企业所得税，会使总供给减少，总供给曲线左移。

16. 错误。货币政策和财政政策是总需求曲线移动的因素。

17. 错误。需求拉动的通货膨胀可能导致货币工资和物价的上涨、经济增长，但成本推动的通货膨胀可能导致货币工资和物价的上涨、经济衰退。

18. 正确。成本推动的通货膨胀是指在没有超额需求的情况下，由于供给方面成本的提高而引起的一般价格水平持续和显著上涨。

19. 错误。人力政策着重解决因经济机制转变和经济结构变化而导致的结构性失业问题。

20. 错误。单位生产成本下降会增加总供给，总供给曲线右移。

21. 错误。需求拉动的通货膨胀是指总需求超过总供给所引起的一般价格水平的持续显著上涨。而不断追求利润的垄断厂商们对价格拥有决定权，按照成本加利润方式进行定价可能会导致成本推动的通货膨胀。

22. 错误。滞胀是总供给曲线向左移动的结果。

23. 错误。总供给-总需求模型取消了价格水平固定不变的假定。

24. 正确。当实现充分就业时，失业现象依然存在。此时的失业即为自然失业率。

25. 错误。充分就业并不等于全部就业，而是依然存在一定的失业。但所有的失业均属于摩擦性失业和结构性失业。通常失业率等于自然失业率时的就业水平为充分就业。

26. 正确。通货膨胀与失业率之间的交替关系决定了短期的菲利普斯曲线。

（三）简答题

1. 答：总需求曲线向右下方倾斜，总需求与价格水平反向变化，是因为：①价格水平的变化将引起利率的同方向变动，进而引起投资和产出水平的反向变动。当价格上涨时，货币需求的增加将导致利率的上升，投资水平下降，从而总需求水平也将下降；②价格水平的变化还会影响人们的实际财富，当价格水平上升时，以货币表示的资产（如现金、存款等）的实际价值将降低，人们由于变得相对贫穷而减少消费支出，也会引起总需求的下降；③价格水平的变化会影响人们的税收负担，当价格水平上升时，人们的名义收入将增加，从而使人们进入更高的纳税等级，消费者的税负增加，可支配收入下降，消费水平下降从而使总需求水平也下降；④价格水平的变化还将通过影响净出口来影响总需求。当价格水平上升时，固定汇率下降会使出口减少，进口增加，这也会使得总需求水平下降。

2. 答：如图 4 所示，AD 曲线的位置不变，短期总供给曲线 AS^0 由于供给冲击（如石油价格和工资等的提高）向左移动至 AS^1 的位置，容易看出，与原来的均衡点 E_0 相比，新均衡点 E_1 的价格水平提高了，产量下降了。也就是说，经济中出现了滞胀。

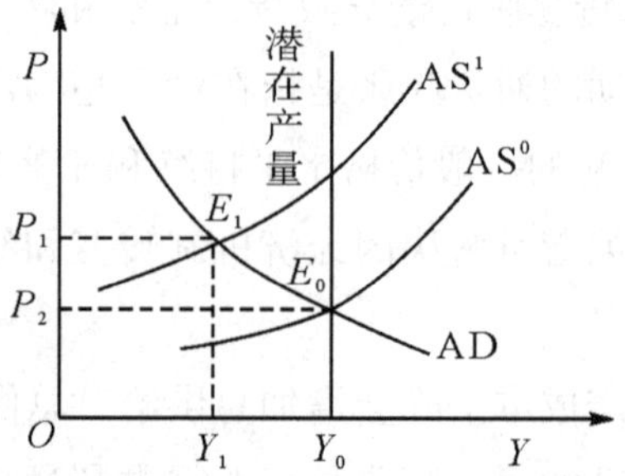

图 4　总供给曲线移动的后果

3. 答：总供给曲线共有三种类型，即常规总供给曲线、凯恩斯萧条总供给曲线和古典总供给曲线。其形状分别是：常规短期总供给曲线反映价格水平与总产量之间存在同方向对应关系的曲线，其向右上方倾斜；凯恩斯萧条模型的总供给曲线反映价格水平和货币工资大致保持不变的一条水平线；古典总供给曲线是一条位于经济潜在产量水平上的垂直线。

4. 答：不可以。工资推动的通货膨胀属于成本推动的通货膨胀，因为工资是产品成本的主要构成部分，工资上涨虽然会使消费增加，并使总需求增加，但总需求的增加并不是在任何情况下都会引发通货膨胀。按需求拉动的通货膨胀定义，需求拉动的通货膨胀是由于需求增长过度，超过了产量增长速度而引起的通货膨胀。在工资上升引起消费需求上升进而推动总需求上升时，如果经济中有大量过剩生产能力的存在，并不一定引起通货膨胀，反而会刺激生产、增加就业岗位。

5. 答：主要有三类原因导致通货膨胀的发生：

（1）需求拉动的通货膨胀，又称超额需求通货膨胀，是指总需求超过总供给所引起的一般价格水平的持续显著上涨。在现有的价格水平下，如果经济的总需求超过总供给，就会导致一般物价水平的上升，引起通货膨胀。引起总需求扩大的因素有两类：一类因素称为实际因素，如消费、投资的扩大，政府购买的增加等都会使总需求曲线向右移动，使总需求超过总供给。另一类是货币因素，即货币供给量的增加或实际货币需求的减少。这会使得货币市场均衡的曲线向右移动，也会导致总需求在现有价格水平下增加。

（2）成本推动的通货膨胀，又称供给通货膨胀，是指在没有超额需求的情况下，由于供给方面成本的提高所引起的一般价格水平持续和显著上涨。这是指由于生产成本的提高而引起的一般价格水平的上升。生产成本的提高一方面可体现在工资水平上升、原材料和能源等价格上涨；另一方面也体现在厂商为追逐垄断利润而限制产量，从而引起价格水平的普遍上涨。在现有的价格水平下，工人如果要求提高实际工资，厂商能够雇用的工人就会减少，其产量就随之减少，导致供给曲线向左移动，总需求水平超过总供给，价格水平上升。与需求拉动的通货膨胀不同的是，在短期，成本推动的通货膨胀将降低经济的产出水平。

（3）结构性通货膨胀。西方经济学家认为，在没有需求拉动和成本推动的情况下，只是经济结构因素的变动，也会引起一般价格水平的持续上涨。他们把这种价格水平的上涨叫作结构性通货膨胀。

西方学者通常用生产率提高速度不同的两个部门来说明结构性通货膨胀。由于生产率提高的速度不同，两个部门的工资增长的速度也应当有区别。但是，生产率提高慢的部门要求工资增长向生产率提高快的部门看齐，结果是全社会工资增长速度超过生产率增长速度，从而引起通货膨胀。

6. 答：政府调节经济的宏观政策除财政政策和货币政策外，还有供给管理政策。供给管理政策，不是指如何促进经济长期增长的政策，如发展教育、增加资本积累、推进科技进步等方面的政策，而是指在短期内如何从供给方面采取一些措施来消除失业和通货膨胀并存着的“滞胀”局面。这方面的政策措施主要包括收入政策和人力政策，收入政策主要用以解决通货膨胀问题，人力政策主要用以解决物价问题。

收入政策是指用限制垄断企业和工会对物价和工资操纵的一种政策，包括“工资-物价指导线”，对某种较快上涨的工资或物价形势由政府作“劝说”或施加压力，甚至实行工资-物价的硬性管制，或者用税收作为惩罚或奖励手段来限制工资增长等。人力政策是指用改进劳动市场状况，消除劳动市场不完全性等的政策，其具体措施包括发展吸收较多劳动力的服务部门，由政府直接雇佣私人企业不愿雇佣的工人，加强劳动力培训，增强工人在地区或职业方面的流动性等。

7. 答：（1）股票价格上涨提高了居民持有股票的价值，则消费支出增加，总需求曲线向右移动。上述冲击发生后，经济将会面临通货膨胀缺口。政策制定者可以通过紧缩性的财政政策使经济恢复到潜在产出水平。

（2）如果企业担心经济衰退会在不久的将来出现，其投资支出会相应减少，总需求曲线向左移动，经济将会面临通货紧缩缺口。政府应该实行扩张性财政政策以使得经济恢复到潜在的产出水平。

（3）政府增加军备物资购买时，总需求曲线向右移动。经济将会面临通货膨胀缺口。政府可以通过实行紧缩性的财政政策使得经济恢复到潜在的产出水平，具体措施包括：减少政府产品和服务的购买数量、增加税收、减少政府转移支付。

（4）利率的增加会使得投资支出下降，总需求曲线向左移动，经济将会面临通货紧缩缺口。扩张性的财政政策使得总需求曲线向右移动，从而使产出恢复到潜在产出水平。

8. 答：在古典总供给曲线模型中，其几何表示一条垂直的曲线，货币供给增加会使价格水平上升，总产出不变，名义GDP增加，利率下降，就业量不变。而在凯恩斯总供给曲线模型中，货币供给增加时，价格水平不变，总产出增加，利率会下降，就业量则会增加。

（四）应用题

1. 解：（1）将消费和投资函数代入 $y=c+i$ 并整理，易得产品市场均衡的方程如下：

$$y=9\ 900-9\ 000r \tag{1}$$

将货币供给和货币需求函数代入货币市场的均衡条件 $M/P=L$，可得货币市场均衡的方程如下：

$$y=1\ 000+1\ 000r \tag{2}$$

将（1）和（2）联立方程组，可得均衡利率和均衡收入分别为

$r=0.89$，$y=1\ 890$

（2）货币市场均衡方程亦可表示为如下形式：

$y=M/0.9+1\ 000r$

解其与（1）方程的联立方程组，可得

$r=0.99-M/9\ 000$，$y=990+M$

容易看出，如果 M 增加，$M>900$，则 r 减少，$r<0.89$；y 增加，$y>1\ 890$。

（3）由 $M/P=L$，可得货币市场均衡方程 $y=1\ 000\div P+1\ 000r$，

解其与产品市场方程的联立方程组，并消去利率 r，可得总需求方程 $y=990+900\div P$。

2. 解：（1）第一步，消费函数为 $c=1\ 400+0.8y_d$，投资函数为 $i=200-50r$，税收 $T=0.25y$，政府购买支出 $g=200$，代入产品市场的均衡条件 $y=AE=c+i+g$，得到：

$$y=1\ 400+0.8\times(y-0.25y)+200-50r+200 \tag{3}$$

经过整理，得到：

$$y=4\ 500-125r \tag{4}$$

第二步，将货币供给 $m=900$，货币需求函数为 $L=0.4y-100r$，代入货币市场的均衡条件 $M=L$，得到：

$$\frac{900}{P}=0.4y-100r \tag{5}$$

第三步，由总需求的定义，联立（4）和（5）得到：

总需求函数为 $$\frac{900}{P}=1.2y-3\ 600 \tag{6}$$

第四步，$P=1$ 代入（5），得均衡国民收入为

$$y=3\ 750 \tag{7}$$

第四步，将（7）代入（4）得到均衡利率 r 为6。

（2）当总供给函数为 $y=3\ 350+400P$ 时，联立求解总供给和总需求函数：

$$\begin{cases}y=3\ 750\\y=3\ 350+400P\end{cases}$$

得到均衡的国民收入 $y=3\ 750$，价格水平 $P=1$。

（3）充分就业时的国民收入为3 800，即 $y=y_f=3\ 800$，即长期总供给函数变为 $y_f=3\ 800=3\ 350+400P$，解得 $P=1.125$，再将 P 和 y_f 代入（6-10）式，解得 $r=7.2$，假设新得政府支出为 g'，将已知数据代入 $y=AE=c+i+g'$，即 $y=1\ 400+0.8\times(y-0.25y)+200-50r+g'$，得到 $g'=280$，因此，政府支出增加了80。

3. 解：(1) 通货膨胀缺口。

(2) 可以采用紧缩性的货币政策使经济达到潜在的产出水平。具体包括在公开市场上卖出债券、提高再贴现率、提高法定存款准备金。

(3) 实施货币政策后 A 国的宏观经济情况如图 5 所示。

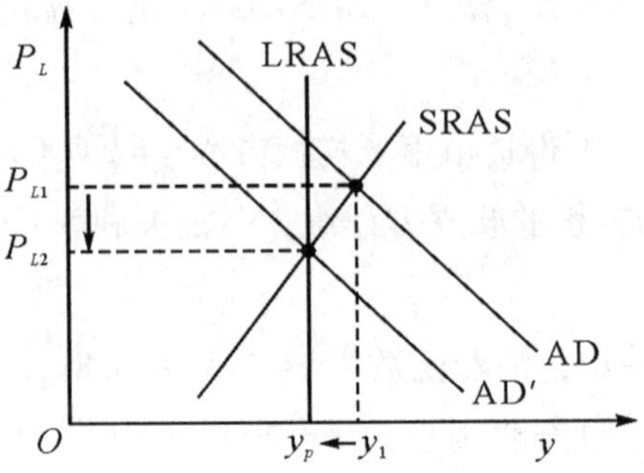

图 5　A 国的宏观经济情况

(4) 中央银行实施紧缩性货币政策后，货币供给减少，利率上升，进而使投资支出减少。投资支出减少将会使得消费者支出减少，总需求减少。最终结果如图 5 所示，AD 曲线从初始水平 AD 移动至新的 AD′，实际 GDP 和总价格水平均下降。

4. 解：(1) 衰退缺口。

(2) 可以采用扩张性的财政政策使得经济达到潜在的产出水平。具体措施包括：增加政府产品和服务的购买数量、减少税收、增加转移支付。

实施货币政策后 B 国的宏观经济情况如图 6 所示。

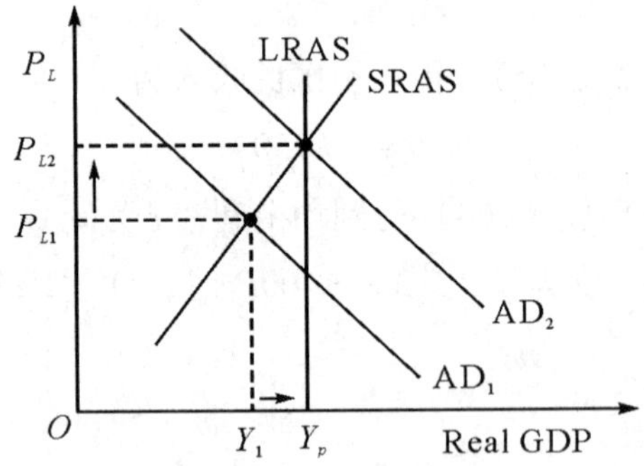

图 6　B 国的宏观经济情况

5. 解：如图 7 所示，代表总需求曲线的 AD_1 和凯恩斯总供给曲线 P_0E_0 相交于 E_1 点。在 E_1 这一点，价格水平是 P_0，产量 y_1 小于充分就业的产量水平。为了改善这个状态，国家可通过增加需求的政策来使总需求曲线 AD_1 向右移动到 AD_0 的位置。这样，P_0E_0 与 AD_0 相交 E_0 点。这一点说明，此时的价格水平仍然为 P_0，但国民收入已经达到充分就业的数量 y_f。

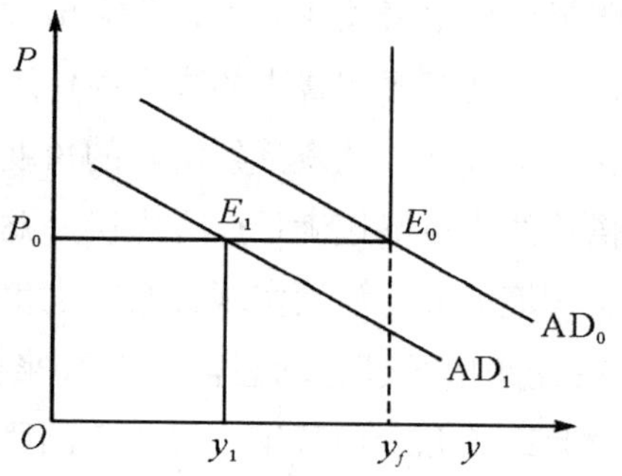

图 7　宏观调控使国民收入达到充分就业

★★课程思政

【阅读材料 A】

答：1. 通货膨胀是指一个国家或地区在一定时期内价格水平的持续、显著上涨。

通货紧缩是指一个国家或地区在一定时期内价格水平的持续、显著下降。

通货膨胀的衡量标准是通货膨胀率，它是指一个国家或地区从一个时期到另一个时期的价格水平变动的百分比，用公式表示为：$\pi_t = \dfrac{P_t - P_{t-1}}{P_{t-1}}$。式中，$\pi_t$ 表示 t 时期的通货膨胀率，P_t 表示 t 时期的价格水平，P_{t-1} 表示（t-1）时期的价格水平。其具体计算公式为当 $\pi_t>0$，表示通货膨胀，$\pi_t<0$，通货紧缩。

具体计算价格水平的指标有：

①消费价格指数（CPI）

②生产者价格指数（PPI）

③GDP 折算指数

2. 通过降低法定存款准备金率，在公开市场上购买有价债券或票据，降低再贴现率等方式可增加货币供应量。

3. 货币（创造）乘数是指银行体系用每一美元准备金所产生的货币供给量，它等于法定准备金率的倒数。货币乘数 $k = \dfrac{1}{r_d}$。

【阅读材料 B】

答：1. 供给侧结构性改革的重点是解放和发展社会生产力，用改革的办法推进结构调整，减少无效供给和低端供给，扩大有效供给和中高端供给，增强供给结构对需求变化的适应性和灵活性，提高全要素生产率。

具体内容包括：既强调供给又关注需求，既突出发展社会生产力又注重完善生产关系；既发挥市场在资源配置中的决定性作用，又更好地发挥政府作用；既着眼当前，又立足长远。从政治经济学的角度看，供给侧结构性改革的根本，是使我国供给能力更好地满足广大人民日益增长、不断升级和个性化的物质文化和生态环境需要，从而实现社会主义生产目的。

2. 需求侧管理政策，是指通过移动总需求曲线来实现宏观经济政策目标的政策，主要包括财政政策和货币政策。当均衡国民收入高于充分就业的国民收入时，政府可以采取紧缩性的财政政策和紧缩性的货币政策，即需求管理政策。这样，总供给将向左移动，能够降低通货膨胀率。

供给侧管理政策，是指通过移动总供给曲线来实现宏观经济政策目标的政策。短期内从供给方面采取一些措施来破除失业和通货膨胀并存的“滞胀”局面。这些政策措施主要有收入政策、人力政策和指数化政策。收入政策主要用以解决通货膨胀问题，人力政策主要用以解决物价问题。

3. 假设初始状态下 AD_1 与 AS_1 相交与 E_1 点，价格水平为 P_1，产出水平为 y_1，政策实行减税的政策，将会使得企业的生产成本降低，企业增加投资的积极性，导致 AS_1 向右移动到 AS_2。同时，减税将会使人们的可支配收入增加，进而使得总支出增加，导致 AD_1 曲线向右移动至 AD_2，AD_2 与 AS_2 形成新的均衡点为 E_2，此时，产出水平为 y_2，如图 8 所示。

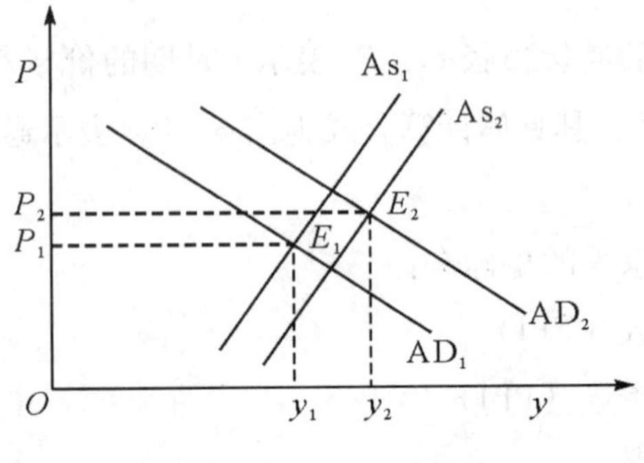

图 8　AD-AS 模型

第七章习题演练答案及解析

（一）单选题

1. D。

2. D。

3. A。在不考虑折旧率的情况下，资本存量增长率大于人口增长率，才能保证人均资本量增加，出现资本深化。

4. C。经济增长的源泉就是经济增长的直接原因，一类是投入要素，如劳动和资本等；另一类是技术进步。

5. C。经济增长理论的目的是解释潜在 GDP 的增长原因和路径。

6. B。内生增长理论与新古典增长理论最本质的区别在于：抛弃新古典增长理论外生技术变革的假设。

7. D。资本的黄金律水平要求满足：资本的边际产量等于人口增长率与折旧率之和。

8. C。货币供应量的增加是扩张性货币政策，属于短期宏观经济政策，不会影响长期经济增长。相反，计划生育政策的制定和实施会影响人口的增长率，从而影响稳态增长率；基础研究领域投入的增加和外国先进技术的引进，都会影响技术进步，进而影响稳态增长率。

9. C。索洛模型关于生产函数的两个假设是报酬递减规律和规模报酬不变。

10. C。人均资本量保持不变时，叫资本广化；人均资本量增加时，叫资本深化。

11. D。经济增长的稳定状态意味着人均资本增长率等于零、人均产量增长率等于零、总产量增长率等于资本增长率且等于人口增长率。

12. A。①根据已知条件，得到总量生产函数为 $Y=K^{\frac{1}{2}}L^{\frac{1}{2}}$，得到集约生产函数为 $y=k^{\frac{1}{2}}$。

②将①和题干中的已知条件带入经济增长实现稳态的条件 $sy=(n+d)k$，可以得到 $0.2k^{\frac{1}{2}}=(0.06+0.04)k$，解得经济增长实现稳定状态时的人均资本量为 4。

13. B。根据新古典增长理论的基本方程式，资本折旧率是一个外生变量，它不会受到劳动力增长率的影响；劳动力增长率上升，将导致 $(n+d)k$ 曲线向左旋转，并与 $sy=sk^{\alpha}$ 形成新的交点，对应的稳态人均资本量下降。

14. B。根据新古典增长理论的基本方程式，当储蓄率提高并达到新的稳定状态后，表现为 $sy=sk^{\alpha}$ 向上移动，并与 $(n+d)k$ 曲线形成新的交点，对应更高的稳态人均资本量和人均产量。

15. A。在考虑技术进步的索洛模型中，经济增长实现稳定状态时，人均产出增长等于技术进步率。

16. D。将已知条件带入增长核算方程，得到：

$\frac{\Delta Y}{Y}=0.7\times2\%+0.3\times1\%+1.2\%=2.9\%$。

17. B。(1) 将已知条件带入增长核算方程，得到经济的年增长率：

$\frac{\Delta Y}{Y}=0.7\times4\%+0.3\times3\%+0=3.7\%$。

(2) 根据“70 法则”，得到该经济翻一番需要的时间：$\frac{70}{3.7}\approx19$。当然，同学们也可以用公式直接计算，即 $2Y=Y(1+3.7\%)^n$，由此计算得到$n\approx19$。

18. C。将已知条件代入索洛余量，得到$\frac{\Delta A}{A}=4\%-0.4\times3\%-0.6\times2\%=1.6\%$。

19. A。(1) 将已知条件带入增长核算方程，得到经济的年增长率：

$\frac{\Delta Y}{Y}=0.4\times5\%+0.6\times2\%+0=3.2\%$。

(2) 根据人均产出的定义式 $y=\frac{Y}{L}$，得到人均产出增长率：$\frac{\Delta y}{y}=\frac{\Delta Y}{Y}-\frac{\Delta L}{L}=3.2\%-2\%=1.2\%$。

20. C。根据索洛余数在经济增长率中的比重，即$\frac{\Delta A}{A}\Big/\frac{\Delta Y}{Y}$的大小，经济增长方式可以分为集约型增长和粗放型增长。其中，主要靠投入要素增加引起的经济增长，叫作粗放型增长；主要靠技术进步引起的经济增长，叫作集约型增长。

(二) 辨析题

1. 错误。在新古典增长模型中，储蓄率影响短期经济增长率，但不影响稳态增长。在内生增长模型中，储蓄率与增长率存在同方向变动关系。

2. 正确。因为 $F(\lambda K, \lambda L)=(\lambda K)+4(\lambda L)=\lambda(K+4L)$，意味着投入增加 λ 倍，产出增加 λ，规模报酬不变。

3. 错误。因为 $F(bK, bL)=\sqrt{b}F(K, L)$ 表明，投入增加 b 倍，产出增加 $\sqrt{b}$ 倍，$b>\sqrt{b}$。因此，属于规模报酬递减。

4. 错误。在生产函数 $Y=AF(K, N)$ 中，全要素生产率是指技术进步 A，而劳动生产率是产出除以劳动投入，即 Y/N。

5. 错误。在新古典增长模型中，人口增长率提高将降低人均产出。

6. 正确。在新古典增长模型中，人口增长率提高将提高稳态增长率。

7. 错误。AK 模型是建立在生产函数 $Y=AK$ 的模型之上的，其中，A 表示技术进步，K 表示资本投入。投入要素 K 增加 λ 倍，将导致产出增加 λ，因此，规模报酬不变；同时投入 K 的边际收益，即边际产量 $\Delta Y/\Delta K = A$，表明它将随着技术的进步而增加。

8. 正确。储蓄率变化对消费的影响，取决于初始人均资本稳态水平是低于还是高于黄金律水平。如果初始人均资本稳态水平低于黄金律水平，那么提高储蓄率将在短期内降低一国的消费水平；反之，将降低一国的消费水平。只有在稳态人均资本处于黄金律水平时，一国消费才能实现最大化。

9. 错误。在新古典增长模型中，因为资本的边际产量递减，所以资本积累不能维持人均产出的长期增长，只有技术进步才能维持人均产出的长期增长。

10. 正确。稳态人均增长率等于技术进步率，与人口增长率无关。

11. 错误。专利制度的目标是通过给予新产品发明者暂时的垄断权力，让专利发明者在规定年限内排他性地生产该产品的权力，并从自己的发明中获得收益，以提高个人和企业从事研究的积极性。

12. 正确。在不考虑技术进步的新古典增长模型中，稳态增长意味着资本和产出的增长率等于人口增长率。

13. 错误。根据新古典增长模型，人口增长率较低的国家稳态人均收入高于人口增长率较高的国家，但稳态人均收入增长率与人口增长率无关，它只取决于技术进步率。

14. 错误。在考虑技术进步的新古典增长模型中，实现资本的黄金律水平的条件是：资本的边际产量等于劳动增长率、折旧率和技术进步率三者之和。

15. 正确。这就是人力资本的定义。

（三）简答题

1. 答：（1）经济增长是指产量的增加，这里的产量可以是经济的总产量，比如实际 GDP；也可以是人均产量，比如人均实际 GDP；经济增长通常用经济增长率来衡量。

（2）经济发展的内涵比经济增长丰富，它不仅包括经济增长，而且包括国民的生活质量，以及整个社会经济结构和制度结构的总体进步。因此，经济发展是反映一个经济社会总体发展水平的综合性指标。

（3）从经济增长和经济发展的关系看，经济增长是经济发展的前提、基础和核心，没有一定的经济增长，就不会有经济发展。

2. 答：（1）新古典增长模型又称索洛增长模型，它建立在新古典生产函数之上，主要分析一个封闭且没有政府部门的经济中储蓄、人口增长和技术进步对增长的作用，关注经济增长的直接原因。

（2）不考虑技术进步的新古典增长模型的基本公式是 $\dot{k} = sf(k) -$

$(g_N+\delta)k$。其中，$\dot{k}$ 是人均资本增量，s 是储蓄率，k 是人均资本量，g_N 是人口增长率，δ 是折旧率。

（3）新古典增长模型的基本公式的含义是：人均资本增量等于人均储蓄 $sf(k)$ 减去“必须”的投资 $(g_N+\delta)k$。其中，必须的投资包括：①用来弥补资本折旧所导致的人均资本量下降，即重置投资；②用来装备新增加的劳动投入。二者之和叫作资本广化。只有当人均储蓄大于必须的投资时，人均资本增量才将上升，这时经济社会才出现资本深化，从而导致人均产量和人均储蓄量的增加。

3. 答：（1）新古典增长模型又称索洛增长模型，它建立在新古典生产函数之上，主要分析一个封闭且没有政府部门的经济中储蓄、人口增长和技术进步对增长的作用，关注经济增长的直接原因。

（2）新古典增长模型的主要结论如下：①生产函数和储蓄率相似的经济体，如果初始人均收入较低，其增长速度较快；如果初始人均收入较高，则增长速度则较慢。②提高储蓄率，使得投资水平提高，导致人均资本和人均产出水平提高，但是不影响这些变量的稳态增长率。③提高人口增长率会降低人均产量，但会提高稳态增长率。④一旦经济达到稳态，在不考虑技术进步的情况下，总产出和资本总量增长率等于人口增长率，人均产量和人均资本量增长率等于零；在考虑技术进步的情况下，总产出和资本总量增长率等于人口增长率与技术进步率之和，人均产量和人均资本量增长率等于技术进步率。

4. 答：根据 $Y=A\mathrm{F}(K,L)$ 可以得到：

$$\Delta Y=\mathrm{MP}_L\times\Delta L+\mathrm{MP}_K\times\Delta K+F(K,L)\times\Delta A$$

等式两边同除以 $Y=A\mathrm{F}(K,L)$ 式，简化后得到：

$$\frac{\Delta Y}{Y}=\frac{\mathrm{MP}_L}{Y}\Delta L+\frac{\mathrm{MP}_K}{Y}\Delta K+\frac{\Delta A}{A}$$

上式进一步变形为

$$\frac{\Delta Y}{Y}=\left(\frac{\mathrm{MP}_L\times L}{Y}\right)\frac{\Delta L}{L}+\left(\frac{\mathrm{MP}_K\times K}{Y}\right)\frac{\Delta K}{K}+\frac{\Delta A}{A}$$

根据完全竞争市场假定，要素的实际价格等于它的边际产量。因此，$\mathrm{MP}_L\times L$ 与 $\mathrm{MP}_K\times K$ 分别表示劳动与资本获得的总收入，$\frac{\mathrm{MP}_L\times L}{Y}$ 与 $\frac{\mathrm{MP}_K\times K}{Y}$ 分别表示劳动的总收入与资本的总收入在总产出中所占的比例（或称劳动与资本的产出弹性）。

假设劳动的产出弹性为 $1-\alpha$，资本的产出弹性为 α，可以简化上式，得到增长核算方程：

$$\frac{\Delta Y}{Y}=(1-\alpha)\times\frac{\Delta L}{L}+\alpha\times\frac{\Delta K}{K}+\frac{\Delta A}{A}$$

通过变形，可以得到索洛余量，用公式表示如下：

$$\frac{\Delta A}{A}=\frac{\Delta Y}{Y}-(1-\alpha)\frac{\Delta L}{L}-\alpha\frac{\Delta K}{K}$$

索洛余量$\frac{\Delta A}{A}$是考虑了可以直接衡量的增长决定因素$(1-\alpha)\frac{\Delta L}{L}$和$\alpha\frac{\Delta K}{K}$后剩余的产出增长率。

5. 答：（1）资本的黄金律水平就是使稳态人均消费量最大化的稳态人均资本量。在不考虑技术进步的新古典增长模型中，实现资本的黄金律水平的条件是：资本的边际产量等于劳动的增长率与折旧率之和。

（2）如果一个经济体中所有工人的收入都用于消费，所有资本的收入都用于储蓄，那么该经济体实现稳态增长的条件就是$\dot{k}=sf(k)-(n+d)k=MP_K k-(n+d)k=0$，经过整理，得到$MP_K=(n+d)$。该式就是前面定义的资本积累的黄金律，它所对应的稳态人均资本量，就是资本的黄金律水平。

（四）应用题

1. 解：因为稳态增长时的经济增长率$\frac{\dot{Y}}{Y}=\frac{\dot{L}}{L}=\frac{\dot{K}}{K}=n$，稳定状态下的产出增长率为0.03，因此，$n=0.03$。

根据新古典经济增长模型的基本方程$\dot{k}=sy-(n+\delta)k$（其中，$y=\frac{Y}{L}$，$k=\frac{K}{L}$），可得当经济处于稳定状态时，即$\dot{k}=0$时，$sy=(n+\delta)k$，经过变形，并将已知条件代入，得到储蓄率$s=\frac{(n+\delta)k}{y}=\frac{(n+\delta)(K/L)}{Y/L}=(n+\delta)\cdot\frac{K}{Y}=(0.03+0.04)\times3=0.21$。

2. 解：（1）根据$Y=F(L,K)=K^{1/2}L^{1/2}$，得到人均产量函数$y=k^{1/2}$，其中，人均产出$y=\frac{Y}{L}$，人均资本$k=\frac{K}{L}$。

（2）已知$d=0.05$，$s_a=0.1$，$s_b=0.2$以及$y=k^{1/2}$。由于没有人口增长或技术进步，实现稳态增长的条件是$\dot{k}=sy-dk=0$，将$y=k^{1/2}$代入前式，解得$k^*=\left(\frac{s}{d}\right)^2$。分别代入相关数据，得到$k_a^*=\left(\frac{s_a}{d}\right)^2=4$，$k_b^*=\left(\frac{s_b}{d}\right)^2=16$；人均收入为$y_a^*=k_a^{1/2}=2$，$y_b^*=k_b^{1/2}=4$；消费函数为$c=(1-s)y$，代入可得$c_a^*=(1-s_a)y_a=1.8$，$c_b^*=(1-s_b)y_b=3.2$。

3. 解：（1）根据生产函数$Y=F(K,L)=K^{0.3}L^{0.7}$，可以得到$\frac{Y}{L}=$

$\frac{K^{0.3}L^{0.7}}{L}=\left(\frac{K}{L}\right)^{0.3}$，即人均产量函数为 $y=k^{0.3}$，其中，$y=\frac{Y}{L}$，$k=\frac{K}{L}$。

（2）由于没有人口增长或技术进步，实现稳态增长的条件是 $\dot{k}=sy-dk=0$，将 $y=k^{0.3}$代入，得到 $sk^{0.3}-dk=0$，解得人均资本存量 $k^*=\left(\frac{s}{d}\right)^{1/0.7}$；代入人均生产函数，可以得到人均产出 $y=\left(\frac{s}{d}\right)^{\frac{3}{7}}$；在两部门模型中，人均消费 $c=(1-s)\left(\frac{s}{d}\right)^{3/7}$。

4. 解：（1）在不考虑技术进步与折旧率的情况下，经济实现稳态增长的条件是 $\dot{k}=sf(k)-nk=0$，将人均产量函数、人均产出的储蓄率与人口增长率代入前式，得到 $0.4(k-0.5k^2)-0.002k=0$，求解可得稳态人均资本量 $k^*=1.996$。

（2）在不考虑技术进步与折旧率的情况下，人均消费函数为 $c=f(k)-sf(k)$，经济实现稳态增长的条件是 $\dot{k}=sf(k)-nk=0$，即 $sf(k)=nk$。将 $sf(k)=nk$、人口增长率与 $y=f(k)=k-0.5k^2$ 代入人均消费函数，得到稳态人均消费函数 $c=k-0.5k^2-0.002k$，稳态人均消费量最大化时的人均资本量为$\frac{dc}{dk}=0.998-k=0$，求解可得资本的黄金律水平 $k^*_{gold}=0.998$。

5. 解：（1）由于假设美国的生产函数是柯布–道格拉斯生产函数，并且资本在 GDP 中的份额，即资本的产出弹性是 30%左右。因此，可以把美国的生产函数写为 $Y=K^{0.3}(AL)^{0.7}$，或者 $y=k^{0.3}$，其中，$y=\frac{Y}{AL}$，$k=\frac{K}{AL}$；稳态增长的条件是 $sy=(n+d+g)k$。

由于美国经济实现稳态的产出增长率是 3%，即 $\dot{Y}/Y=(n+g)=0.03$，折旧率为每年4%左右，即 $d=0.04$，资本–产出比率为2.5%左右，即$\frac{K}{Y}=\frac{K/AL}{Y/AL}=\frac{k}{y}=2.5$。因此，美国实现稳态增长的初始储蓄率 $s=(n+d+g)\frac{k}{y}=(0.04+0.03)\times2.5=0.175$。

（2）资本收益占 GDP 的比重（或资本的产出弹性）为 $a=MP_K\times\frac{K}{Y}$。由于美国的资本在 GDP 中的份额为 30%，资本–产出比率为 2.5%左右。在初始稳定状态，资本的边际产量 $MP_K=a/\frac{K}{Y}=\frac{0.3}{2.5}=0.12$。

（3）实现资本的黄金律水平的条件是资本的边际产量等于折旧率、人口增长率和进步率三者之和。因此将相关参数代入公式 $MP_K=n+d+g$ 中，就得到在黄金律稳定状态，资本的边际产量 $MP_K=n+d+g=0.04+0.03=0.07$。根据（2）的计算结果，我们知道，在初始稳定状态，资本的边际产量 $MP_K=a/\frac{K}{Y}=\frac{0.3}{2.5}=0.12$。因此，从初始稳定状态向黄金律稳定状态过渡时，要提高 k 的值。

（4）由于在黄金律稳定状态，资本的边际产量 $MP_K=0.07$，美国的资本在 GDP 中的份额为 30%，资本-产出比率 $\frac{K}{Y}=a/MP_K=\frac{0.3}{0.07}=4.29$。

（5）在黄金律稳定状态，美国经济实现稳态的 $\dot{Y}/Y=(n+g)=0.03$，折旧率 $d=0.04$，资本-产出比率 $\frac{K}{Y}=4.29$。美国要达到黄金律的稳态，储蓄率必须从初始稳态的 0.175（17.5%）上升到 $s=(n+d+g)\frac{k}{y}=(0.04+0.03)\times 4.29\approx 0.30$（即 30%）。

★★课程思政

【阅读材料 A】

1. 新奇性搜索算法是肯尼斯和乔尔发明的一种算法，这种算法会随机生成一组解决方案，通过评估新奇性并保留新奇性比较高的方案，从而使方案像生物演化一样发生一定的变异，如此往复循环，直到达到预定的迭代次数或者将问题彻底解决。

2. 新奇性搜索算法之所以能找出最能解决问题的方案，一个原因是，求新就意味着求复杂。简单的方案总是先出现，等你把简单的方案都尝试过之后还要新的，出来的就一定是更复杂的方案。复杂意味着掌握更多的信息，掌握信息多意味着更高级，也就更容易解决问题。更重要的原因是，新方案是通往更新方案的“垫脚石”。这就如同你在一片沼泽地里寻宝，必须踩到更多的垫脚石才能探索更多的地方，你必须探索很多地方才更有可能找到好东西。

3. 作者用新奇性搜索算法说明“伟大的创新不能被计划”这一命题，其中，作者说的“计划”是指“预设具体目标”，但不是说这种算法没有选择标准，即作者说“价值观”，新奇搜索算法的价值观是新奇和有趣。新奇和有趣的关系是，求新就是求好，出奇就是出色，有趣就是有戏。

4. （1）新古典增长模型将人均产出的增长归结于技术进步，并将技术进步视作外生变量。新增长理论建立解释技术进步从而将经济增长率内生化的模型，因此，新增长理论也叫做内生增长理论。

（2）本章涉及的内生增长理论，主要有两个模型。其中，*AK* 模型是内生增长理论的基本模型，它建立在生产函数 $Y=AK$ 的基础之上。AK 模型不仅放弃了资本的边际产量递减假设，而且也暗示提高投资率的政府政策会使经济增长率不断地提高。两部门模型是指在传统生产部门之外，增加一个技术生产部门，比如研究型大学，它们像生产产品一样生产具有外部性的“知识”，从而促进一个社会的技术进步。

（3）无论是 AK 模型还是两部门模型，都只是在新古典模型引入了一个要素，即知识（及其一个技术生产部门，比如研究型大学），但是，它同样没有阐明知识的生产机制和底层逻辑。《为什么伟大的创新不能被计划》一文，以新奇性搜索算法为例，给我们说明了技术进步得以实现的机制和底层逻辑（即价值观），丰富了我们对内生增长理论的认识。

【阅读材料 B】

答：同学们根据阅读材料和本章内容思考，言之有理皆可。